Meu Primeiro Golpe de Estado

John Dramani Mahama

Meu Primeiro Golpe de Estado

E OUTRAS HISTÓRIAS REAIS DAS
DÉCADAS PERDIDAS DA ÁFRICA

TRADUÇÃO DE
Maria Beatriz de Medina

GERAÇÃO

Título original:
My first coup d'etat
Copyright © 2012 by John Dramani Mahama

1ª edição — Março de 2014
Grafia atualizada segundo o Acordo Ortográfico da Língua Portuguesa de 1990,
que entrou em vigor no Brasil em 2009

EDITOR E PUBLISHER
Luiz Fernando Emediato

DIRETORA EDITORIAL
Fernanda Emediato

PRODUTORA EDITORIAL E GRÁFICA
Priscila Hernandez

ASSISTENTE EDITORIAL
Carla Anaya Del Matto

CAPA, PROJETO GRÁFICO E DIAGRAMAÇÃO
Megaarte Design

PREPARAÇÃO DE TEXTO
Valquíria Della Pozza

REVISÃO
Taíssa Antonoff Andrade
Josias A. Andrade
Marcia Benjamim

Dados Internacionais de Catalogação na Publicação (CIP)
(Câmara Brasileira do Livro, SP, Brasil)

Mahama, John Dramani
 Meu primeiro golpe de Estado e outras histórias reais das décadas perdidas da África / John Dramani Mahama ; tradução de Maria Beatriz de Medina. – São Paulo : Geração Editorial, 2014.

 Título original: My first coup d'etat and other true stories from the lost decades of Africa.
 ISBN 978-85-8130-180-8

 1. Gana - Biografia 2. Gana - História - 1957- 3. Gana - História - Golpe de Estado, 1966 4. Mahama, John Dramani, 1958- 5. Vice-presidentes - Gana - Biografia I. Título.

14-00461   CDD-966.7054092

Índices para catálogo sistemático:
1. Gana : Vice-presidentes : Biografia   966.7054092

GERAÇÃO EDITORIAL
Rua Gomes Freire, 225 – Lapa
CEP: 05075-010 – São Paulo – SP
Telefax : (+55 11) 3256-4444
e-mail: geracaoeditorial@geracaoeditorial.com.br
www.geracaoeditorial.com.br

Impresso no Brasil
Printed in Brazil

À memória do meu pai E. A. Mahama,
homem de humildade e integridade que viveu
a serviço da família, do povo e da nação

Planejamos a vida de acordo com um sonho que nos veio na infância e descobrimos que ela altera os nossos planos. Ainda assim, no final de uma altura incomum, vemos também que nosso sonho foi nosso destino. Foi só aí que a Providência teve outras ideias para chegarmos lá. O destino planeja uma rota diferente ou vira o sonho do avesso, como se fosse uma charada, e cumpre o sonho de um modo que não esperaríamos.

Ben Okri

SUMÁRIO

Nota do autor 11
Introdução: As "décadas perdidas" 13
Meu primeiro golpe de Estado 19
O chapéu do comissário de distrito 29
De silêncio e solidariedade 51
Leões selvagens e menininhos com atiradeiras 65
A dança da lua cheia 78
Como recebi meu nome cristão 95
Sankofa 119
Adolescentes em Tamale 137
Fogo congelado 153
Louvor aos poderosos 176
Governo de União 196
A verdade permanece 214
Travessias perigosas 228
Gana tem de partir 259
Providência 283
Tovarisch 306
Coda: Retorno da esperança... *Anaa?* 325
Agradecimentos 337
Sobre o autor 341
Uma nota sobre a vinheta 343

NOTA DO AUTOR

Esta não é uma obra de ficção. Mudei o nome de alguns indivíduos e modifiquei traços identificadores, inclusive descrições físicas e profissões, para preservar sua anonimidade. Às vezes, a cronologia foi comprimida para melhor preservar a privacidade e manter o fluxo narrativo. Em todos os casos, a meta foi proteger a privacidade dos indivíduos sem prejudicar a integridade da história.

INTRODUÇÃO: AS "DÉCADAS PERDIDAS"

Há um período que costuma ser chamado de as "décadas perdidas" da África. Essa descrição se deve ao triste desempenho dos países africanos depois da independência nas décadas de 1970 e 1980 e até a primeira parte da década de 1990. O crescimento médio *per capita* dos países africanos em desenvolvimento durante essas "décadas perdidas" foi de 0,0%. Foi um período de estagnação debilitante, ainda mais se comparado à época de libertação que o precedeu, na qual também se inclui o período pós-colonial inicial que começou no final da década de 1950, continuou pela de 1960 e foi até o início da de 1970.

A descrição "décadas perdidas" é usada principalmente para designar questões de economia e desenvolvimento, mas, durante aqueles anos, outros aspectos da vida na África passaram por um período de estagnação também marcante, especialmente nas artes. Na época da libertação, toda uma geração de artes visuais, literatura, música e troca cultural internacional se fortaleceu com a energia de um continente que se livrava da opressão. O mundo ocidental (e com isso quero dizer os Estados

Unidos, o Canadá, a Austrália e os países da Europa coletivamente) foi apresentado a *dashikis*, *geles*, *fufu* e arroz *jollof*; aprendeu os ritmos da música *highlife* do Osibisa e da *makossa* de Manu Dibango. O sucesso "Pata pata", de Miriam Makeba, fez nós todos, em todos os países e em todos os continentes, cantar em xhosa, e a nova alquimia musical que Fela Anikulapo Kuti chamou de *afrobeat* — que, recentemente, voltou com tudo — já chamava a atenção e fazia os pés se mexerem.

Todo um cânone literário foi criado com livros, como *O mundo se despedaça*, de Chinua Achebe; *Weep Not, Child* [Não chore, filho], de Ngũgĩ wa Thiong'o; *The Beautiful Ones Are Not Yet Born* [Os belos ainda não nasceram], de Ayi Kwei Armah; e *So Long a Letter* [Uma carta tão comprida], de Mariama Ba. Mas esse período de produtividade, empolgação e criatividade irrestrita teve vida curta enquanto, na década de 1960, o continente evoluía lentamente para um ciclo de agitação política que se tornaria prolongado e depois, em meados da década de 1970, um mergulho rápido na pobreza.

Durante as "décadas perdidas", Gana — e de fato toda a África — vivenciou uma "drenagem de cérebros", um êxodo em massa que levou muitos dos nossos artistas, intelectuais, profissionais liberais e políticos a viver no estrangeiro num exílio forçado ou voluntário. Em consequência, esse período e o impacto direto que teve sobre a vida cultural, educacional e política dos que ficaram não foram muito documentados, principalmente não de um ponto de vista pessoal. São anos raramente discutidos, anos de dificuldade e sofrimento não contados, de fome e medo sempre presentes. São anos que, compreensivelmente, muitos tentaram esquecer, apagar inteiramente da memória.

Mas é raro alguma coisa ser totalmente ruim. Sempre se encontram bolsões de luz, por menores que sejam, em períodos de escuridão. Vários que ficamos durante as "décadas perdidas" e vivemos as dificuldades, por opção ou à força, descobrimos, ironicamente, que foi nessa época que nos encontramos, que achamos nossa voz.

Para muitos, há um momento que se destaca como fundamental no despertar da consciência. Frequentemente, esse momento parece um arauto de desastres: os primeiros tremores de um terremoto ou as chuvas de um furacão, a erupção da guerra civil ou de desordens violentas, um assassinato ou um golpe de Estado. É um momento que serve de linha demarcatória para separar a certeza do que havia da incerteza do que há à frente. É um momento no qual, repentinamente, tomamos consciência de quem somos; tomamos consciência da fragilidade e da imprevisibilidade do mundo em que vivemos. A queda de Gana nas "décadas perdidas" começou com um momento desses, com o golpe de Estado que derrubou o dr. Kwame Nkrumah, nosso primeiro presidente. Quando olho minha vida, fica claro para mim que esse momento marcou o despertar da minha consciência. Ele mudou minha vida e influenciou todos os momentos que se seguiram.

As "décadas perdidas", desde aquele primeiro golpe de Estado até o retorno do governo constitucional, foram os anos que definiram minha vida e, como resultado, são os anos sobre os quais mais quis escrever, que mais quis registrar não só na memória como no papel. Por meio das histórias deste livro, meu desejo foi documentar os efeitos que os fatos ocorridos naqueles anos tiveram sobre o país e, em termos mais pessoais e específicos, sobre mim e minha família.

Cada uma das histórias deste livro é a lembrança de um incidente ou conjunto de incidentes específico e, fiéis ao zigue-zague do funcionamento da memória durante a montagem de uma narrativa, elas são mais fluidas e circulares e menos estritamente lineares, e incluem o que é relevante e necessário — como circunstâncias e fatos históricos — para completar o quadro e dar sentido à experiência. No livro inteiro, de uma história a outra, há casos que, na superfície, parecem repetições ou superposições da narração dos fatos. No entanto, os detalhes de cada evento descrito são específicos da história contada e do seu entendimento contextual. Como é comum pensar na África em termos monolíticos, também fiz o máximo esforço para ser o mais específico possível nas descrições e detalhes que dou do estilo de vida e do clima geral das várias aldeias, povoados e cidades de Gana e da Nigéria. Nessas histórias, quis examinar a diversidade que existe em Gana, que é apenas um dos 54 países do continente.

Além disso, quis mostrar as diferenças entre a vida na região norte do país, que continua a ser a menos atendida, e a vida na região sul. Também quis destacar a vida vibrante dos centros urbanos que se modernizam cada vez mais e mostrar o contraste entre ela e a vida tradicional das aldeias, que desaparece rapidamente.

O mundo que tento captar neste livro por meio dessas histórias não existe mais. Há épocas em que paro e me pergunto se já existiu ou se apenas sonhei que existia. Algumas experiências por que passei ou ouvi dizer foram incompreensíveis a esse ponto. Os lugares mudaram, os costumes sumiram. Até parte do vernáculo se extinguiu. Nessas histórias há palavras, frases e expressões que uso e que são específicas da época, do lugar e da experiência que descrevo, mas que não existem mais no vocabulário cotidiano.

Em Gana, como na maioria dos países africanos que faziam parte da Commonwealth, herdamos palavras e terminologias que fazem parte do chamado "inglês da rainha" — a pronúncia recomendada do inglês britânico culto. Também abastardamos palavras e terminologias e as tornamos nossas. Como a linguagem é um elemento primário da civilização, da cultura, escolhi ser representativo e autêntico, tanto na narrativa quanto no diálogo, de quem éramos e de como éramos naquele tempo.

Hoje em dia, muitas informações sobre a África que chegam ao resto do mundo são negativas e deixam nosso continente sob uma luz pouco lisonjeira e quase irredimível. Como africano residente e líder político de um país africano, me entristeço com isso, porque por mais que seja "factual", a informação nunca é a verdade toda. As manchetes são feitas de fatos isolados, muita vezes aberrantes. Os dados estatísticos costumam ser apresentados sem contexto nem explicação. Há um milhão de histórias que podem preencher os espaços vazios do que não foi dito nem escrito, histórias que mudarão noções e questionarão preconceitos.

Embora minha intenção ao escrever as histórias desta coletânea fosse meramente apresentar a vida que levei e a Gana e a África que conheci durante um período específico e não alterar nenhuma noção preconcebida, espero que quem as leia abandone as opiniões e juízos prévios e permita que a realidade dessas recordações ocupe uma tela própria.

Suspeito que a África, como pátria da humanidade, sempre tenha sido e sempre venha a ser um tanto enigmática. Como e por que, enquanto as civilizações dos outros continentes pereciam, o continente africano e seu povo sobreviveram durante séculos apesar de incontáveis guerras, doenças e desastres naturais talvez continue mesmo a ser um mistério constante. Se, entretanto, minha experiência durante as "décadas perdidas" puder servir de guia, eu diria que a solução desse mistério deve estar em algum lugar das nossas histórias, nas aparentes minúcias do dia a dia, nos costumes e rituais, nas adaptações e nas improvisações necessárias, nos erros e nos milagres. O segredo da sobrevivência da África sempre esteve e muito provavelmente sempre estará na história do seu povo, na simplicidade e na complexidade paradoxais da nossa vida.

MEU PRIMEIRO GOLPE DE ESTADO

Aconteceu em 24 de fevereiro de 1966. Eu tinha sete anos, era aluno do segundo ano da divisão primária do Achimota, um internato de elite em Acra, a capital de Gana. Naquele dia houve muita comoção; os professores corriam de um lado para o outro de maneira visivelmente desorganizada e se amontoavam cochichando pelos cantos. Não demorou para a notícia se espalhar, primeiro pelo corpo discente mais velho, depois até os alunos mais novos.

As palavras que ouvi dizerem naquele dia pareciam conter um certo ar de mistério e urgência, principalmente a expressão *"coup d'état"*, repetida como um mantra. Nunca a ouvira. Mas sabia, sem que tivessem de me dizer, que não pertencia a nenhuma das seis línguas que eu falava: não era gonja, axânti, hauçá, dagbani nem ga; sequer era inglês. Para os meus ouvidos de criança, a expressão parecia empolgante, como um jogo de que todos os alunos mais velhos logo participariam; e, a partir do momento em que a ouvi pela primeira vez — *coup d'etat* — quis aprender também a jogá-lo.

No dia seguinte ao golpe, assim que passou o surto inicial de medo e empolgação, os nossos professores explicaram que não era um jogo, afinal de contas; aparentemente, a expressão *"coup d'état"* significava que o governo fora derrubado. Mesmo em inglês simples, o conceito parecia sem sentido para mim. Como se pode derrubar um governo inteiro? E exatamente o que é derrubado?

Os dias se passaram. As notícias ficaram mais precisas e comecei a juntar informações. Enquanto nosso presidente Osagyefo dr. Kwame Nkrumah estava em visita oficial ao Vietnã do Norte, os militares tinham assumido o controle de Gana.

O dr. Nkrumah foi o primeiro presidente de Gana, um verdadeiro visionário. Na época, era bastante comum que os intelectuais ganenses terminassem sua formação na Europa e lá obtivessem os seus diplomas mais avançados. O dr. Nkrumah preferiu frequentar instituições dos Estados Unidos; graduou-se na Lincoln University e fez a pós-graduação na Universidade da Pensilvânia.

O retorno do dr. Nkrumah a Gana após o término dos estudos deu mais força à luta pela independência. Ao lado de J. B. Danquah, Ebenezer Ako-Adjei, Edward Akufo-Addo, William Ofori-Atta e Emmanuel Obetsebi-Lamptey, eles passaram a ser afetuosamente chamados de "Os Seis Grandes" pelo papel de vanguarda que tiveram na luta contra o colonialismo britânico. Foram vitoriosos nessa luta e, em 6 de março de 1957, a colônia britânica chamada Costa do Ouro se tornou Gana, país independente autogovernado. Em consequência, Gana era e ainda é o país anunciado como pioneiro do movimento de libertação africana.

A liberdade de Gana deflagrou uma reação em cadeia na África subsaariana, e pelo menos 16 países se tornaram independentes somente em 1960. O dr. Nkrumah, importante pan-africanista e também um dos fundadores da Organização da Unidade Africana, que em 2002 se tornou a União Africana, era um personagem dinâmico e controvertido com uma visão de futuro para Gana e para a África. Era reverenciado por muitos, mas alguns não tinham a mesma visão ou não aprovavam seus métodos para torná-la realidade. A transição da condição de colônia para tornar-se país foi relativamente suave para Gana, principalmente se comparada à de outros países em formação onde as rebeliões eram constantes. As condições não pareciam maduras para um golpe, não em Gana. Três anos antes, houve um golpe no vizinho Togo no qual o presidente Sylvanus Olympio foi assassinado. Foi o primeiro grande golpe desse tipo na África contemporânea e abalou o continente. Ainda assim, o clima político de Gana não era tão hostil quanto o de Togo, e os cidadãos ganenses pareciam menos inclinados à violência; por isso, nosso primeiro golpe de Estado foi um choque para todos.

No Achimota, soubemos que todos os ministros de Estado tinham sido presos. Essa informação específica me fez parar, porque meu pai era ministro de Estado. Mesmo assim, acho que não fui capaz de absorver inteiramente todas as consequências. Não na época. Talvez por não ter recebido da minha família notícias de que havia algo errado. Ou talvez porque senti, como é tão comum nas crianças, que de certa forma eu e minha família estávamos protegidos, automaticamente isentos de toda tragédia.

O golpe de Estado se tornou real para mim, um fato que constituía mais do que apenas palavras, no início de abril, quando minha escola se esvaziou para o feriado de Páscoa e ninguém veio me buscar. Observei todas as outras crianças partirem com os familiares. De quarto em quarto, os dormitórios se esvaziaram, até os meus passos serem os únicos nos corredores. Ainda assim, ninguém veio.

No Achimota, havia uma mulher adulta, um tipo de figura materna, responsável pelos dormitórios da escola primária. Nós a chamávamos de tia. Cada tia era responsável por mais ou menos dez menininhos. As tias cuidavam de nós. Faziam com que acordássemos na hora certa, tomássemos banho e café da manhã e não nos atrasássemos nos estudos. Cuidavam do nosso bem-estar geral.

Naquela noite, dormi sozinho na escola, a única criança. Minha tia, o estereótipo da inspetora escolar, também ficou no dormitório. No dia seguinte, a tia me levou até a diretora e pediu permissão para sair do terreno da escola comigo. Queria localizar minha casa para me levar para a família ou, mais exatamente, para meu pai e meus irmãos. Quando meu pai ocupou seu primeiro cargo no governo, primeiro como parlamentar, depois como ministro, minha mãe não se mudou com ele para a capital no sul. Ela ficou na casa da família na cidade de Bole, que fica na região norte de Gana, mais ou menos a 600 quilômetros de Acra. O sistema pelo qual se separaram devido ao trabalho dele não era raro na época nem é agora.

Minha tia recebeu permissão para partirmos. Pegamos um táxi para ir do *campus* do Achimota até Kanda, bairro de Acra, onde ficava a casa do meu pai. Na época, Kanda era um enclave homogêneo de classe média alta, povoado principalmente por parlamentares e ministros de Estado.

Quase imediatamente depois de sairmos do Achimota, comecei a notar muitos veículos militares, todos lotados de homens. Nunca vira tantos soldados na cidade, e todos estavam armados. Era algo simplesmente inaudito. Naquela época, ver um soldado bem no meio da cidade era tão raro, que fazia a gente parar para olhar. Os soldados geralmente ficavam no quartel, a sua cidade autônoma dentro da cidade.

Eu já fora ao quartel. Ficava no Campo Burma, principal base militar de Acra. Rose, minha irmã mais velha, morava lá com o marido, capitão do exército. Às vezes, nosso pai levava alguns filhos para visitar nossa irmã mais velha no Campo Burma. Rose, alta e bonita como uma estrela de cinema, trabalhava como aeromoça na Ghana Airways. Viajava muito, e poder vê-la era sempre motivo de alegria.

De certo modo, atravessar Acra com minha tia foi como atravessar o quartel, o que me fez lembrar daquelas visitas a Rose com nosso pai, o que por sua vez me deixou ainda mais saudoso. Quando o táxi se aproximou da minha casa, notei que a casa e a área próxima estava cheia de policiais e soldados. Tinham até montado barracas nas quais pareciam estar morando. O táxi parou e minha tia desceu. Segui-a obediente, os meus dedinhos mal descansando na palma da mão que ela me estendeu.

A tia cumprimentou o soldado que parecia estar no comando. O tom de voz dela era oficial e respeitoso. Caloroso, não, mas nada duro também. Era o tipo de voz que ela usaria para conversar com os pais de um aluno malcomportado.

— Estamos à procura do Digníssimo E. A. Mahama — disse ela, usando o título associado à posição política do meu pai.

O soldado nos examinou com olhos injetados. Sua presença era imponente, um pouco ameaçadora. Ele sugou os dentes e hesitou, como se ponderasse se éramos ou não dignos de uma resposta. Quando finalmente falou, a voz era rude, ainda mais se comparada à da tia.

— Ele não mora mais aqui.

Minha tia não precisou ouvir mais nada. Sabia que as informações não seriam boas. Fechou os dedos em torno da minha mão, apertando-a, deu meia-volta e saiu apressada. Marchamos rapidamente até o táxi, que nos esperava, e embarcamos. O motorista, que assistira à interação da tia com o soldado e pressentiu a possibilidade de perigo, logo fez o retorno com o veículo. Enquanto ele fazia isso, eu também girei, de modo que meu corpo não estava mais virado para a frente. Fiquei de joelhos no banco, descansei o queixo e os cotovelos no alto do encosto e fitei a janela de trás, me perguntando se voltaria a ver minha casa, se voltaria a ver meu pai.

Não chorei naquele dia, mas nos dias, semanas e meses que se seguiram houve numerosas ocasiões em que me lembrava de tudo — as barracas improvisadas, os olhos injetados do soldado, a arma, a terra e o pó que subiam dos pneus e enchiam o ar enquanto o táxi me levava embora numa nuvem de incerteza. Eu me lembrava e chorava.

— Onde acha que sua família pode estar? — me perguntaram a tia e a diretora na manhã seguinte à nossa tentativa infrutífera de encontrar meu pai. Era uma pergunta angustiante e, aos sete anos, eu estava despreparado para pensar nela, quem dirá respondê-la.

—Tem tias ou irmãs que possam vir buscá-lo? — Acho que, como minha mãe estava tão longe, elas nunca pararam para considerar a possibilidade de ela vir me buscar. Naquela época, a região norte de Gana parecia um país totalmente diferente. Era o interior, o sertão. Nem eu conseguia imaginar minha mãe vindo até Acra me procurar, não sem que meu pai mandasse Mallam, o motorista, buscá-la.

Por um instante, minha cabeça se esvaziou e só consegui entrar em pânico. E se não restasse ninguém para me buscar? O que faria? Para onde iria? Eu mal tivera uma oportunidade de sentir o medo que começara lentamente a me engolir quando todos os detalhes do que fora minha vida antes do golpe de Estado me vieram às pressas.

— Ah — respondi, os olhos se arregalando com a noção renovada do eu. Era a primeira vez, desde o dia do golpe, em que demonstrava alguma coisa parecida com confiança ou certeza. — Tenho uma irmã! — falei à tia e à diretora sobre Rose no Campo Burma. Com a lista telefônica, elas conseguiram encontrar Rose, que felizmente estava na cidade e na mesma hora veio me buscar.

Enquanto eu esperava Rose chegar, apesar do esforço frenético da tia e da diretora para encontrar meu pai, ainda não tínhamos recebido notícias de seu paradeiro. Com sorrisos e caramelos, a tia e a diretora tentaram o máximo possível me proteger da sua ansiedade crescente, mas eu conseguia senti-la ricocheteando nos rápidos olhares de esguelha que trocavam e voando como uma criatura escura e alada no fôlego dos seus suspiros longos e exaustos. Dizia-se que pessoas tinham sido executadas. Eu sabia que a tia e a diretora temiam que meu pai fosse uma delas. Eu também temia.

Foi na casa de Rose que descobri que nosso pai não estava morto; fora preso no dia seguinte ao golpe. Os meus outros irmãos tinham sido buscados pelas mães e por vários outros parentes e agora estavam espalhados pelo país inteiro. Levaria um bom tempo para eu voltar a vê-los, mas, quando os vi, eles me contaram o que aconteceu no dia do golpe e logo depois.

Os militares tinham ocupado a Casa do Mastro, residência oficial do dr. Nkrumah, e depois a estação de rádio. Pelas ondas aéreas, anunciaram que houvera um golpe de Estado. Foi ordenado que todos os ministros, parlamentares, comissários de distrito, presidentes e secretários do partido político governante, assim como uma longa lista de outras pessoas importantes, se apresentassem à delegacia de polícia mais próxima "para sua própria segurança".

Papai reuniu algumas coisas, entrou no carro e foi para a delegacia, onde o mandaram para interrogatório e depois, para surpresa de todos, o prenderam. Depois de uma noite na carceragem da delegacia, ele foi transportado para o forte Ussher, uma das várias feitorias de escravos construídas em meados do século XVII pelos colonos holandeses, agora usada como penitenciária.

O Conselho de Libertação Nacional, nome do organismo governante instituído pelos oficiais militares que deram o golpe, criara uma comissão de inquérito para investigar os integrantes do governo do dr. Nkrumah, ostensivamente com o propósito de descobrir atividades, aquisições e alianças que pudessem ser consideradas inadequadas e, portanto, passíveis de punição. Meu pai e seus colegas políticos também presos foram obrigados a comparecer várias vezes diante da comissão para interrogatório. Depois que a comissão obteve todas as informações de que precisava para concluir as investigações e apresentar um relatório, aqueles indivíduos foram libertados ou encaminhados para processos legais.

Como acontece com os golpes de Estado, aquele primeiro a ocorrer em Gana foi rápido e inesperado. Às vezes é incorretamente citado nos livros como golpe sem derramamento de sangue, mas isso é que não foi. Na noite seguinte ao golpe, enquanto Peter, meu irmão mais velho, era levado para a casa da mãe dele, o táxi em que viajava foi obrigado a parar na Casa do Mastro. Uma vez ali, o oficial militar postado à entrada ordenou que Peter e as outras crianças no táxi fechassem os olhos enquanto ele interrogava o motorista. Fizeram o que lhes mandaram, mas não antes que Peter avistasse o pátio diante da Casa do Mastro, que, como mais tarde me contou, estava cheio de filas e filas de cadáveres. É uma imagem que Peter, na época com apenas dez anos, nunca foi capaz de esquecer.

Meu pai permaneceu detido como preso político durante bem mais de um ano. O dr. Kwame Nkrumah, que nunca conseguiu voltar da viagem oficial ao exterior que pretendia ser rápida, ficou no exílio até morrer em 1972. Quando não estava na escola de Achimota, morei com Rose e o marido no Campo Burma.

Embora amasse minha irmã e não a associasse nem o marido ao que acontecera a meu pai, a ironia de não ter onde morar a não ser no quartel devido à prisão do meu pai depois de um golpe militar não me escapava inteiramente. Mas o que poderia fazer? O que qualquer um de nós poderia fazer?

Quando meu pai saiu da prisão, Gana era um país muito diferente. Não surpreende que eu fosse um menino muito dispar, o curso do meu futuro já atingido de forma irreversível por aquele período indizível de violência.

O CHAPÉU DO COMISSÁRIO DE DISTRITO

Eis do que me lembro: viajando no carro com minha mãe, Mallam, o motorista preferido do meu pai, estava ao volante. Eu e minha mãe estávamos atrás, ela sentada rígida e ereta, estudando atentamente a paisagem que passava como se, em algum momento indeterminado do futuro, fossem lhe exigir que a recordasse: as estradas ruins que mudavam de marrom cor de lama para vermelho de barro quanto mais avançávamos para o sul, as árvores que se contorciam e assoviavam ao vento, os galhos que balançavam de lá para cá como se dissessem "olá" ou "adeus" a cada veículo que passasse.

Eu estava sentado ao lado de minha mãe, meu corpo de três anos bem apertado no espaço entre as costelas dela e o braço fino e forte que ela usava para me segurar num quase abraço. Não me lembro de estar nervoso, mas sem dúvida devia estar. Agarrava-me à minha mãe, estudando o rosto dela com tanta atenção quanto ela estudava a paisagem. Os olhos dela eram amendoados e as pupilas brilhavam vivamente com uma chama que parecia se reacender a cada piscadela. A pele era escura, lisa como um líquido, como chocolate depois de levado ao fogo e deixado derreter por um minuto inteiro. Sem saber quando a veria de novo, gravei na memória os detalhes do seu rosto.

Ela me levava para morar com meu pai, assim como levara meu irmão Alfred dois anos antes. Alfred adorava morar com nosso pai, mas, para mim, a possibilidade era como me aventurar no desconhecido, e naquela idade o conhecido era um tremendo conforto. Embora gostasse do tempo que passava com meu pai sempre que nos visitava, ele não era uma presença constante na minha vida, o que, para todos os propósitos e intenções, fazia dele praticamente um estranho. E agora me levavam para morar com ele.

Damongo é a cidade natal da minha mãe, uma aldeia de tamanho respeitável na região norte de Gana, à beira do Mole, a reserva de caça mais popular do país. Foi lá que nasci e passei a maior parte do meu primeiro ano. Então, eu, Alfred e minha mãe nos mudamos para Bole, cidade natal do meu pai, que fica a uns cem quilômetros. Bole também era uma aldeia, mas Damongo, devido à localização perto da reserva, tinha um pouco mais de atividade.

A casa do meu pai ficava nos arredores de Bole. Era de bom tamanho, com seis quartos e uma sala grande. Bole não estava ligada à rede nacional de energia elétrica, mas tínhamos um pequeno gerador a diesel, o que fazia da nossa casa a única com luz na cidade. Toda noite nosso gerador ligava às seis e desligava às dez. Todo mundo na cidade recorria a pequenos lampiões de querosene e, na maioria das noites, depois que a escuridão se instalava totalmente, os moradores saíam, iam até nossa casa e ficavam na rua olhando. Pareciam passar horas olhando, hipnotizados pelo brilho das lâmpadas elétricas. Quando o encanto se quebrava, viravam-se e iam embora impassíveis, com o eco suave das conversas se arrastando atrás.

Na época, meu pai estava no parlamento e era ministro de Estado, portanto não morava conosco. Residia em Acra, que era e ainda é a sede do governo. Era para lá que íamos eu e mamãe. Além de Alfred, eu tinha mais dois irmãos, Peter e Adam, que já moravam com meu pai. Eles frequentavam a escola, e foi por isso que meu pai mandara me buscar. Queria que eu começasse a estudar também. A maioria das crianças de Gana entra na escola com seis anos, mas papai queria que eu tivesse a vantagem da precocidade. Ele valorizava a educação com paixão inabalável. Via-a como uma das poucas proezas sem risco na vida. Nela, não havia nada a perder e tudo a ganhar. Na verdade, se não fosse pela educação que recebera devido a um encontro fortuito na infância com um inglês arrogante, incômodo e insistente, meu pai acabaria como algum analfabeto subempregado a lamentar as dificuldades da vida.

A primeira escola que frequentei foi uma pequena creche no bairro de Ringway Estates, em Acra. Eu me saí bem na escola e logo fiz amizade com os outros alunos. Era uma criança observadora, de imaginação ativa e curiosidade ilimitada. Isso deve ter me posto bem diante da atenção da professora, porque, certa tarde, quando meu pai foi me buscar, a diretora da creche pediu para falar com ele.

Como não era uma reunião devida à disciplina, entrei sem medo na sala da diretora com meu pai.

— Digníssimo Mahama — disse ela, indicando duas cadeiras diante da escrivaninha. Meu pai se sentou e eu o imitei. Os meus pés não atingiam o chão e deslizei para a beirinha do assento até que consegui encostar os dedos sem erguer o calcanhar. — Esse seu filhinho Dramani — continuou a diretora, me chamando pelo nome que agora, tantas décadas depois, passou a ser o do meio. — Acho que ele tem potencial para deixar o senhor muito orgulhoso.

No instante em que ela disse isso, senti o poder da sua previsão se enraizar. Endireitei a coluna para que meu peitinho ossudo se enchesse. Até então, tinha ouvido sem muita atenção, mas de repente quis saber como a diretora chegara a essa conclusão e, mais importante, o que eu teria de fazer para que meu pai me olhasse com o tipo de emoção que via nos seus olhos. Meu pai já se tornara a pessoa mais importante da minha vida. Papai era um homem de modos suaves. Era dedicadíssimo ao trabalho de ser pai, e essa dedicação era evidente na sua interação calorosa e claramente afetuosa conosco, seus filhos. Dias depois de minha chegada a Acra, apesar da tristeza com o retorno de minha mãe a Bole, vi por que Alfred adorava morar com papai e logo comecei a me sentir em casa, como se sempre tivesse vivido lá. Como se aquele fosse o meu lugar. O que eu mais queria no mundo era deixar meu pai orgulhoso de mim.

A diretora explicou que havia um acordo com o Achimota College and School pelo qual ela tinha permissão de mandar a eles alguns alunos da creche que considerasse capazes de se destacar. Ela disse a meu pai que, com a autorização dele, preencheria os formulários para minha matrícula e marcaria uma entrevista. Na mesma hora meu pai concordou e agradeceu. Saímos da sala, a mão dele pousada suavemente sob minha nuca, como se ele me desse tapinhas nas costas por um serviço benfeito.

Entre as escolas, o Achimota era considerado o melhor dos melhores. Fora fundado pelo governo colonial com muito auxílio de vários chefes locais. A construção da escola começou em meados da década de 1920. Em 1925, o príncipe de Gales fez uma visita oficial e concordou em permitir que a escola usasse seu nome, e durante muitos anos ela se chamou Prince of Wales College. Em 1926, a escola admitiu o primeiro grupo de alunos de jardim de infância. Em meados da década de 1960, quando comecei a frequentar o Achimota, a escola, inclusive as divisões primária e secundária, que funcionavam integralmente havia décadas, era altamente seletiva e formara alguns dos indivíduos mais inteligentes e bem-sucedidos não só de Gana como de toda a África.

Essa história e o prestígio não me impediram de detestá-la. Eu não sabia, naquele dia na sala da diretora, que o Achimota era um internato. Mesmo na entrevista, quando descobri que internato significava ficar longe de casa, como poderia saber a profundidade da solidão que acompanharia a experiência? Tinha saudades de casa o tempo todo. Fora difícil deixar minha mãe, mas pelo menos eu tinha uma família para aliviar a dor. No Achimota, não havia ninguém. Sentia falta dos meus irmãos e, principalmente, do meu pai.

Embora em Gana não fosse raro um aluno frequentar internatos no nível secundário, era bastante incomum que um menino de seis anos fizesse as malas e fosse mandado embora, e eu sentia que tinham feito exatamente isso comigo. Para agravar a situação, fui o único da família que tive de partir para a escola. Os outros frequentavam a escola pública perto de casa. Saíam no início do dia e voltavam no fim da tarde, quando terminavam as aulas. Não entendia por que eu fora isolado assim pelo nosso pai. Parecia castigo.

Em Gana, quem vai para o internato leva uma *chopbox* e um baú. *Chopbox* é uma caixa de madeira sem acabamento, com dimensões semelhantes às de uma mesinha de cabeceira. É nela que o aluno guarda suas provisões, alimentos usados para complementar as refeições que faz, coisas como açúcar, leite condensado, Milo (marca de achocolatado maltado usado para fazer chocolate quente), *shitto* (um molho de pimenta-do-reino), sardinha em lata e *gari*, feito de mandioca fresca ralada, seca e frita em fogo aberto até ficar com consistência semelhante à de farinha de cuscuz marroquino ou *atcheke*.

Os baús usados por alunos de internato são, em essência, caixas de aço nas quais podem guardar roupas e outros pertences. Em Gana, esse tipo de baú de aço tem um padrão específico: é pintado de preto brilhante e depois totalmente carimbado com motivos vermelhos em forma de meia-lua.

Quando comecei a estudar no Achimota, fui equipado com esses itens básicos. Meus irmãos se reuniram para implicar comigo enquanto Mallam punha minha *chopbox* e meu baú na mala do carro. Doeu sentar-me no carro com Mallam e ser levado embora. Quando me virei e olhei pelo para-brisa traseiro, vi meus irmãos conversando e depois se curvando em grandes gargalhadas. Sabia que provavelmente era porque Alfred contara aos outros uma das suas piadas. Ele era famoso pela argúcia e pelo senso de humor. Nunca havia momentos chatos quando Alfred estava por perto. Fiquei me perguntando como meus irmãos podiam se divertir tanto enquanto eu me sentia tão miserável, e como conseguiam me esquecer tão depressa.

É claro que aproveitei ao máximo minha situação na escola e houve claramente momentos de riso e alegria com os novos amigos que conheci. Ainda assim, só num dos primeiros dias de discurso e premiação realizados no Achimota é que comecei a compreender totalmente a necessidade da minha presença ali. Tinha dez anos e acabara de começar o quarto ano. Recebi dois prêmios: um pelo meu desempenho em história e outro pelo meu desempenho em inglês. Os prêmios foram dois romances de Charles Dickens, *Oliver Twist* e *David Copperfield.* Adorava esses livros mais do que tudo. Ainda me lembro de uma das minhas citações favoritas de *Oliver Twist*: "As surpresas, como os infortúnios, raramente vêm sozinhas".

A melhor parte de toda a experiência foi que os prêmios eram anunciados e entregues num evento com a presença dos pais. Fui um dos premiados mais jovens. Até hoje, mesmo considerando os elogios que tive a bênção de receber até agora na vida, nada jamais superará aqueles poucos momentos preciosos em que ouvi meu nome ser chamado e subi naquele palco com todos os pais me aplaudindo. E o melhor momento de todos foi quando olhei a plateia e vi meu pai, seu nariz reto e pontudo e a expressão calmamente pensativa. Notei que meu pai me olhava do modo como olhara naquele dia em que entramos na sala da diretora.

Ser escolhido para aqueles dois prêmios foi realmente uma surpresa. E, fiel às palavras de Dickens, foi uma surpresa que não veio sozinha. Aquele também foi o dia em que meu pai me explicou por que me mandara para o Achimota e como também fora escolhido dentre todos os irmãos para ir para a escola.

Ainda é difícil imaginar que o destino da minha família inteira dependeu da aba do chapéu de um comissário de distrito, mas assim foi. Na época colonial, os comissários de distrito eram as pessoas mais poderosas da Terra, que só respondiam ao governador que supervisionava toda a colônia da Costa do Ouro; por sua vez, ele só respondia ao rei ou à rainha da Inglaterra.

No nível mais local e imediato — mas apenas em assuntos domésticos e cotidianos — os chefes tinham autoridade para julgar e legislar. Era um sistema de eficiência impressionante, conhecido como "domínio indireto", inventado pelos colonialistas para aplacar os chefes e fingir respeito pela estrutura de poder nativa, ao mesmo tempo que instituía um modo de gerenciar a população em geral.

O interessante é que não há, em nenhum idioma ganense nativo, palavra que signifique "chefe". A tradução adequada é "rei". Esse é o peso do poder que os chamados chefes e sub-chefes tinham junto à população das suas aldeias e reinos. No entanto, para a potência colonial só podia haver um rei ou rainha, aquele que governava o Império Britânico, e, em todas as colônias, todos não passavam de súditos. Ponto-final.

Concedia-se aos chefes um poder como o de um buldogue desdentado. Podiam tomar decisões autônomas que afetavam a vida de indivíduos, mas as decisões mais significativas, aquelas que tivessem o potencial de determinar o futuro da terra e da população como um todo, tinham de ser aprovadas, para não dizer totalmente instigadas, pelo governo colonial.

Meu bisavô era um chefe, o Soma Wura. Morava num palácio. Não era, de jeito nenhum, a versão de palácio do mundo ocidental que passou a dominar a imaginação popular. Ainda assim, era um palácio. Naquela época, em Bole, as casas eram feitas principalmente de barro com telhado de palha. O palácio do chefe compunha-se de uma grande cabana redonda onde o chefe se sentava no trono com sua corte ou conselho de anciãos, como eram chamados, com uma série de outras cabanas atrás, formando um oval. Uma parede se estendia atrás de cada cabana para criar uma área fechada, de modo que o acesso principal era pelo salão do palácio. Naquela área cercada havia um terreiro no qual ocorriam todas as atividades da família, inclusive o preparo das refeições.

Depois de realmente entrar no complexo, ficava-se cercado pelas outras cabanas, cada uma delas com propósito e residente específicos. Em todas essas cabanas, menos uma, o chefe tinha uma esposa. Cada esposa morava com seus filhos. A única cabana não ocupada por uma esposa era para o chefe ficar a sós, um cômodo só seu para trabalhar em paz e silêncio. No decorrer da semana, o chefe dormia em rodízio nas cabanas das várias esposas. Na noite em que não tinha de cumprir nenhum dever de chefe nem de marido, ele se retirava para sua cabana e dormia sozinho.

No salão redondo, o principal do palácio, havia uma plataforma levemente elevada coberta de peles de animais e almofadas macias. Era onde o chefe, meu bisavô, se sentava. Ele era flanqueado pelos anciãos, sentados ao longo das paredes, encostados nas peles penduradas atrás. Era lá que meu bisavô ouvia os casos e queixas, que variavam de furtos e pequenas fraudes a divórcios. O envolvido ou os envolvidos no caso sentavam-se no centro, bem à vista do chefe e dos anciãos.

A mãe do meu pai era filha de Soma Wura, e os dois moravam no palácio. É comum que, depois de dar à luz, a mulher volte para sua família com o bebê e fique morando lá. A família cuida da mãe e do filho até a época em que se considera que a criança tem idade suficiente para acompanhar a mãe de volta ao lar conjugal.

Nesse dia específico, o dia em que conheceu o inglês, meu pai brincava ao ar livre com amigos e vários parentes, primos e tios, alguns dos quais com a mesma idade dele e até mais novos. O avô estava no salão do palácio com os anciãos, cuidando dos assuntos do chefe. Meu pai, como os jovens primos e tios, vestia apenas um par de *shorts*. Sem camisa, sem sapatos, só o marrom quente e dourado da pele, como pão recém-assado. Eles ouviram um carro se aproximar e, na mesma hora, abandonaram a brincadeira e correram para vê-lo passar na estrada. Isso foi na década de 1930. Os carros eram raridade. Todos viajavam a pé ou a cavalo, e só a realeza e os aristocratas podiam se dar ao luxo de ter cavalos. Eram principalmente os ingleses que possuíam carros, ainda mais naquela parte do país.

As crianças que tinham se reunido na estrada empoeirada para avistar o carro se alarmaram quando o veículo desacelerou e parou completamente bem diante do palácio do chefe. Ficaram observando com expectativa enquanto a porta do motorista se abria. De lá saiu um inglês que, apesar do calor, vestia um costume estilo safári com gravata, sapatos ofuscantes de tanto brilho e o elegante chapéu cáqui de abas largas que era quase obrigatório entre os comissários de distrito.

Quando novo, meu pai tinha hérnia umbilical, também chamada de umbigo grande e bulboso. Quando o comissário de distrito saiu do carro e foi na direção do palácio, a multidão de crianças se aproximou e o cercou. Ele abriu caminho entre elas e andou com firmeza rumo ao salão do chefe. Uma das últimas crianças por quem passou foi meu pai. Por alguma razão, o comissário do distrito se sentiu atraído pelo umbigo dele; abaixou-se, estendeu a mão, o polegar e o indicador abertos, e o beliscou. Isso provocou grande dor no meu pai, e sua reação instintiva foi bater de volta. Ele ergueu a mão e golpeou o ar, sem pensar nem se importar com o que atingisse, fosse o rosto do comissário de distrito, seu corpo ou nada.

A base da mão do meu pai bateu na têmpora do comissário, pouco acima do olho esquerdo, num tapa forte e sujo. O resto da mão do meu pai, o alto da palma e os dedos abertos, atingiram a aba do chapéu do comissário. A força do golpe fez o chapéu se inclinar e cair da cabeça. Visivelmente perplexo, o inglês se abaixou e o pegou. Olhou meu pai, deu-lhe um tapinha de perdão na cabeça e disse algumas coisas em inglês que meu pai não entendeu; então, seguiu seu caminho rumo ao salão do chefe.

A razão da visita inesperada do comissário de distrito ao palácio de Soma Wura era que o governo colonial finalmente decidira levar a educação formal aos territórios do norte da colônia. Como só havia uma ou duas escolas para toda a região, as crianças que as frequentavam tinham de ser alunos internos. Em consequência, os habitantes do norte resistiam à educação oferecida. Temiam entregar os filhos aos brancos para serem levados sabe Deus aonde. Por causa disso, os comissários de distrito assumiram a tarefa de fazer um recrutamento personalizado, tão decididos estavam a endireitar o mal causado aos nortistas pelo governo colonial.

O reino Axânti e a porção norte do que hoje se chama Gana foram as últimas terras a serem acrescentadas pelos britânicos à colônia da Costa do Ouro no início do século XX. Por acreditar que os habitantes dos territórios nortistas eram mais adequados para o trabalho braçal do que para realizações intelectuais, os colonizadores lhes recusaram deliberadamente o acesso à educação formal. Enquanto os habitantes da parte sul da colônia mandavam os filhos para residir e se instruir no recém-fundado Prince of Wales College, os nortistas labutavam nas minas de ouro e nas plantações de cacau e lutavam nos campos de batalha durante as guerras mundiais.

O comissário de distrito viera pedir a Soma Wura que enviasse voluntariamente à escola pelo menos um dos seus muitos filhos. Imagino que, enquanto estava no salão do palácio, o comissário de distrito tenha se sentado num banco ou cadeira situado no mesmo lugar das almofadas dos queixosos cujas reclamações meu bisavô ouvia.

Meu bisavô, acostumado a tomar as decisões, disse educadamente ao comissário do distrito que não tinha nenhum filho em idade escolar. Isso não era inteiramente verdade, já que a maioria das crianças reunidas para receber o veículo do comissário tinha claramente idade para frequentar a escola.

— Que tal o menino de umbigo grande? — perguntou o comissário do distrito. Meu avô franziu a testa e recusou na mesma hora.

— Não — declarou o Soma Wura. — O senhor me pediu um dos meus filhos. Ele não é meu filho. É meu neto. Não pode ser mandado embora. — O comissário do distrito insistiu. Parecia que o destemor do menininho despertara alguma coisa nele.

—Vejo algo naquele menino — explicou ele ao Soma Wura. Nesse caso, disse ele ao meu bisavô, poderia haver uma exceção. Em vez de um dos filhos do Soma Wura, o comissário do distrito levaria o neto, porque queria aquele menino e nenhum outro. E não aceitaria não como resposta.

O Soma Wura também não estava acostumado a lhe questionarem a vontade. Os dois chegaram a um impasse, mas era claro que o comissário de distrito detinha o poder supremo. Conseguiria o que fora buscar; não permitiria que sua autoridade fosse corroída. Ele lembrou ao meu bisavô que sanções poderiam ser — e seriam — aplicadas se o Soma Wura não concordasse em mandar o menino para a escola.

A sanção rotineiramente aplicada aos chefes que, fosse qual fosse a razão, não cedessem aos pedidos e desejos dos comissários de distrito, era a remoção permanente do poder. Assim, na verdade esse processo de recrutamento para a educação não era nada voluntário; era forçado.

Naturalmente, meu bisavô queria evitar sanções e sua remoção do cargo, mas a situação era muito mais complexa do que parecia na superfície. Mesmo que quisesse aquiescer e permitir que o comissário do distrito levasse seu neto, meu bisavô não poderia fazê-lo sem antes pedir permissão ao pai do menino que também era chefe, o Gbemfu Wura.

Dentro da hierarquia dos chefes, o Gbemfu Wura, pai do meu pai, estava num nível mais elevado do que o Soma Wura. Assim, meu bisavô se viu na posição bastante insustentável de ter de recorrer ao Gbemfu Wura, que, embora casado com sua filha, também ficava acima dele na posição de chefe, e lhe transmitir o pedido do comissário do distrito.

— O branco não aceita levar nenhum dos meus filhos — explicou o Soma Wura. — Ele diz que só levará seu filho pequeno. — O Gbemfu Wura sabia muito bem a sanção que seria imposta ao Soma Wura e, talvez, até a ele se o menino não fosse entregue ao comissário de distrito, e concordou com relutância.

Na verdade, foi a mãe do meu pai que implorou e suplicou ao pai e ao marido que encontrassem outra solução, qualquer coisa menos entregar o filho aos colonizadores. Mas que outra solução haveria? Eles deixaram meu pai, um menino de no máximo cinco ou seis anos, partir com o comissário de distrito enquanto a mãe gritava e chorava no complexo, acreditando sinceramente que nunca mais veria o filho.

Meu pai, junto com os filhos dos chefes de cidades e aldeias vizinhas, foi primeiro para uma escola em Salaga, que ficava a uns 200 quilômetros de Bole. Fizeram a viagem a pé, todos menos meu pai, que, por ser muito pequeno para andar distância tão grande, foi carregado. Como as crianças eram pequenas demais para viajarem sozinhas, uma escolta as acompanhava — policiais da colônia, do regimento de guardas da Costa do Ouro. O aspecto desses homens não era para ser visto com leviandade. Eles usavam camisas cáqui bem passadas com calções cáqui que chegavam pouco abaixo dos joelhos. Na cintura, havia uma faixa vermelha como a usada na Índia; enroladas na perna, do joelho aos tornozelos, perneiras branquíssimas. Não usavam botas nem sapatos; os pés estavam sempre descalços. No alto da cabeça, usavam um fez vermelho, as pontas da borla roçando a sobrancelha esquerda.

Os policiais da colônia inspiravam um medo tremendo. Eles eram um símbolo da autoridade absoluta do Império Britânico. Se o governador pedisse a um policial da Guarda da Costa do Ouro que levasse alguém até ele, seria exatamente isso o que aconteceria. Não havia nada a fazer para evitar, não havia onde se esconder. Podia-se escalar o céu, nadar até o fundo do rio ou correr para o interior da floresta que os policiais da colônia o encontrariam e o entregariam. "Massa diz para eu levar", anunciaria; depois, o pegaria, o seguraria pela cintura e o arrastaria até a delegacia, os pés mal raspando o chão.

Eles eram disciplinados e obcecados; tinham de ser. Ser policial da colônia era um emprego potencialmente perigoso, ainda mais nos primeiros tempos da colonização. Eles eram considerados traidores e, muitas vezes, foram submetidos a cruéis agressões físicas e verbais. Há até incidentes documentados de apedrejamento de policiais da colônia. Em consequência, esse emprego não permitia nenhuma vacilação na lealdade ou na dedicação.

Em 1845, quando entraram pela primeira vez no território, os britânicos traziam consigo polícia e forças armadas próprias, formadas por militares de várias colônias da Coroa. Em duas décadas, a primeira força policial oficial foi organizada. Chamava-se Polícia Armada da Costa do Ouro, embora extraoficialmente todos a chamassem com desdém de Guarda Hauçá porque, além dos oficiais britânicos, essa tribo específica compunha a maior parte da força. O governo colonial achava que o povo hauçá, muito mais do que os outros grupos étnicos do território, era idealmente marcial. Em 1874, quando a colônia foi oficialmente criada, embora ainda fosse avassaladoramente hauçá, também se permitiu que homens de outros grupos étnicos entrassem para a força policial, agora conhecida como a Guarda da Costa do Ouro.

Antes da proclamação da colônia, a guarda fora usada em missões militares e civis e no policiamento cotidiano. Depois que a Costa do Ouro se tornou uma colônia oficial da Coroa, criou-se uma força militar separada, o Regimento da Costa do Ouro. Além disso, criou-se dentro da guarda uma subdivisão chamada Forças da Autoridade Nativa, cuja função era impor as leis consuetudinárias. Os integrantes da guarda principal eram equipados com fuzis de tiro único, mas os das Forças da Autoridade Nativa não andavam armados; usavam apenas cassetetes.

Imagino que os dois policiais coloniais que apareceram para escoltar o grupo de alunos da escola primária de Bole até Salaga eram das Forças Nativas de Autoridade. Cada um dos meninos teve permissão de levar uma sacolinha com roupas e outros artigos de primeira necessidade. Os policiais coloniais carregaram as sacolas das crianças. Certo dia, durante os anos de escola primária do meu pai, quando ele e os colegas faziam a viagem, havia vários leões no meio da estrada pela qual passavam.

Eles ainda não tinham chegado aos leões, mas podiam vê-los à distância. Pararam e pensaram no que fazer. A estrada onde estavam era de terra e malconstruída. Dos dois lados havia árvores, arbustos e capim que iam ficando mais altos quanto mais se afastavam da estrada. O grupo só podia avançar em dois sentidos: para frente ou para trás. Não podiam dar meia-volta; já andavam havia mais de um dia. "Mesmo que quiséssemos voltar", me contou meu pai, "os policiais da colônia não permitiriam. Tinham recebido ordem de nos levar à escola e era o que fariam."

O que os policiais da colônia fizeram foi ajudar os meninos a subir nas árvores à beira da estrada. Dividiram o grupo e cada policial cuidou de metade dos meninos. Procuraram as árvores mais altas e copadas, com galhos sólidos que não fosse fácil atingir do chão. Um de cada vez, os policiais puseram os meninos nos ombros. Os garotos ficaram na ponta dos pés, os braços esticados para o céu, tentando pegar o galho mais próximo. Depois que as crianças se empoleiraram em segurança nas árvores, os policiais se juntaram a elas. Passaram a noite assim, banqueteando-se com os frutos das árvores e com as poucas provisões que havia na sacola dos meninos, até que os leões saíram da área e puderam descer a salvo na manhã seguinte para continuar a viagem.

Depois de terminar a escola primária, meu pai frequentou o secundário em Wa, que fica a 120 quilômetros de Bole. Mais tarde, foi estudar em Tamale, sede do governo colonial nos territórios do norte. Quando terminou sua formação, meu pai recebeu o diploma de professor e o mandaram abrir uma escola em Bole, sua cidade natal. Agora que havia uma escola na cidade e as crianças não tinham mais de ser enviadas para longe, os pais de Bole e das áreas próximas tiveram mais vontade e disposição de permitir que os filhos recebessem educação formal.

Meu pai aproveitou a oportunidade para recrutar os irmãos mais novos. Também recrutou os sobrinhos, os primos e os filhos dos amigos. Mais do que tudo, ele desejava que a mãe pudesse ter vivido para ver não só seu sucesso como também a disseminação da educação no norte. Enquanto ele estava na escola, ela morreu, segundo dizem de coração partido, chorando a ausência do filho que lhe fora tirado. Acredito que essa perda influenciou meu pai de maneira muito fundamental e o deixou ainda mais atento ao que, em última análise, se tornou seu objetivo de melhorar as condições de vida do seu povo, os tão abandonados cidadãos do norte que já tinham pagado um preço altíssimo pela sobrevivência sob o governo colonial.

Sempre que possível, meu pai encorajava todos a buscarem a educação. Ele entendia a diferença tremenda que ela podia fazer na vida do indivíduo, o que significaria para o futuro daquela pessoa. Se algum empregado seu quisesse terminar ou aprimorar os estudos, ele concordava prontamente em financiar pessoalmente os cursos.

Também trouxeram professores do sul do país para treinar e depois trabalhar nas escolas criadas no norte. Foi na escola de formação de professores de Tamale que meu pai observou em primeira mão a discriminação institucionalizada que os nortistas ainda enfrentavam rotineiramente. Enquanto quem era do sul da colônia viajava livremente, os nortistas tinham de obter um passe para entrar na parte sul do país.

Na escola de formação de Tamale, os professores eram obrigados a seguir a um código de vestimenta. Os do sul podiam usar calças e camisas brancas, mas exigia-se que os do norte usassem bermudas, camisa branca e um *batakari*, túnica larga tradicional enfiada pela cabeça e feita de algodão grosseiro tecido à mão. Embora fosse um homem tranquilo por natureza, meu pai tinha uma forte noção de justiça que, com frequência, o levava a agir em defesa do que considerava certo e verdadeiro. Ele reuniu os professores nortistas e os estimulou a realizar uma revolta bem-sucedida contra o governo colonial para exigir que fossem tratados de forma igualitária.

Depois de ensinar por algum tempo, meu pai decidiu que queria aprimorar sua educação. Candidatou-se ao antigo Prince of Wales College, hoje conhecido como Achimota College. Papai estava mais do que qualificado para a matrícula, mas seu pedido foi negado. Embora não lhe dessem nenhuma razão oficial para a rejeição, ele soube na mesma hora que aquele era o resultado do confronto que tivera com o governo colonial a respeito do código de vestimenta dos professores. No entanto, não havia nada que pudesse fazer.

Anos depois, quando um dos seus filhos foi aceito no Achimota, ele viu isso não só como uma vitória para mim, seu filho, mas como compensação pelas suas aspirações de nortista que queria ir além das limitações impostas a ele e aos que eram como ele, aspirações que foram propositalmente obstruídas.

Depois daquele dia de discursos e prêmios, não questionei mais as intenções do meu pai no que dizia respeito à minha matrícula no Achimota.

Toda a minha carreira educacional, do jardim de infância à faculdade, foi passada como aluno interno. Aqueles primeiros anos doloridos no Achimota me deram a base, o apoio e a motivação que me acompanharam no restante da minha formação. E, com o tempo, aprendi a agradecer ao meu pai por insistir nisso.

Agora, olhando para trás, vejo que não foi coincidência eu ser reconhecido no quarto ano pela minha aptidão e pelas realizações em história em inglês, nem que, anos depois, na universidade, eu me formasse em história e, em seguida, buscasse a pós-graduação em estudos da comunicação para saciar meu amor à leitura e o desejo de escrever. Vejo agora como é reta a linha que vai do interesse nascente do menino que fui às paixões intelectuais candentes do homem que me tornei.

De todos os filhos do meu pai, fui o único a seguir diretamente suas pegadas. Em vários aspectos, a trajetória da minha vida e da minha carreira foi idêntica à dele. Como ele, fui escolhido quase por acaso para embarcar numa oportunidade educacional inigualável. Depois de formado, meu pai se tornou professor e se dedicou à tarefa de elevar o povo da sua comunidade. Depois de formado, ensinei história para alunos de nível O (ordinário) e A (avançado)[1].

Mais ou menos como meu pai, fui levado para a vida pública por uma série de acontecimentos aparentemente aleatórios. A carreira política não foi algo que planejei, assim como nunca foi algo que meu pai tivesse planejado. Para mim, foi uma surpresa ainda maior me ver na arena política, devido à minha experiência naquele primeiro golpe de Estado e a resultante detenção do meu pai.

Meu ativismo social começou enquanto eu interagia com meus alunos, ao perceber como compreendiam pouco a própria

---

1 Até meados da década de 1970, o sistema educacional de Gana era semelhante ao antigo sistema britânico: seis anos de educação primária, no fim dos quais havia um exame de admissão que dava acesso ao curso ginasial (*middle school*) ou ao curso secundário (*secondary school*). Depois de dois anos de ginásio, vinha o exame de conclusão do ensino médio, que permitia o acesso à formação de professor primário e a algumas escolas técnicas. O curso secundário durava cinco anos e os formandos recebiam o certificado do nível O (*Ordinary*). A partir daí, havia mais dois anos para chegar ao nível A (*Advanced*). (N. da T.)

história, a nossa história. No decorrer dos anos, meu ativismo continuou e se tornou parte inegociável da minha vida, um dedicado empenho político, quando percebi que cada um de nós recebe voz para falar e que meu silêncio e inação não serviriam a ninguém, muito menos a mim e às pessoas com quem eu afirmava me preocupar.

Depois que concorri ao parlamento e fui eleito, meu pai me deu todos os seus livros e documentos. Costumava conversar comigo, até bem tarde da noite, sobre sua experiência política, para transmitir as lições que aprendera e me alertar para as armadilhas e obstruções que poderia encontrar. Às vezes, no meio dessas conversas, eu me sentava junto dele, batendo os dedos do pé no chão enquanto ouvia, e me lembrava daquele dia na sala da diretora. "Esse seu filhinho Dramani", dissera ela. "Acho que tem potencial para deixar o senhor muito orgulhoso."

Eu também me recordaria da viagem de Bole a Acra com minha mãe, de como estava realmente apavorado ao ser levado para morar com meu pai, embora na época me recusasse a demonstrar ou nem sequer admitir. Do que tinha medo? Durante toda a minha vida, meu pai foi meu melhor amigo, meu mentor, treinador e confidente. Ele foi meu tudo.

Muito embora meu pai tenha morrido há muito tempo, há ocasiões em que estou com os meus filhos, cumpro meus deveres oficiais ou simplesmente escrevo à mesa e quase consigo sentir o toque leve da sua mão nas minhas costas, pouco abaixo da nuca, como se estivesse em pé ao meu lado e dissesse: "Muito bem, muito bem". E sei que a previsão da diretora se realizou.

DE SILÊNCIO E SOLIDARIEDADE

Foi com muita consternação que percebemos que o novíssimo integrante do nosso grupo da terceira série era um genuíno tirano. Levou algum tempo, pelo menos as primeiras semanas do semestre, para essa verdade vir à luz, porque no início ele tentou se misturar a nós. Acho que era o jeito dele de nos estudar, de observar nossa constituição individual e nossa consciência coletiva, para que, quando estivesse pronto, soubesse até onde poderia ir — porque os outros só nos empurram com a força que permitimos e até onde deixamos. Fingir gentileza e amizade era o seu método de investigação.

O nome do menino era Ezra e, apesar de todo seu esforço para se encaixar, desde o começo ficou visível que essa seria uma tarefa dificílima. Éramos dez no dormitório, e Ezra era o mais alto. Ele era mais ou menos dois anos mais velho do que nós e, muito embora eu tenha certeza de que os outros garotos sentiam curiosidade sobre a razão de ele estar na nossa classe, ninguém perguntou. Seria mal-educado e de mau gosto.

E não faria diferença. Afinal de contas, quaisquer que fossem as razões, Ezra estava na nossa classe, não estava?

Outra coisa que dava destaque a Ezra era ser muito musculoso, coisa bastante estranha numa criança. O seu físico lembrava aqueles homens que víamos às vezes no terreno da escola limpando o mato com facões compridos e meio curvos. A pele deles, mais negra do que o céu sem estrelas à meia-noite, ficava lustrosa de suor.

Nós éramos de tamanho mediano. Não éramos fracotes nem parecíamos sofrer de *kwashiorkor*, embora ao lado de Ezra talvez essa ideia ocorresse. Não fiquei nada surpreso ao saber que o pai dele era fazendeiro, embora meu palpite fosse que era criador de gado e não produtor de cacau, porque Ezra parecia ter nascido e sido criado e alimentado da mesma maneira que os animais de criação.

O pai dele, embora sem instrução, ganhara muito dinheiro. Queria que o filho frequentasse o Achimota, escola aonde iam os filhos dos médicos, advogados, políticos e outros integrantes do escalão superior. Com boas razões: Ezra era um garoto da roça; era rude e não tinha tato. Pouco a pouco, conforme os dias e semanas se passavam, ele revelou mais sua verdadeira natureza.

Acredito que as crianças pequenas vejam a diferença como motivação para serem mais inclusivas, embora, quando ficamos mais velhos e nos tornamos adultos, passemos a vê-la como o oposto, como razão para excluir. Como no grupo a maioria de nós éramos alunos internos desde os seis anos, nos entendíamos maravilhosamente. Queríamos que Ezra se encaixasse e não se sentisse como alguém de fora.

Fazíamos todo esforço para sermos gentis com ele. Nós o convidávamos para brincar conosco. Deixávamos que ficasse na frente da fila no refeitório. Fazíamos tudo isso para recebê-lo bem no nosso círculo. Era uma demonstração de hospitalidade. Ezra interpretou como deficiência, como convite para se coroar rei de todos nós.

O lema da escola Achimota é *Ut omnes unum sint*, "Que todos sejam um". Combinava com a declaração de unidade que os fundadores tentavam fazer. Queriam que o Achimota fosse líder na prática de demolir os muros que dividiam os sexos, as raças, os grupos étnicos, as religiões, as convicções políticas. Em meados da década de 1920, as mulheres dos Estados Unidos mal tinham vencido a batalha pelo direito de voto. E mulheres do mundo inteiro, da China à Guatemala e à Grã-Bretanha, travavam suas batalhas por igualdade em questões de sufrágio, propriedade de bens e instrução. A ideia de uma escola como Achimota, que adotava e até promovia a igualdade entre os sexos, era extremamente revolucionária, ainda mais na África Ocidental. A população estudantil do Achimota parecia igualmente dividida entre meninas e meninos, embora em alguns anos houvesse um pouco mais de uns do que de outros. Os dormitórios eram separados por sexo, mas, fora isso, meninos e meninas frequentavam as aulas e faziam quase tudo o mais juntos.

O escudo da escola é um desenho em preto e branco de teclas de piano; combina com o lema e os princípios da sua fundação.

O dr. James Kwegyir Aggrey, um dos fundadores do Achimota, tem uma frase famosa: "Pode-se tocar uma música só nas teclas pretas; pode-se tocar uma música só nas teclas brancas; mas para a harmonia perfeita é preciso usar as pretas e as brancas".

De certo modo, parece justo, dada a história da terra onde foi construído, que o Achimota criasse fama de porto seguro, de exemplo de promessa e esperança para as futuras gerações de africanos. A escola foi construída no meio da floresta Achimota. Essa floresta, que antigamente se espalhava por milhares e milhares de hectares, era sabidamente densa, o tipo de lugar onde alguém poderia se perder para sempre. Foi oficialmente transformada em reserva em 1930.

A área que se tornou a colônia da Costa do Ouro e hoje se chama Gana era importantíssima no comércio transatlântico de escravos. Gana é o lugar com mais feitorias e fortes escravistas. Essas edificações foram preservadas como marcos históricos ou transformadas em museus. Elas contam a história do domínio e da escravização.

Mas há marcos menos conhecidos que contam outro tipo de história de desafio e resistência. Um deles é a floresta onde hoje se situa a escola Achimota. Era para lá que os cativos que conseguiam fugir corriam em busca de abrigo e proteção contra os que queriam escravizá-los.

Até o nome que acabaram dando à floresta é prova do medo que as árvores devem ter testemunhado e dos segredos que guardaram em suas copas. Achimota, no idioma ga, significa "não diga o nome". Aquela floresta era um lugar de silêncios, mas também um lugar de salvação.

Essa história é mais uma razão para eu achar tão significativa nossa experiência com Ezra, que até hoje ela se destaca na minha cabeça.

Tudo começou com pequenas missões, coisinhas que ele queria que fizéssemos para ele. A princípio, pareciam favores que ele pedia. Por exemplo, quando esquecia a pasta de dente no banheiro, ele pedia a alguém que fosse buscá-la. Havia algum tempo que desculpávamos sua falta de modos e de educação doméstica, e essa maneira rude de pedir parecia se encaixar no padrão.

A primeira vez pode ter causado certa estranheza, mas não foi um problema. A segunda e a terceira foram incômodas. Depois da quarta, quinta e sexta vezes em que ele nos disse "Venha cá" ou "Traga isso", descobrimos o que Ezra sempre soubera. Ele não pedia favores. Ele nos dava ordens, e a cada uma delas sua voz ficava mais autoritária. Ezra fizera de nós seus criados.

— Dramani — berrava como um comandante militar —, vou tomar banho. Traga a minha esponja, o sabão e a toalha. — Eu recolhia devidamente os itens que ele citava e ia, a cabeça baixa de vergonha. Ele sempre andava alguns passos atrás até chegarmos ao banheiro. Os outros alunos me observavam ao passar. Nunca falavam nada, mas mostravam solidariedade com os olhos, que pareciam dizer *Estou com você*. Eu lhes dava o mesmo olhar de apoio quando era a vez deles de buscar alguma coisa para Ezra.

Por que fazíamos isso? Tínhamos medo dele. Se tivesse chegado à escola e tentado essa maluquice no primeiro ou no segundo dia, não daríamos a mínima atenção. "O que foi que disse?", teríamos perguntado com indignação. "Quem você pensa que é?" E o teríamos denunciado na mesma hora à tia do nosso dormitório.

Mas Ezra nos doutrinara com habilidade. Tínhamos lhe mostrado o coração, lhe concedemos nossa confiança e, de certa forma, isso baixou nossa defesa. Ficamos vulneráveis demais. Nós o tínhamos aceitado pela aparência, ainda mais com aquele nome. Por ironia, em hebraico o nome Ezra significa "o que ajuda". Longe de ajudar, Ezra se tornara nosso tirano pessoal, e agora tínhamos de aguentar. Ele ficara tão poderoso, que só estava abaixo da tia do dormitório. Tudo o que dizia era lei.

Certo dia, Ezra baixou um decreto. Chamou todos nós e anunciou que, a partir daquele momento, quando fôssemos buscar a merenda da tarde, tínhamos de levá-la diretamente a ele, que decidiria o que fazer com a comida. Ficamos abismados. Ordenar que fôssemos para cá e para lá era uma coisa, mas agora Ezra queria que lhe déssemos nossa merenda! E depois? Até onde iria essa situação?

— Entendido? — perguntou Ezra quando terminou de nos dar as ordens. Todos concordamos.

A escola nos fornecia três refeições completas — café da manhã, almoço e jantar — e duas merendas. A da manhã acontecia durante uma breve pausa nas aulas. Tínhamos cerca de quinze minutos para buscar a merenda, comer e brincar antes de voltar aos estudos.

Era a merenda da tarde que Ezra estava interessado em roubar. Depois que terminávamos as aulas, fazíamos uma sesta no dormitório para recuperar forças para a prática de esportes mais tarde. Entre a sesta e o esporte, recebíamos uma merenda. Em geral, eram bananas fritas, bolinhos, broinhas ou amendoins.

No dia seguinte ao decreto, todos fizemos fila no refeitório para receber a merenda da tarde. Ao receber a porção de banana frita, nos entreolhamos, sabendo o que aconteceria. O meu estômago grunhiu de raiva. Não consegui me obrigar a olhar o lanche, de medo de comê-lo e depois ter de enfrentar a ira de Ezra. Nós nove levamos a merenda ao dormitório, onde Ezra assentava-se regiamente. Um dos alunos recebera ordens de buscar a merenda de Ezra em seu lugar, de modo que ele não precisava sequer sair do dormitório.

Ele pulou de pé quando entramos e espichou o pescoço para ver qual era o petisco do dia. Assim que viu que era banana, sorriu. Ezra adorava banana. Um a um, fomos até ele e ficamos em pé à sua frente como se ele fosse um padre dando a comunhão — só que nós é que fazíamos a oferenda. Ele pegou a merenda e a dividiu imperfeitamente em duas partes. Ficou com a "metade" maior e nos deixou a outra "metade" para comermos.

E assim foi desde então. Nós lhe levávamos a merenda, ele pegava o que queria e depois nos mandava embora. Ele comia na mesma hora parte do que tirava de nós; o resto, embrulhava e guardava debaixo da cama. Deliciava-se com o saque antes da sesta ou à noite, quando nos preparávamos para dormir. Isso nos frustrava e enraivecia, mas nem assim contamos a ninguém a tirania de Ezra. Ficamos em silêncio e deixamos que fizesse tudo a seu modo.

Eu e meus dois amigos mais íntimos, David e Agyeman, começamos a conspirar no recreio. Ficávamos juntos num canto e listávamos todas as razões de ser injusto darmos a Ezra a merenda da tarde. Era opressão pura e simples. Em voz alta, nos perguntávamos como tínhamos caído numa situação daquelas. "Por que ele tem de mandar em nós?", perguntávamos enfaticamente uns aos outros. Essas sessões pareciam nos fortalecer para o inevitável. Teríamos de enfrentar Ezra.

Nós três nos encontrávamos, nos queixávamos e planejávamos. Criamos um plano A e um plano B; tínhamos até um plano C e um plano D. Previmos todas as reações possíveis que Ezra teria com nossa ação. Era coisa séria, e foi assim que a tratamos. Tínhamos de livrar nossa vida dele, do impiedoso ditador do dormitório.

O que acontecia comigo e com meu grupo de amigos no Achimota, por volta de 1967 e 1968, era, na verdade, um microcosmo do que acontecia em toda a África. Os ditadores brotavam um atrás do outro, roceiros de maus modos e tendência violenta. Mantinham a comunidade amedrontada e achavam ter direito ao que não lhes pertencia. Traíram a visão de unidade e progresso que a África criara para seu futuro durante as lutas de libertação do domínio colonial.

Éramos meramente três meninos no recreio. Que tipo de revolução poderíamos começar? Não sabíamos que estava em nosso poder impedir aquilo, provocar mudanças na nossa vida e na vida dos outros. Mas lá, no grande mundo além da nossa escola, desde as cidades de Acra e Adis Abeba até a África do

Sul sobrecarregada pelo *apartheid*, havia homens que sabiam. Aqueles homens se reuniram, três aqui, quatro ali, para se queixar, planejar e se preparar para o momento em que tomariam posição, e que se danassem as consequências.

Ouviríamos os noticiários no rádio e leríamos sobre eles nos jornais. Em 1967, o Congresso Nacional Africano e a União do Povo Africano do Zimbábue uniram forças para a luta armada contra o exército rodesiano; naquele mesmo ano, na Bolívia, um amigo da independência africana, Ernesto "Che" Guevara, foi executado.

Em 1968, a Guiné Equatorial, as Ilhas Maurício e a Suazilândia conquistaram a independência; vários países africanos uniram forças com a União Soviética e com diversos países islâmicos e caribenhos para ameaçar um boicote contra os Jogos Olímpicos de Verão da Cidade do México, caso se permitisse a participação da África do Sul; a Associação de Estudantes Senegaleses e a Associação de Estudantes de Dacar fizeram greve e boicotaram as provas, resultando em quebra-quebras nos *campus* e quase mil presos. Naquele mesmo ano, nos Estados Unidos da América, outro amigo da independência africana, o dr. Martin Luther King Jr., foi assassinado.

Tanta coisa acontecia tão depressa. A África parecia um tema grande demais, um continente enorme demais para conhecermos ou entendermos inteiramente. Parecia um mundo muito além do nosso alcance. Talvez nossa temporada com Ezra tenha sido nosso rito de passagem para essa nova África, que mudava tão depressa e de forma tão radical desde a África pela qual nossos pais lutaram e a África com que nossos avós sonharam.

David, Agyeman e eu marcamos a data do nosso protesto. Naquele dia, entraríamos no refeitório e pegaríamos nossa merenda, como fazíamos normalmente. No entanto, em vez de levá-la a Ezra, a comeríamos na mesma hora, bem ali. Chegamos a preparar e ensaiar uma declaração que faríamos quando ele nos cobrasse.

Nós três falávamos desse dia e aguardávamos com expectativa a sua chegada, mas, quando finalmente chegou, David e Agyeman tiveram medo das consequências que talvez enfrentássemos.

— Não seria melhor esperar um pouco mais? — perguntou David. Até hoje, ele continua a ser a pessoa mais pragmática que já conheci e analisa e superanalisa tudo antes de agir ou tomar uma decisão.

— Esperar até quando? — quis saber. Ele deu de ombros, fazendo os ossos saltarem pela pele dos ombros ao subirem até o lóbulo das orelhas.

Naquele dia, nós três estávamos compreensivelmente ansiosos. Mal conseguimos nos concentrar nas aulas. Depois da sesta, corremos para a fila do refeitório. Ficamos juntos, um na frente do outro, mas eu era o primeiro. Peguei a merenda, um bolinho, e, obediente ao pacto que tínhamos feito, o mordi. Virei-me, bastante satisfeito com minha realização, e olhei os outros. David e Agyeman ainda seguravam o bolo deles e o olhavam com cautela; depois, me olharam e se entreolharam.

— Não vão comer a merenda? — perguntei ao sairmos do refeitório. Enquanto andávamos até o dormitório, David explicou que os dois achavam que seria melhor adiar o protesto por um dia, um dia só. Amanhã, prometeram, estariam prontos. A voz deles tremia quase tanto quanto as mãos.

— E eu? — perguntei, obstruindo o caminho deles para a entrada do dormitório. Já comera metade da merenda. — O que vou fazer? — David e Agyeman disseram que arranjariam uma explicação para dar a Ezra em meu nome, mas desconfiei que esse plano de ação não era muito sensato. Levar meia merenda seria pior do que não levar merenda nenhuma. Ezra não estava interessado em concessões; ele queria obediência total. Virei-me e andei na direção da porta do dormitório. Os outros garotos do grupo 3 da nossa classe estavam atrás de nós, correndo para levar a merenda a Ezra antes do fim do recreio. Assim que David, Agyeman e eu entramos no dormitório, enfiei na boca o resto do bolo.

— Dramani — disse Agyeman, apavorado, e bateu a mão na boca aberta. Olhei seus dedos compridos. Ele deixou a mão cair e perguntou: — Por que fez isso?

— Oh, não... — suspirou David, balançando a cabeça. Tinham medo por mim, mas isso não importava mais. Qualquer que fosse meu destino, agora fora selado. Eu não podia desfazer o que já estava feito.

Assim que entramos todos na sala, Ezra chamou cada um dos meninos e realizou o ritual da divisão.

— Dramani — gritou quando chegou minha vez. Eu detestava ouvir meu nome dito naquele tom de voz. Mesmo quando zangadíssimo, meu pai nunca chamava meu nome com tamanha ferocidade. Dei um passo à frente, de mãos vazias. — Cadê sua merenda?

— Comi — disse, objetivamente, como se dissesse "o que mais eu faria com ela?"

— Comeu? Por quê? — Antes que a fúria se instalasse, apressando a respiração dele e mudando seu tom de pele já escuro para um carvão acinzentado, uma faísca de surpresa lhe iluminou o rosto. Vi então que Ezra nunca se preparara para ser questionado. Supusera corretamente que não precisaria exercer muita pressão para nos subjugar. Essa nova percepção me deixou mais decidido a não recuar. Comecei o discurso que os meus amigos repentinamente amedrontados e eu tínhamos elaborado.

— Nossos pais pagam a escola — bufei. — O preço da escola paga a merenda, de modo que foi meu pai que pagou a merenda. Ele a compra para mim e não para você.

Os outros alunos que escutavam pareceram impressionados com meu argumento. Vi a solidariedade nos seus olhos. Acreditavam em cada palavra que eu dissera; apoiavam sinceramente a minha causa. Sabia de tudo isso, mas também soube naquela hora que dizer "Estou com você" em silêncio não bastava. Eu precisava de alguém que ficasse ao meu lado. Isso faria toda a diferença do mundo.

Ezra deflagrou sua punição num único movimento. Mal senti o golpe, mas ele me jogou no chão. Ele me amassou; deu golpes na minha cabeça. Realmente me maltratou, mas não morri. Não morri.

Naquela noite, fui para a cama disposto a enfrentar Ezra no dia seguinte com David e Agyeman ao meu lado. Ele bateria mesmo em nós três — bam, bam, bam? Bom, no caso de

Ezra essa era uma possibilidade. Ainda assim, o que faria no dia seguinte depois que convencêssemos mais um ou dois a se unir a nós? E depois do outro dia com mais gente? Nosso número não pararia de aumentar até que o grupo inteiro enfrentasse Ezra. E aí, o quê? Ele não conseguiria surrar todo o grupo 3 da nossa classe dia após dia até a época de partirmos para as férias de verão.

Por que eu não vira antes que nossa força, o segredo da nossa vitória, era nosso número, nossa unidade? Dormi bem naquela noite; senti que tinha descoberto algo importante, um conhecimento fundamental.

David e Agyeman não viam a situação do mesmo modo. Embora tivessem prometido adiar seu envolvimento por um único dia, a surra que Ezra me dera os deixou nervosos. Serviu de dissuasão.

— Não, Dramani, não — imploraram quando abri a boca para morder a minha merenda da tarde. Não lhes dei atenção. Mordi uma fatia longa, fina e doce de banana frita e comecei a mastigar. Depois do que acontecera na véspera, se eu entregasse a merenda a Ezra acabaria me tornando seu mais vil criado. Ele me bateu de novo naquele dia, embora com menos força. Não me importei; e, novamente, não morri.

No terceiro dia, comi a merenda e, mais uma vez, me preparei para a surra que sabia que viria, mas não veio. Quando todos se reuniram no quarto para entregar a merenda, Ezra fez uma declaração.

— Dramani foi dispensado — disse ele, tentando soar o mais oficial possível. — Mas o resto de vocês não foi. Vocês ainda têm de me trazer a merenda como antes. — Suponho que Ezra decidiu reduzir o prejuízo. Talvez tenha visto o mesmo potencial de força e unidade que eu e não quisesse se arriscar a me ver provocando uma reação em cadeia de desafios. Esperto, muito esperto.

Saí do quarto enquanto os outros eram chamados para apresentar a merenda. Quando passei por David e Agyeman, olhei-os bem nos olhos com uma cara que dizia: *Meus irmãos, virem-se.*

LEÕES SELVAGENS E MENININHOS COM ATIRADEIRAS

Ah, como eu queria me tornar guarda-caça! Parecia uma carreira tão invejável... Às vezes, eu e meu irmão Alfred os víamos na cidade de Damongo, depois que largavam o trabalho, todos muito elegantes com os uniformes de brim verde com botas altas de cadarço sempre brilhantes, mesmo nos dias mais empoeirados do harmatão, o vento seco da África Ocidental. Os guarda-caças pareciam andar sempre aos pares e usavam espingardas grandes com força suficiente para derrubar até elefantes. Eu sempre admirara os guarda-caças, mas foi no começo das férias de verão em Damongo com o leão selvagem e a serpente territorial que realmente tive vontade de me tornar um deles.

Depois que o casamento do meu pai e da minha mãe se desfez, ela partiu da casa do meu pai em Bole e voltou para sua cidade natal, Damongo. A princípio, enquanto ela morava em Bole, ele fazia com bastante regularidade a viagem de doze horas entre Bole e Acra, onde trabalhava. Não demorou para as visitas ficarem menos frequentes, reduzindo-se aos poucos até que houve uma aceitação tácita do fato de que ele não viria mais.

Alfred morava com papai que, depois de solto da prisão, se mudou de Acra para Tamale, na região norte do país, bem mais perto de Damongo. Em Tamale, papai abriu uma empresa de produção e processamento de arroz. Eu ainda morava no internato e passava quase todas as férias em Tamale, onde eu e meus irmãos costumávamos ajudar papai no arrozal. Mas papai fazia questão de que, pelo menos uma vez por ano, Alfred e eu passássemos as férias com mamãe. Mallam, o motorista de papai, também era de Damongo, e a tarefa de nos levar de lá para cá naturalmente passou a ser dele.

Mallam era meio aparentado com mamãe, embora ninguém realmente se desse ao trabalho de nos explicar como e quando o sangue dele se unira ao nosso. Mas todos na cidade pareciam ser parentes de um jeito ou de outro. Depois que nos deixava na casa de mamãe e cumprimentava a ela e a todos os outros parentes, Mallam partia para voltar a Tamale antes do anoitecer.

— Venham — dizia mamãe a mim e a Alfred quando estávamos prestes a nos acomodar. — Vamos lá. — Eu torcia a boca num muxoxo e soltava um suspiro curto pela fenda entre os lábios. Era o mais perto que conseguia chegar de um desafio. Mamãe nos mandava tomar logo um banho para lavar a poeira do dia. Depois, vestíamos calça e camisa limpas e nos apresentávamos a ela para inspeção. Quando achava que estávamos limpos e apresentáveis, ela nos mandava calçar as sandálias e nos levava pela cidade para cumprimentar os parentes, o que, em essência, significava cumprimentar a cidade inteira.

Era uma tortura. Éramos exibidos de casa em casa, onde dávamos educadamente os mesmos sorrisos de plástico e respondíamos às mesmas perguntas chatas. Andávamos, andávamos, andávamos, andávamos até as pernas pulsarem de dor. O que fazia doerem ainda mais era saber que teríamos de repetir todo o ritual novamente no dia da partida; era esse o costume.

Damongo era uma cidade de bom tamanho, embora nada próspera. Na verdade, era capital de distrito desde a época colonial. Uma das principais estradas da área, a única que ligava Tamale, a capital da região nortista, a Wa, outra grande cidade do norte, cortava Damongo, que ficava a meio caminho entre as duas cidades. Era lá que os veículos paravam e as pessoas desciam para esticar as pernas ou comprar algo para comer, como amendoim ou *kose*, um tipo de bolo frito de feijão.

Geralmente, só passavam alguns veículos por dia. Os vendedores se alinhavam à beira da estrada, falando, cantando e organizando as mercadorias, à espera da oportunidade de fazer uma venda. A estrada era de cascalho de laterito, tão marrom quanto as casas de barro em que quase todo mundo morava. Quando um carro se aproximava, o ar se enchia de nuvens e mais nuvens de pó.

Apesar daquele pó, Damongo era um lugar maravilhoso, inundado pelas cores mais vibrantes. O pôr do sol ia do laranja ao violeta; o céu era de um azul límpido, a não ser quando alguma nuvem branca e plumosa flutuava por ele. Entre a terra e o céu havia o máximo imaginável de tons de verde, árvores, arbustos, touceiras e mais árvores, mais arbustos, mais touceiras.

Damongo se situa bem ao lado do Mole, a maior reserva de caça do país, que ocupa mais de 4.800 quilômetros quadrados e alimenta centenas de espécies de animais, de elefantes a gazelas e borboletas, com o tipo de ambiente que estimula a relação com a natureza e nos lembra que fazemos parte de um ciclo maior de criaturas e eventos.

A ausência de certas conveniências recentes, como eletricidade e produtos industrializados, também estimulava a criatividade. Nossos jogos eram aqueles que inventávamos; os brinquedos eram os que construíamos. Os garotos da aldeia, cuja maioria era aparentada comigo e com Alfred, eram as pessoas mais espertas e originais que eu já conhecera. Quando estávamos com nosso pai, se eu ou Alfred quiséssemos um carrinho de brinquedo só precisávamos pedir e ele comprava na loja. Se os meninos de Damongo quisessem um carrinho de brinquedo, eles mesmos faziam com latas de leite vazias e chinelos velhos de borracha.

Quando estávamos lá, Alfred e eu passávamos quase o tempo todo com eles, deixando a rigidez e a sofisticação da cidade grande se esvaírem. Depois do desjejum e do banho, os meninos descalços e esfarrapados vinham nos buscar para fazer tudo o que as crianças pequenas de uma aldeia deveriam fazer. Subíamos nas árvores e colhíamos frutas, os pés e mãos vasculhando os galhos frágeis e nodosos atrás de lugares seguros para se apoiar. Corríamos até a beira do rio e nadávamos, observando os peixes alterarem a rota para não esbarrar em nós.

Em geral, a qualquer momento éramos pelo menos uns dez juntos. Nosso grande número nos dava uma sensação maior de segurança, ainda mais quando estávamos caçando. Kipo, um dos meninos da aldeia, um camaradinha baixo, de voz suave, nos ensinou a fazer atiradeiras. Era o que usávamos como arma preferida para caçar esquilos, ratazanas-do--capim e outros animais pequenos. Depois que os matávamos, fazíamos uma fogueira no mato e assávamos a carne. Segundo o costume, podia-se entrar em qualquer fazenda e, desde que não se colhesse nada para vender, levar o que se quisesse sem que ninguém fosse acusado de roubo.

Com algumas espigas de milho colhidas numa fazenda próxima, os animais assados e as mangas, mamões e *gayas* (ou obás) que colhíamos, fazíamos um banquete. Ficávamos ali sentados, comendo e rindo até tarde da noite.

Por mais idílico que pareça, Damongo tinha os seus perigos. Em certas férias, quando eu tinha dez anos e Alfred, doze, correu na cidade a notícia de que havia um leão selvagem à solta. Naquele primeiro dia, parecia apenas um boato. Havia nas discussões dos aldeões um ar de tranquilidade que indicava certo nível de descrença ou desdém; a maioria das declarações que ouvi dos adultos começava com "Dizem que um leão...".

Ninguém tinha provas reais da presença desse leão entre nós. Então, certa noite, um homem foi morto, tão cruelmente maltratado, que o seu corpo não passava de uma pilha ensanguentada de ossos, cartilagem e carne dilacerada. Foi essa a prova necessária. O pânico se espalhou tão depressa quanto o fogo no mato que carbonizava a densa floresta todos os anos na estação seca.

O chefe mandou imediatamente um relatório ao Departamento de Caça e Vida Selvagem, e eles despacharam para Damongo vários guarda-caças para capturar o leão. Eu nunca vira um guarda-caça em missão oficial na cidade. Em geral, eles ficavam estacionados dentro da reserva, para assegurar que os visitantes não incomodassem os animais e estes também não incomodassem os visitantes. Era um acordo de paz entre caça e caçador. O problema é que, quando um acordo desses é rompido, como inevitavelmente acontece, costuma ser difícil determinar quem será a caça e quem será o caçador. Por essa razão, os guarda-caças também tinham o dever de proteger de caçadores ilegais os animais da reserva de caça.

Devido ao extenso treinamento e conhecimento da reserva onde trabalhavam, era comum os guarda-caças serem chamados para ajudar em processos contra caçadores ilegais. Eles sabiam seguir as pegadas dos animais para verificar seu padrão de movimento. Sabiam dizer facilmente pelos rastros se o animal estava ferido, se fugia ou se tinha sido arrastado.

A caça ilegal é um problema grave na África que ameaçará muitos animais hoje desprotegidos e extinguirá muitos que já correm risco. Embora antes houvesse dúzias de espécies de rinocerontes no continente, hoje só restam cinco espécies documentadas. Na década de 1930, havia de cinco a dez milhões de elefantes africanos; em 1989, quando entraram na lista de espécies em risco de extinção, restavam pouco mais de meio milhão deles. Os leões africanos são especialmente vulneráveis porque, em última análise, a caça ilegal de um leão leva à morte até outros seis a dez. Quando o macho dominante de uma alcateia é morto, o macho que passa a dominar mata todos os filhotes do antecessor. Atualmente, há apenas de dez a quinze mil leões selvagens livres na África; uma década atrás, o número chegava a cinquenta mil. O desmatamento também é um problema imenso que afeta a capacidade dos animais de sobreviver no seu *habitat* natural. Apenas 30% de Gana continuam cobertos de florestas, e esse número vem se reduzindo sem parar num ritmo de quase 1,5% ao ano.

Nos dias da minha juventude, só havia uma estrada de cascalho de laterito separando Damongo da Reserva de Caça Mole. Não havia cercas, portões nem outras invenções para manter os animais do lado de dentro e os caçadores ilegais do lado de fora, mas de certa forma o entendimento das fronteiras era bastante claro. Quando os animais violavam a santidade daquela fronteira, o que não era muito frequente, a consequência era a morte; quando os caçadores a violavam, a consequência era a prisão. Isso estava até na lei. Os animais encontrados no lado direito da estrada estavam livres, por assim dizer, para serem capturados ou caçados por quem quisesse. No instante em que atravessasse a estrada para matar no lado esquerdo, o ser humano se tornava oficialmente um caçador ilegal, e caçadores ilegais eram presos e levados a julgamento.

Para nós, seres humanos, é tentador acreditar que somos superiores a todas as outras criaturas e, como tal, temos o direito de dominá-las se e quando assim quisermos. Mesmo quando pequenos, acreditávamos nisso. Nós nos sentíamos poderosos, como se fôssemos uma força a considerar, andando por ali com as nossas pequenas atiradeiras. Sentíamos que tínhamos o direito de fazer o que quiséssemos no trecho estreito da aldeia que considerávamos nosso reino. Então, certo dia, naquelas mesmas férias, enquanto caçávamos na nossa matilha, a mesa virou sobre nós e nos tornamos a caça.

Acerca de um quilômetro da cidade fica a Reserva Florestal da Escarpa de Damongo, lar de mais de cem espécies de pássaros. A escarpa propriamente dita é uma face de pedra perpendicular que se ergue uns oitenta metros num planalto íngreme com um contorno magicamente ondulado coberto de vegetação luxuriante. Já devíamos ter caminhado pela floresta e escalado a escarpa uma dúzia de vezes durante aquelas férias só para caçar nas touceiras e capinzais que cobriam o planalto. Essa vez não parecia diferente das outras.

— Cobraaaaaaaaa! — berrou Awudu. O que mais me lembro de Awudu é que tinha um nariz enorme. Costumávamos chamá-lo de "Sugador de oxigênio" para implicar. Quando ele gritou, imaginei o seu lábio superior a se erguer abruptamente e depois sumir por completo sob o amplo guarda-chuva do nariz. Tínhamos encontrado cobras antes, durante nossas expedições. Geralmente elas cuidavam da própria vida e deslizavam rapidamente para longe do trovão causado pela nossa marcha coletiva. Para elas, nossos passos deveriam soar como uma manada de elefantes a se aproximar. Mas havia medo e urgência na voz de Awudu. Ergui os olhos bem a tempo de ver um réptil imenso, de uns dois metros de comprimento, o corpo enrolado, escamoso e negro como carvão, erguer a cabeça bem alto e depois achatar o pescoço como se estivesse se preparando para atacar.

— Aaaaaaaaiiiiiiiiiiiiii! — gritamos em uníssono. Alguns até deixaram cair as atiradeiras. A cobra estava a menos de dez metros. Demos meia-volta em perfeita formação, como se fôssemos um só corpo em vez de dez, mas, depois disso, quando saímos em disparada, foi cada menino por si — e a cobra por nós todos.

Nunca corri tão depressa, nem antes nem depois, em toda a minha vida. Foi uma fuga primitiva, como se meu corpo avançasse aos trambolhões por vontade própria. Dava para sentir o coração batendo na boca como se fosse literalmente explodir. O medo era palpável, como uma coisa viva a respirar, apertando meu corpo cada vez mais enquanto eu avançava. Ao correr pelas touceiras e pelo matagal, toda vez que passava por um capim, galho ou folha minha perna fazia um farfalhar que eu imaginava ser a cobra ganhando terreno, aproximando-se da vitória.

Só quando chegamos em casa, eu e Alfred, ainda correndo, ofegantes e olhando furtivos para trás para ver se a cobra estava lá, que nossa mãe nos falou do homem massacrado na noite anterior. Ela ordenou que não nos aventurássemos longe demais ou, melhor ainda, que só ficássemos dentro da cidade, pelo menos até capturarem o leão. Depois da experiência assustadora que acabáramos de ter com a cobra, ficamos contentíssimos de obedecer.

Durante a semana seguinte, o leão fez incursões noturnas pela cidade todas as noites, deixando algum indício horripilante da visita. Frangos e cabras sumiram; penas e pedaços irreconhecíveis de corpos de animais foram descobertos aqui e ali na cidade. Todo mundo estava com medo.

Antes de o leão começar a ir à cidade, era costume, depois de o sol se pôr, que os moradores ficassem algum tempo fora de casa para se socializar a aproveitar o ar da noite, o rosto iluminado pelo brilho dos lampiões de querosene. Não mais. Agora, antes mesmo que os últimos raios de sol se manchassem de escuridão, os aldeões trancavam os cercados dos animais, terminavam todas as tarefas ao ar livre e se barricavam em segurança dentro de casa. Ninguém saía à noite, a não ser os guarda-caças, que davam voltas sorrateiras com as espingardas a postos.

Conseguíamos vê-los quando olhávamos pela janela do quarto de mamãe, onde Alfred e eu dormíamos com ela numa cama tão grande, que ocupava quase todo o espaço do quarto. Era confortador saber que os guarda-caças estavam lá fora procurando o leão. Sempre que os via, eu escolhia um, geralmente o mais musculoso e de aparência mais corajosa, e vislumbrava meu rosto adulto naquele corpo. É, pensava, eu seria assim dali a uns doze anos mais ou menos. Também seria responsável pelo bem-estar de toda uma aldeia. Com isso, adormecia satisfeitíssimo com a decisão que tomara sobre minha vida.

Era só à luz do dia que a dúvida se infiltrava. Alfred e eu ainda brincávamos com os meninos da aldeia. Não íamos tão longe e evitávamos totalmente a reserva da floresta. Levávamos a vida como se nada tivesse mudado, mas era visível que mudara. Agora andávamos com um leve vestígio de apreensão, nos assustávamos com o mero quebrar de um graveto sob os pés e o bater firme de uma asa lá no alto. Nossa confiança nos abandonara.

Sempre que me encolhia de susto, eu me perguntava: é isso que um futuro guarda-caça faria? Tentei me portar de maneira adequada à profissão que escolhera, mas logo a pressão foi demais. Percebi, com muita tristeza, que aquelas botas de cadarço altas e brilhantes que queria com desespero receber um dia eram grandes demais para mim. Ainda mais naquela época, mesmo nas minhas fantasias mais loucas. Afinal de contas, eu era apenas um garotinho. Um garotinho prestes a voltar à cidade grande, tão cheia de gente e máquinas que nela os animais selvagens não ousavam entrar.

Certa manhã, um integrante do círculo de anciãos do chefe anunciou, por meio das batidas tradicionais do *gongong*, que o leão fora morto. Na verdade, a notícia da morte começara a circular na noite anterior, mas ninguém acreditara que a informação fosse fato. Todos penderam para o lado da cautela e ficaram dentro de casa.

Quando falou, o ancião disse que toda a aldeia tinha de se congregar no palácio do chefe para ver o leão morto com os próprios olhos. Era a única maneira de assegurar a todos que finalmente podiam voltar à rotina normal. Agora era seguro.

Contentíssimos, todos começaram a correr para o palácio do chefe. Nós, crianças, entusiasmadas com a empolgação de todo aquele alvoroço, nos unimos à multidão. Com habilidade, nos enfiamos entre os adultos e tomamos todos os atalhos que pudemos inventar para que, quando chegássemos ao palácio, estivéssemos bem na frente da plateia que se formava.

Como prometido, lá estava, bem diante de nós, o leão morto. Fiquei sem fala e um pouco nervoso por estar tão perto. Os olhos dele estavam bem fechados, como se tirasse uma soneca; a ponta do focinho parecia úmida e fria ao toque; a juba cor de palha que contornava o rosto era comprida e desgrenhada. Os guarda-caças estavam em pé ao lado do leão morto, parecendo frios e orgulhosos do seu feito. As mulheres começaram a ulular e elogiá-los pela bravura, enquanto os homens ficavam por ali comentando o tamanho do leão e contando histórias de "era uma vez" sobre os seus encontros com animais selvagens.

Quando se dirigiram ao grupo reunido, os guarda-caças explicaram por que o leão começara a ir à cidade. Em geral, os leões não atacam seres humanos, não quando são fortes e ativos. Aparentemente, esse leão que nos aterrorizara a todos durante mais de uma semana era velho. Os seus bons tempos de caçada tinham ficado para trás. A fome e a incapacidade de correr o suficiente para caçar é que o levaram a entrar na cidade, onde o alimento, na forma de seres humanos, galinhas e cabras, era abundante e bastante fácil de pegar.

Depois de estudar o rosto do leão por algum tempo, notei a ferida onde levara o tiro. Era pequena e redonda, mais ou menos do tamanho de uma impressão digital. Olhei as espingardas dos guarda-caças e tentei imaginar a bala voando de uma delas, o metal quente cortando uma linha reta no ar e entrando no crânio do leão num segundo fumegante. A ideia me deixou fraco e nauseado. Então soube que, não, eu nunca seria guarda-caça. Nunca conseguiria ficar cara a cara com um animal, numa situação em que um de nós teria de morrer, mirar e atirar, não sem cair morto de puro medo.

No final daquelas férias, Alfred e eu fizemos nossa trabalhosa ronda pela aldeia para nos despedirmos de todos os vários parentes. Quando Mallam chegou para nos buscar, os meninos da aldeia se juntaram em torno do carro e observaram nossa mãe se despedir de nós. A partida era sempre agridoce, paradoxalmente cheia de vontade de ir embora e de desejo de ficar. De cada visita a Damongo ficava uma lição, uma educação que só se poderia obter num lugar onde as boas-vindas e os alertas da natureza são quase indistinguíveis e só é possível saber a diferença quando se permite que o som da respiração e os batimentos do coração se alinhem com o ritmo inato do mundo à nossa volta.

A DANÇA DA LUA CHEIA

O ano em que nosso motorista Mallam enlouqueceu foi o mesmo ano em que vi blocos de gelo caírem do céu e descobri que a receita do amor é uma lua cheia e um bom *conductay*. Foram as férias de verão antes do meu décimo segundo aniversário. Na época em que o internato fechou para as férias, Mallam já estava em plena decadência. A loucura tomara totalmente conta dele. Meu pai teve de mandar Abudu, o novo motorista, me buscar no aeroporto e me levar para casa.

A ideia de rever Mallam me deixava nervoso. Nunca conhecera um louco, não pessoalmente, mas já vira muitos. Eles andavam sem rumo pela cidade, muito envolvidos em conversas animadas e em voz alta com pessoas que só eles conseguiam ver e ouvir. Às vezes ficavam até nus e tomavam banho à beira da estrada. Eu tinha medo deles, não porque parecessem perigosos, mas porque se comportavam de um jeito que tinham me ensinado não ser correto.

— Não tenha medo — disse meu pai enquanto eu e Alfred saímos da casa para passar parte das férias com nossa mãe.

— Ele ainda é Mallam, só que diferente do jeito que você o conheceu. Ele está muito doente. — Sem saber o que fazer ou dizer à guisa de resposta, concordei com a cabeça. O que meu pai dissera me fez pensar bastante. Nunca pensara na loucura como uma doença, como tuberculose, pólio ou febre amarela, algo que se podia adquirir. Talvez os boatos sobre o modo como Mallam enlouquecera não fossem verdadeiros. Talvez certo dia tivesse simplesmente adoecido, ido dormir com febre e acordado lunático. Se assim fosse, a loucura não seria sua culpa.

A viagem de Tamale a Damongo não era a mesma sem Mallam. Senti muito a sua falta. Ele fora motorista de papai desde que eu conseguia me lembrar. Tinha me acompanhado em quase todos os acontecimentos significativos da minha vida, sentado atrás do volante do Mercedes de papai, fazendo contato ocular comigo pelo retrovisor durante nossas conversas.

Eu conseguiria desenhar de memória as costas da cabeça de Mallam de tanto que a fitara. Era uma cabeça grande, mas perfeitamente oval. Combinava com o corte da moda que ele gostava de usar, chamado "Tokyo Joe", batido atrás e subindo num topete pequeno, pontudo, quase como uma flecha na frente. Nós, garotos, o chamávamos de "Topio Joe". Eu até que gostaria de usá-lo, mas não era permitido. Nós, garotos menores, usávamos todos o mesmo corte de cabelo, curto com um repartido do lado que não era raspado, mas feito com pente.

Abudu não era como Mallam. Ficou em silêncio a viagem inteira, enquanto Alfred e eu conversávamos e contávamos histórias. Quando esgotamos nosso baú de anedotas e piadas, nos calamos e só olhamos pela janela os grupos de árvores por que passávamos de tantos em tantos quilômetros, os pés de fruta preta, os baobás, as acácias, os ébanos, os pés de nim e carité.

Na região norte de Gana há duas estações: a chuvosa e a seca. A estação chuvosa é um período contínuo de precipitações de maio a outubro. A estação seca começa em novembro e vai até abril, com as temperaturas subindo cada vez mais. A estação seca inclui o harmatão, que é quando os ventos quentes sopram do Saara.

Durante a estação seca, todas as folhas caíam das árvores e tudo ficava marrom, sem uma gota de umidade na atmosfera. Era como se Deus decidisse pegar o ar, torcê-lo como um pano e pendurá-lo no sol para secar. A pele ficava totalmente cinzenta; os lábios se tornavam tão secos, que nenhum volume de saliva conseguia amaciá-los, e se não passássemos manteiga de carité nos pés, a pele dos calcanhares rachava.

Como em todos os lugares do mundo, em Damongo as estações não eram totalmente previsíveis. Vinham com bênçãos e recusas próprias. Algumas estações chuvosas eram torrenciais, por pouco não exigindo uma arca; outras mal forneciam água suficiente para encher o poço ou fazer o rio subir.

Naquele dia, quando saímos de Tamale, a chuva era apenas uma leve névoa, sem peso nem para ser considerada garoa, mas, antes do meio do caminho até Damongo, começou a cair a cântaros. Quando chegamos à casa da minha mãe, o aguaceiro me lavara de toda ansiedade. Como chovia torrencialmente, eu sabia que não veria Mallam naquela noite. Sabia também que Alfred e eu não teríamos de percorrer a cidade para cumprimentar os parentes. "Amanhã", nos disse mamãe enquanto Abudu tirava nossos pertences da mala do carro.

Quando não estava no internato, eu ia e vinha entre meus dois lares, e cada um parecia conter uma vida própria, a única vida que me pertencia. Entrar na casa da minha mãe era como entrar na pele de um novo Dramani.

Era uma casa bonita, uma das melhores da aldeia. Meu pai a construíra para ela quando morava em Damongo e trabalhava como secretário do conselho tradicional. Como todas as outras casas de lá, a nossa era feita de barro. Só poucas casas da cidade, as casas dos ricos, tinham telhado de folhas de alumínio corrugado. A nossa era uma delas.

No norte, as casas compostas são o tipo mais comum de estrutura residencial. A "casa", na verdade, era uma série de estruturas organizadas em formato retangular com um pátio aberto no meio. Era ali que se cozinhava e se lavava roupa. De frente para o pátio, nas laterais das estruturas, havia um beiral criado pela projeção das folhas de alumínio do telhado. Era quase uma varandinha.

Quem fosse criança na aldeia era filho de todo mundo. Era bem recebido em todas as casas, e os adultos nos alimentavam, mimavam e castigavam como se fôssemos filhos deles. Sempre que Alfred e eu estávamos em Damongo, os meninos locais gostavam de passar a maior parte do tempo conosco e na nossa casa.

Quando não saíamos numa das nossas aventuras, ficávamos no terreiro e jogávamos ou conversávamos enquanto mamãe e as tias cumpriam sua rotina. Não era raro estarmos no pátio brincando e, de repente, o céu se abrir e soltar um milhão de gotas de chuva, em seguida se fechar também de repente e deixar o sol retornar. Sempre que isso acontecia, corríamos para os beirais e, de vez em quando, espichávamos a cabeça com a língua para fora ou as mãos com a palma aberta para cima para pegar algumas gotas.

Certo dia, no começo de um aguaceiro desses, nós, garotos, começamos a correr, como sempre, diretamente para os beirais. Havia algo diferente naquelas gotas. Doíam ao bater na minha carne, como se as pernas, os braços e o rosto fossem atacados com pedrinhas.

— Aiiii — observou Awudu ao dar os últimos passos para chegar debaixo do beiral. Ficamos todos espantados com a violência da chuva. Foi então que ouvimos o som que a chuva fazia ao bater no telhado de alumínio e no concreto do pátio. Não era o ruído de líquido batendo numa superfície dura. Era o choque de um objeto sólido a colidir com outro. Todos nos inclinamos à frente para ver o que eram realmente essas coisas que caíam do céu. Pareciam pedacinhos de pedra. Awudu saiu correndo do beiral e pegou alguns.

— Blocos de gelo! — exclamou, com os olhos arregalados de espanto. Agora os olhos de Awudu estavam quase tão grandes quanto o seu nariz lendário. Ficamos embasbacados. *Blocos de gelo? Caindo do céu? Em Gana?* Então, como se soasse um tiro de pistola para indicar o começo de uma corrida, todos nos precipitamos para nos unir a Awudu no pátio. Sem dúvida, nenhum de nós ouvira falar de granizo nem fazia ideia do que fosse.

Mesmo enquanto acontecia, parecia surreal. Alfred e eu nos entreolhamos, sem saber se nossos irmãos em Tamale acreditariam quando lhes contássemos que blocos de gelo tinham caído do céu em Damongo. Não, provavelmente não, mas eu estava lá. Vi com os meus próprios olhos. Toquei aquelas pedrinhas frias e ásperas com as próprias mãos. Passei horas brincando com meus amigos e irmãos no granizo gelado, vestido, como se vestem as crianças em climas tropicais, só de *short*.

Quando acabamos de brincar, minha mãe nos deu um banho bem quente e nos mandou para a cama. Ao amanhecer, eu estava doente. Dali a dois dias, fui internado no Hospital de Damongo com diagnóstico de pneumonia.

O hospital era administrado pela Igreja Católica, que se orgulhava muito de sua obra missionária e de caridade em Gana. Era arrumado e impecável, com leitos modernos, lençóis limpos e freiras de bom coração.

Eu nunca ficara tão doente. Aquilo me assustou, mas não porque achasse que ia morrer. Aos onze anos, eu não me preocupava muito com minha mortalidade nem tinha consciência profunda dela. O que eu temia era a loucura. Temia me perder na euforia dos sonhos ilógicos que tinha, induzidos pela febre. Eles tinham, à moda dos sonhos, cenas dramáticas em que as pessoas mais improváveis, diretoras de escola ou barbeiros, apareciam nos locais mais esquisitos, como a floresta de Damongo ou o aeroporto de Tamale. Diziam frases desconexas que, de certo modo, faziam todo o sentido para mim.

Toda manhã eu acordava confuso e assustado, sem saber se ainda estava no mundo dos sonhos ou se voltara à realidade.

Então, tinha algumas conversas normais com as enfermeiras ou com alguma visita, como a minha mãe ou Alfred, e sabia que ainda estava com o juízo perfeito. Dali a uma semana me senti melhor, a febre passou e os sonhos pararam. Recebi alta e me mandaram para casa gozar o que restava das minhas férias de verão.

Estávamos numa época de mudança. Desde minha última visita a Damongo, vários garotos que conhecia na aldeia tinham pendurado as atiradeiras em troca de instrumentos musicais. Em vez de matar animais, agora se interessavam por admirar meninas. Só admirar; ainda não tinham chegado ao ponto de paquerar. Eu era um dos membros mais novos do nosso grupinho e ainda não me convencera de que as meninas tinham algo especial. Para mim, era difícil me solidarizar com a urgência do desejo dos outros meninos de estar perto delas ou com a necessidade de serem escolhidos pelo *conductay* — palavra que era uma corruptela óbvia de *conductor*, maestro em inglês — para tocar na banda durante o Simpa, a dança local da lua cheia.

Na primeira vez que vi Mallam durante as férias, eu acabara de me separar de alguns amigos. Eles interromperam minha visita para ensaiar com os instrumentos. Faltava menos de uma quinzena para a lua cheia e o *conductay* logo faria a seleção. Queriam estar prontos.

Ao voltar para casa de mau humor, vi Mallam. Parecia-se com todos os outros loucos que já vira. O cabelo não era mais cortado no estilo Tokyo Joe. Crescera e estava emaranhado e sujo. As roupas eram rasgadas e sujas. Ele estava descalço, os calcanhares cobertos de lama. Tudo nele era sujo. A loucura podia mudar alguém assim tão drasticamente? O Mallam que eu conhecia era um rapaz bonito e elegante que todo mundo notava. Esse homem à minha frente me deu vontade de olhar para o outro lado.

Quando o encontrei, ele falava alto consigo mesmo ou com um companheiro invisível, mas me reconheceu de imediato.

— Dramani — chamou, numa voz tão clara e familiar, que me forçou a piscar. Quis me assegurar de que meus olhos não brincavam comigo. Sorri e me aproximei dele.

— Então, como está o papai? — perguntou ele. Nada na conversa que tive com Mallam me convenceria de que ele não era um rapaz saudável que precisava de um banho, um barbeador e um par de calças limpas. O seu inglês era impecável como sempre. Estava notavelmente lúcido, a ponto de ser intuitivo. Acredito que conseguiu perceber que eu tinha dificuldade de conciliar a imagem diante de mim com a voz que falava.

— Sei que estou doente — confessou. — Logo o seu pai virá me buscar e me levar para o hospital e vou melhorar.

Não duvidei do que Mallam dizia. Meu pai sempre tivera uma queda por ele. Tinham se conhecido quando meu pai morava e trabalhava em Damongo. Mallam terminava a escola secundária. O que meu pai viu foi um menino inteligente e promissor. Quando foi eleito parlamentar e teve de se mudar para Acra, meu pai levou consigo Mallam e vários outros rapazes que achou que tinham potencial. Ele sabia como eram limitadas as possibilidades na aldeia.

Em Acra, os rapazes trabalharam com ele em vários empregos e meu pai cuidou para que terminassem os estudos. Alguns conseguiram aproveitar ao máximo a oportunidade, cursaram a universidade e viajaram para o exterior para continuar estudando em carreiras como engenharia e medicina. Mallam trabalhava como motorista do meu pai. Era um bom funcionário, um rapaz honesto e de confiança, mas se sentiu atraído demais pela vida urbana e acabou se perdendo, ou pelo menos perdendo a pessoa que já fora, um menino de aldeia que queria se destacar e ter todo o sucesso que a vida lhe permitisse.

Com exceção das horas que passava trabalhando para meu pai, a vida de Mallam em Acra era de extravagância e libertinagem: mulheres, bebidas, boates, roupas caras, joias e, logo, maconha ou *wee*, como todo mundo dizia. Logo correu a notícia de que Mallam começara a fumar *wee* regularmente. Todos diziam que, se continuasse a fumar *wee*, Mallam ficaria maluco, porque era essa a ação da erva: enlouquecia os usuários. É claro que, como criança, eu não sabia o que era *wee* nem quais eram seus efeitos. O que eu sabia é que, muitas vezes, eu e meus irmãos vimos Mallam fumando atrás da casa, junto à sebe. Achávamos que eram cigarros, mas como Mallam realmente enlouqueceu, percebemos que o que os outros motoristas e garotos da casa diziam era mesmo verdade. Mallam andara fumando *wee*. Por que, me perguntei, ele faria isso consigo? Por que faria isso conosco?

Quando eu tinha três anos, minha mãe me levou para morar com meu pai e meus irmãos em Acra. Mamãe e eu ficamos sentados em silêncio no banco de trás durante quase toda a longa viagem enquanto Mallam dirigia. Em certo momento, enquanto passávamos pelas montanhas, notei que Mallam cabeceava: a cabeça se inclinou de repente para o lado como se não fosse mais sustentada pelo pescoço. Ficou ali um instante e, de repente, Mallam a pôs de volta numa posição ereta e rígida.

Alguns minutos se passaram e a cabeça dele caiu para a frente, na direção do volante, do mesmo jeito mole. Dessa vez, ficou algum tempo onde estava até ele a erguer novamente.

Olhei mamãe para ver se ela também notara os movimentos esquisitos da cabeça de Mallam, mas ela fitava a janela, sonhadora. Fizera isso durante quase toda a viagem.

— Mamãe — cochichei, puxando o braço que ela pusera em torno do meu corpo —, acho que Mallam está dormindo.

— Ah, Dramani, você também — disse ela, sem dar importância. — O que sabe sobre dirigir? Já dirigiu? Deixe o homem fazer seu serviço.

Mamãe se inclinou à frente até que seu rosto quase tocou as costas do descanso de cabeça do assento do motorista e perguntou:

— Mallam, você está bem? Está tudo certo?

— Sim, senhor, senhora — respondeu ele, com a voz áspera e rouca por não ter sido usada durante horas. Vi-o nos dar uma olhada pelo espelho retrovisor. Os olhos estavam de um vermelho meio rosa, como se tivesse chorado, mas o rosto estava seco. Quando nossos olhos se cruzaram, ele sorriu e sorri de volta. Acomodei a cabeça de volta na curva do braço da minha mãe, no poço logo abaixo de onde ombro e clavícula se encontram, e cochilei.

Enquanto dormia, tive a sensação de tombar, de rolar várias vezes, meu corpo jogado de um lado para o outro como se não tivesse peso. Não foi uma sensação agradável, diferente da que sentira nos sonhos em que já voara, erguendo-me bem acima de tudo até sumir numa nuvem. Essa sensação era assustadora. Fiquei me dizendo para acordar e, à distância, pela névoa do sonho, escutei minha mãe fazendo o mesmo.

— Dramani, Dramani — ela não parava de dizer. — Dramani, acorde. Abra os olhos.

Quando finalmente consegui erguer as pálpebras, descobri que o que sentira não fora sonho nenhum. Quando descíamos o monte Aburi ao nos aproximar de Acra, Mallam cochilara e fora direto para a beira do precipício. O carro pulara e pulara até que, ainda bem, uma árvore interrompera a queda.

Os aldeões da área tinham formado uma equipe de resgate improvisada. Desceram até onde tínhamos caído para verificar a extensão dos danos sofridos por nós e pelo carro. Assim que descobriram que estávamos todos um pouco assustados e machucados mas basicamente bem, eles nos ajudaram a sair do veículo amassado e subir até a estrada. Mamãe deu os dados do meu pai a um dos aldeões, que falou com alguém que conhecia outro alguém que tinha uma motocicleta. Ele concordou em ir até a casa do meu pai em Acra para avisar que tínhamos sofrido um acidente quase fatal.

Imediatamente meu pai mandou um dos seus outros motoristas levá-lo a Aburi para nos buscar. No dia seguinte, tomou providências para que o carro que Mallam dirigia fosse rebocado do local do acidente.

Quando descobri que Mallam enlouquecera de tanto fumar *wee*, me lembrei daquele acidente. Fiquei me perguntando se ele fumara *wee* naquele dia. Foi exaustão ou *wee* que o deixou sonolento demais para se concentrar na estrada? Guardei com firmeza minha suspeita, mas não ousei perguntar, não naquele primeiro dia em que conversei com ele em Damongo nem nos vários outros dias em que o vi e trocamos cumprimentos. Só queria que, fosse qual fosse a causa da insanidade, ele desse um jeito de, algum dia, voltar a ser o Mallam que eu conhecia.

O evento chamado Simpa costumava acontecer em algumas aldeias da região nortista todo mês durante a lua cheia. Era uma tradição usada para a iniciação informal do namoro. Todas as aldeias de Gana têm um espaço aberto ou praça central onde se realizam eventos e atividades sociais. A partir do crepúsculo, todos os jovens de Damongo se reuniam naquele espaço. Levavam bancos e tamboretes, mas não havia assentos suficientes e a maioria ficava em pé. Num dia comum, as moças andavam pela aldeia com seus panos enrolados no corpo, mas nessa ocasião elas se vestiam melhor e se enfeitavam com miçangas. Os rapazes também davam um bom trato na aparência para se tornarem dignos de serem escolhidos. Quando a lua estava imensa, redonda e de um branco elétrico contra o céu negro, começava o Simpa.

Todos os jovens cantavam, e as moças dançavam, sedutoras. O canto e a dança eram sempre acompanhados por música ao vivo. Uma banda completa de metais tocava num canto do espaço aberto. O *conductay*, que regia a apresentação da banda, tinha muito poder. Ele decidia quem poderia participar da banda, que músicas a banda tocaria e como seriam tocadas. Isso o tornava uma pessoa respeitadíssima na aldeia. Ele ficava em pé bem diante da banda, vestindo camisa branca de mangas curtas, bermudas brancas e meias brancas justas que cobriam as panturrilhas musculosas e paravam logo abaixo do joelho, mas sem sapatos. O *conductay* nunca usava sapatos.

Todas as vezes, durante o Simpa, o *conductay* portava uma varinha. Era o que usava para comandar o andamento e o volume da banda, para avisar quando queria que começasse e parasse. Usava-a como a batuta do regente mais formal, mas não era manufaturada. Era um galhinho de árvore: reto, privado das folhas, pintado de branco e polido. Observar o *conductay* agitar sua varinha era uma coisa e tanto; era como se a vida da terra que conhecíamos dependesse da precisão dos seus movimentos. E talvez, para os jovens da aldeia, dependesse mesmo.

Embora a dança começasse com as moças, que literalmente ocupavam o centro do palco, não demorava para todos dançarem, tivessem ou não parceiro. Mas quem tinha parceiro era a inveja da multidão. Havia um tipo de poesia no flerte. Era cheio de nuances e subentendidos. A beleza da arte camuflava a complexidade. Conforme a noite passava sob a luz daquela lua, todos encontravam parceiros, tanto para a dança quanto para a vida.

O Simpa acontecia durante todo o tempo em que a lua ficava cheia e visível, o que significava que às vezes durava até três noites consecutivas. Assim que a lua começava a minguar, terminava. Era a única diversão aguardada com expectativa mês a mês. Mas praticamente já se extinguiu. Saiu de moda depois que a eletricidade se generalizou nas aldeias. Hoje, todos ficam diante da televisão e assistem aos flertes de estrangeiros nas novelas e seriados importados.

Quando eu era mais novo, o que eu mais gostava no Simpa era a música. Além das músicas populares do estilo *highlife*, a banda tocava sucessos de outros países. James Brown era um eterno favorito. Todos sabiam as músicas de James Brown desde a primeira nota: conhecíamos a melodia, as paradinhas e os vários solos instrumentais. O que a maioria dos aldeões, inclusive o *conductay*, não sabia era a letra. Inventavam ao cantar, usando sons elementares — *dit, dat, bum, bá, la-la-la-lá, oooh-oooh* — ou encaixando palavras em gonja, dagbani ou patoá. Quando James Brown cantava "*Looka here!*" (Olhe aqui!), o *conductay* cantava "*Gbubiya!*"

Gbubiya é uma palavra da língua dagbani que significa "segure" ou "pegue". Os integrantes da banda a entendiam não só como letra, mas como instrução, e seguravam as notas, observando atentamente o *conductay* com sua varinha branca para descobrir o que fazer depois.

Eu também gostava de ver quem estava dançando. Todos gostávamos; tratávamos o Simpa como se fosse um esporte a que assistíssemos. Alfred e eu nos escondíamos num canto qualquer com nosso grupo de amigos e ríamos com as negociações emocionais e físicas de amor que testemunhávamos: o braço jogado em torno dos ombros de uma mulher de tal maneira que a mão do homem pudesse passar pelo mamilo dela; um tapinha no traseiro não tão secreto assim; um empurrão bem-humorado de rejeição fingida. Imitávamos os rostos contorcidos dos homens que cantavam junto com a música enquanto apertavam tanto as parceiras que parecia impossível que elas respirassem. Tudo isso costumava nos parecer muito bobo.

Durante aquelas longas férias, pude ver que, para os outros meninos, não era mais bobo. Até Alfred caíra sob a influência da lua cheia e da sua magia. Ele começara a atravessar a soleira da idade adulta, me deixando para trás na minha infância. Seu corpo escuro e esbelto agora se erguia muito acima do meu, mais baixo e magrela. Ele e os outros meninos fitavam desejosos as moças, e quando aquelas de que gostavam encontravam parceiros, senti que isso feria Alfred e os outros de um jeito e num lugar que ainda não sabiam nomear.

Mallam apareceu no Simpa. Eu o vi rapidamente, mas o perdi na multidão. Pensei em todas as namoradas que costumava ter quando morava em Acra e me perguntei como seria para ele não ser mais desejável. Supus que, por estar louco e tudo, era possível que não ligasse; provavelmente, o amor era a última coisa na sua cabeça. Na semana seguinte, quando o vi na cidade, descobri como me enganara. O amor sempre importa.

Havia três loucos em Damongo. Havia Mallam, havia outro rapaz mais ou menos da mesma idade de Mallam e havia uma mulher alguns anos mais nova do que os dois homens. Quando eu e Mallam conversamos naquele dia em que o vi, os dois outros loucos passaram por nós. Era óbvio que ambos estavam no centro de um universo criado por eles; mas também era óbvio que, de um jeito mais sutil, ambos também habitavam juntos outro universo, um terceiro espaço de consciência. Eram um casal, caso se possa usar uma palavra dessas para descrever um par como aquele.

— Ele é uma desgraça para os loucos do mundo inteiro — disse Mallam, fazendo um muxoxo para o homem. Ele me contou que à noite o louco procurava a louca e dormia com ela. Não tive certeza se o que ouvia na voz de Mallam era inimizade ou inveja, mas nos seus olhos havia o mesmo ar ferido que vira no rosto dos meus amigos durante o Simpa. Talvez, quando vi Mallam no Simpa, ele estivesse lá na esperança de encontrar uma mulher tocada pela lua cheia, mesmo que momentaneamente. Foi o começo do meu entendimento do amor e do tipo específico de insanidade que provocava em todo mundo, mesmo em quem já era louco.

Na última semana antes que Alfred e eu partíssemos de Damongo, Abudu veio buscar Mallam. Nosso pai ia mandá-lo para tratamento no hospício. Eu acreditara em Mallam quando me contou que sabia que papai o ajudaria a melhorar; havia certa sanidade em Mallam, mesmo no meio da loucura. Havia dois Mallam; disso tive certeza. Havia o que estava bem e o que estava doente. O que eu não tinha certeza era se um deles só aparecera recentemente ou se os dois sempre tinham existido ao mesmo tempo e nós é que tínhamos acabado de perceber a presença do outro.

Caso a loucura fosse realmente uma doença e se parecesse com a doença que sofri durante minha semana no Hospital de Damongo, deveria ter oferecido numerosas oportunidades para a dúvida e a descrença a respeito do que Mallam percebia como realidade. Mas, como aprendi ao crescer, o mesmo se poderia dizer do que gostamos de acreditar que é a sanidade. Às vezes, ela nos força a questionar os momentos milagrosos, as metamorfoses e as cerimônias perdidas da vida: como o gelo a cair do céu na África Ocidental, os anseios novos e inexplicáveis de meninos que viram rapazes e como uma tradição passada de geração em geração pode morrer simplesmente com o ligar de um interruptor.

COMO RECEBI MEU NOME CRISTÃO

Grace, minha madrasta, era católica praticante. Isso queria dizer que, nos domingos, ela reunia todos nós, nos vestia com as melhores roupas ocidentais e nos conduzia marchando para a missa. Por estudar no internato de Achimota, eu não ia à missa toda semana como meus irmãos e irmãs, mas ia com frequência suficiente para considerá-la uma parte indelével da rotina da vida.

A princípio, os irmãos mais novos, eu incluído, ficávamos na seção infantil da igreja, onde cantávamos e brincávamos. Finalmente, quando ficamos mais velhos e a nossa capacidade de atenção aumentou, fomos promovidos à igreja regular, onde tínhamos de ficar sentados a missa inteira, como todo mundo. Nossa família era grande o bastante para ocupar um banco inteiro. Entrávamos deslizando, um após o outro, até ficarmos todos sentados numa longa fila, com Vick, o mais velho de nós, numa das pontas e minha madrasta na outra.

Para minha madrasta, apesar da sua fé inquestionável, a igreja era um tipo de evento social, e com ela vinham oportunidades ilimitadas de interagir com outros membros da comunidade. Havia os vários ministérios femininos e os clubes de mães cristãs. E ela também tinha boas relações com o padre, que sempre a cumprimentava depois da missa. Os dois ficavam lá em pé conversando, cercados por nós, a multidão de filhos Mahama, nos cutucando e mal tentando esconder nosso profundo tédio.

Para nós, crianças, ir à missa era como viajar para um país estrangeiro, um lugar com costumes, roupas e linguagem únicos. Ficávamos fascinados com o ritual, a sequência cuidadosamente coreografada de ajoelhar, depois sentar, depois ficar em pé, depois cantar. Havia a Via-Crúcis, da casa de Pôncio Pilatos até a crucifixão no Calvário. Pelos olhos de uma criança, essas imagens eram intimidadoras e lançavam um clima levemente sombrio sobre toda a cerimônia.

Os padres usavam túnicas compridas; as freiras usavam hábitos. A igreja era o único lugar em toda a Acra onde se via alguém vestido assim. O vinho da sagrada comunhão era servido num cálice de prata enfeitado, que parecia estranho e exótico. E a missa inteira, da primeira à última palavra, era rezada em latim, língua que nenhum de nós entendia; língua que, eu aprenderia mais tarde, ninguém falava, nem em Acra nem em lugar nenhum do mundo, porque fazia séculos que estava praticamente morta e relegada quase apenas à terminologia médica e aos textos religiosos.

Era uma experiência estranha ficar sentado naquele banco, fitando imagens de Jesus Cristo de cabelo comprido e olhos azuis, com os membros pregados numa cruz e uma coroa de espinhos na cabeça, enquanto escutava a voz profunda e rascante do padre dizer *"Dominus vobiscum et cum spiritu tuo"*. Essa frase ficou gravada na minha memória, embora eu levasse quarenta anos para me aventurar a aprender a tradução: o Senhor esteja contigo e com o teu espírito.

Nosso pai nunca ia conosco à missa. Ele não era religioso, não no sentido de ir à igreja. Sabia que era presbiteriano e tenho duas ou três lembranças de infância de ir com ele à igreja presbiteriana de Tamale. Como acontece com grande número de ganenses da idade dele, a religião de papai veio da escola. Fora exposto à educação ocidental e, junto com ela, costumava vir o cristianismo; naquela época do desenvolvimento do nosso país, os dois andavam de mãos-dadas.

A igreja também fazia parte da vida na Escola Achimota. Nos domingos, nós, alunos, éramos pastoreados até a Capela Memorial Aggrey. Aqueles cultos de domingo no internato não seguiam nenhuma denominação e não eram muito diferentes das missas na igreja da minha madrasta.

Nos anos de minha juventude, o cristianismo dominava principalmente o sul de Gana; não era tão disseminado no norte, embora algumas denominações, como o catolicismo, começassem a penetrar. Era possível achar uma igreja católica em quase todas as capitais de distrito, como Damongo, onde também havia um hospital católico, lugar onde passei duas semanas mimadas e bem-aventuradas para me recuperar de uma pneumonia.

Havia pouquíssimas igrejas estabelecidas em aldeias, mas os missionários, lenta e seguramente, tinham começado a baixar acampamento nesses lugares também. Por exemplo, podia-se encontrar um único missionário morando numa cabana de barro que talvez conseguisse converter mais oito ou dez à sua fé. Os grupos desse tipo eram uma esquisitice; chamavam a atenção e às vezes eram vistos com desconfiança porque, na maior parte dos territórios do norte, o cristianismo ainda travava uma batalha contra o islamismo e o animismo.

Embora obviamente houvesse pessoas tradicionalistas e devotas no que tangia à sua fé e à sua forma de culto, o animismo estava tão entranhado na nossa cultura, nas nossas cerimônias, festas, costumes e rituais, que não era visto necessariamente como doutrina religiosa ou crença espiritual definida; era simplesmente quem éramos como ganenses.

Às vezes, quando Alfred e eu visitávamos nossa mãe em Damongo, ela nos levava à aldeia de Busunu para visitar seus pais. Busunu fica perto da estrada principal entre Tamale e Damongo, a cerca de uma hora de carro de Damongo. Se considerarmos Damongo uma aldeia, como era na época, não sei direito como classificar Busunu. Era muito menor e muito mais rural do que Damongo.

Não havia eletricidade. Ninguém que conhecíamos tinha gerador. Também não havia água corrente. O plástico não era tão comum quanto hoje e, em vez de baldes de metal, que eram bastante caros, a água era recolhida numa cabaça gigantesca. Era assim que tomávamos banho.

Alfred e eu ficávamos na cabana da avó com nossa mãe. Geralmente, quando a visitávamos durante a época do harmatão, quando o clima é seco e a noite, gelada, nossa avó acendia uma fogueirinha para aquecer a cabana. Tenho boas lembranças desses momentos, mas, em termos gerais, verdadeira e profundamente, eu detestava ir a Busunu. Alfred e eu também brincávamos com as crianças de lá, mas com elas não havia a mesma relação tranquila e fraterna que tínhamos com os garotos de Damongo.

Enquanto em Damongo Alfred e eu nos sentíamos numa aventura interminável de descoberta em que podíamos reivindicar como nosso cada novo achado, em Busunu costumávamos nos sentir entediadíssimos, principalmente depois que a noite caía. Não havia nada para fazer, a não ser escutar o som dos grilos.

Todas as casas de Busunu tinham animais. Na verdade, todas as casas de Damongo também tinham animais. No norte, não se criavam animais primariamente como alimento. Eles serviam de reserva de valor; eram como um banco. Não era raro preparar e servir refeições sem carne numa casa que, com dúzias de bodes, galinhas e vacas no terreiro, era praticamente uma fazenda. Quando se via matar um animal, geralmente era para uma festa, um funeral ou a chegada de visitantes de fora da cidade.

Os animais também eram usados em trocas. Por exemplo, às vezes o chefe da casa pegava um bode, amarrava-o e levava-o para o mercado. Lá, era bem provável que vendesse o bode e usasse o dinheiro para comprar tecido, querosene, fósforos ou o que fosse necessário em casa. O que restasse no dia seria gasto tomando *pito* ou alguma outra bebida alcoólica até que os recursos e o homem se exaurissem. Só então ele voltaria para casa.

Em Busunu, havia uma festa específica que envolvia animais, e todo ano parecia que nossas visitas coincidiam com ela. Foi essa festa a primeira a me fazer questionar a relação entre cultura e religião, assim como entre folclore, superstição e tradição.

Tecnicamente, suponho que se poderia dizer que nossos parentes de Busunu eram animistas, mas não em termos fundamentais. Eles não passavam as manhãs fazendo sacrifícios nem libações, mas participavam das festas e comemorações locais, inclusive fazendo tudo o que deveriam fazer para acalmar os deuses.

Assim como o padre ou o rabino ajuda as pessoas a compreender sua fé, às vezes os chefes locais, com seu círculo de anciãos, serviam mais ou menos de portal para os deuses. Eram eles que marcavam a data das várias festas em homenagem aos deuses; eram eles que sabiam o que agradava aos deuses e o que os irritava.

Meu avô materno era ancião e assessor bem próximo do chefe da aldeia. Sempre que íamos a Busunu, sempre me espantava com o número de amuletos e talismãs expostos nas paredes e mesas do seu quarto. Ele tinha até blusões adornados com fetiches de todo tipo.

A crença dos aldeões era que, todo ano, numa noite específica, os deuses desciam dos céus ou de onde quer que morassem para visitar Busunu. Eram o chefe e os anciãos da aldeia, tais como meu avô, que comunicavam aos aldeões em que noite ocorreria a visita. Quando essa noite chegava, todos os aldeões tinham de ficar dentro de casa. Os deuses não deviam ser vistos por mortais; isso era proibido. E dizia-se que esses deuses eram bastante agressivos, tanto que andavam armados de chicotes, e surrariam sem mercê quem fosse pego na rua.

Preparar a visita dos deuses levava vários dias. Uma das primeiras coisas que todos faziam era prender os animais. Todos os bodes, cabras, vacas e galinhas que ficassem soltos seriam apreendidos pelo chefe e pelos anciãos no dia da visita dos deuses e mortos em sacrifício na praça da cidade. Isso parecia uma punição bastante dura, uma vez que todas as casas da aldeia já matavam pelo menos um dos animais como sacrifício aos deuses.

O costume era matar a melhor cabra ou galinha e depois usá-la para preparar uma farta refeição. Os moradores da casa podiam comer parte da comida preparada, mas tinham de deixar para os deuses uma porção considerável, a que contivesse as partes mais suculentas e desejadas do animal. O que me recordo mais vivamente são essas oferendas deixadas diante de cada complexo, travessas e pratos de comida — *fufu* com sopa de amendoim, *tuo zaafi* com galinha-d'Angola. Mamãe, Alfred e eu víamos os pratos enquanto corríamos para a casa da minha avó.

Curioso como era quando criança, eu gostava de andar diante de cada cabana para ver o que fora deixado. Certo ano, mamãe, Alfred e eu estávamos fora de casa enquanto o sol se punha. A maioria dos aldeãos já estava dentro de casa, e nós três corríamos para fazer o mesmo antes que escurecesse e os deuses descessem. Eu me sentia atraído pelos pratos nas soleiras por que passávamos. Alfred e mamãe estavam bem à minha frente quando perceberam que eu ainda me detinha diante da casa de alguém, fitando enlevado um prato cheio de comida.

— Dramani — berraram ambos —, corra! — E corri para alcançá-los. Como todo mundo, temíamos o que aconteceria se ainda estivéssemos do lado de fora quando os deuses descessem e tivéssemos o azar de encontrá-los cara a cara.

A minha família, como todas as outras famílias de Busunu, Damongo e Bole, é gonja. O povo gonja tem uma história fascinante. O estado gonja foi fundado no final do século XVI por Askia Dawud, imperador do antigo império songhai. O império songhai ocupava a área da curva onde o rio Níger se encontra com o deserto do Saara. Ao crescer, o império cobriu um vasto território, chegando a regiões dos modernos Mali, Níger, Senegal, Guiné, Gâmbia e Burquina Fasso. No ponto alto do império, chegou até Benim e partes da Nigéria. Entre outras coisas, o império songhai ficou famoso pela transformação da cidade de Tombuctu no maior posto avançado do comércio transaariano de ouro, sal, tecido e escravos. Tombuctu também era um núcleo de atividade intelectual e acadêmica. Continha uma das maiores bibliotecas do mundo e se gabava de uma coleção de pelo menos quinhentos mil livros, além de uma universidade com corpo discente de 25 mil alunos.

Os mandês, tribo à qual pertencia Dawud, também foram os fundadores dos antigos impérios de Gana e Mali. Seus líderes recebiam o título de *jakpa*. No século XVIII, Sumaila Ndewura Jakpa ampliou o território gonja e é amplamente louvado como líder do Estado gonja moderno. O povo mandê era intimamente ligado à tradição muçulmana, e diz a lenda que o principal guia espiritual de Sumaila Ndewura Jakpa era um muçulmano chamado Fatimoripe, cujos seguidores acompanharam os gonjas na batalha, orando e realizando rituais para sua vitória. Dizem que os muçulmanos conseguiam prever se a batalha iria bem ou mal, se pessoas morreriam ou venceriam. Esses muçulmanos eram chamados de *sakpari*, e eram eles que rezavam pela salvação da alma do povo gonja. Com esse sistema, portanto, os gonjas conseguiram travar batalhas e levar a vida secular com certeza de que sua alma estava protegida, que os *sakpari* intercediam pela sua vitória, segurança e salvação junto a Alá. Na verdade, foi Fatimoripe que batizou Ndewura Jakpa e lhe deu o nome de Sumaila.

Essa história é importante porque ilustra tanto o respeito quanto a independência espirituais da cultura ganense desde a origem das tribos que existem atualmente no país. Gana sempre foi e ainda é um estado secular, mas no fundo da sua cultura se mantém um profundo respeito pela fé e pela prática espiritual. É uma magnífica corda bamba em que poucos países africanos conseguiram andar. Incorporamos de forma pacífica e bem-sucedida uma miríade de crenças espirituais numa nação unificada.

Em certos setores de Kumasi ou Acra ou nas várias regiões do norte é possível acordar ao amanhecer e ouvir o muezim, voltado na direção da Caaba, chamar o *azan* no minarete: "Alahu akbar. Alahu akbar. Alahu akbar. Alahu Akbar".

Depois, também há a grande população cristã de Gana. Antes que as numerosas denominações ortodoxas se consolidassem, houve o movimento de sincretismo. Havia algumas igrejas apostólicas no norte, e uma das mais destacadas era a Querubim e Serafim. O que fazia a igreja Querubim e Serafim se destacar era que as mulheres tinham de cobrir o cabelo, os homens usavam túnicas brancas compridas e a congregação cantava em altos brados. Havia corpos que tremiam, profecias e glossolalia. Ao contrário das igrejas ortodoxas mais influenciadas pelo Ocidente, que ainda não tinham conquistado muito terreno, essas igrejas não se envergonhavam da orientação africana. Permitiam nos cultos instrumentos musicais africanos, como tambores, balafão (um tipo de marimba africana tradicional do povo mandê) e xequerê, um tipo de maraca da África Ocidental. No vernáculo, esse tipo de igreja era chamado de *Nyame pe agro*, o que, traduzido livremente, significa "Deus adora diversão".

Tínhamos um parente distante, marceneiro, que frequentava a igreja Querubim e Serafim. Ele possuía um barraquinho na frente do qual costumava trabalhar. Chamava-se Ambição Jovem e era a marcenaria mais popular do norte. Era lá que todos iam quando queriam móveis benfeitos. Alfred e eu íamos até lá vê-lo trabalhar. Ficávamos enlevados com o modo como usava a plaina para alisar a superfície da madeira. A oficina tinha um cheiro típico que eu achava estranhamente agradável. Cada tipo de madeira tinha um cheiro diferente. Havia a doçura da *wawa*, macia e fácil de moldar e polir. E havia *odum*, que parecia mais robusta e soltava um cheiro mais pungente ao ser aplainada.

O nosso parente, cujo nome verdadeiro esqueci porque só o chamávamos de "tio", terminava o trabalho do dia e corria para a igreja. Às vezes, eu e Alfred íamos andando naquela direção e espiávamos pela janela para ver todo mundo lá dentro de túnica e lenço na cabeça. Os homens cantavam quase como se estivessem em transe, e as mulheres tinham paroxismos. Pessoas desmaiavam, aparentemente possuídas pelo espírito. Também se realizavam curas.

O culto chegava ao clímax quando o sacerdote entrava e começava a dançar. As mulheres se reuniam em torno dele, cantando, saudando-o e abanando-o com os panos. Era uma coisa linda de se ver. Alfred e eu ficávamos em pé, com o rosto pressionado contra a vidraça e as mãos em concha acima da bochecha, junto aos olhos, como se segurássemos binóculos. Queríamos absorver tudo.

Naquela noite, quando mamãe, Alfred e eu estávamos em Busunu correndo para chegar em casa antes do escurecer, uma coisa aconteceu. Chegamos sãos e salvos à cabana dos meus avós, passando cuidadosamente por cima do prato de comida deixado à porta como sacrifício aos deuses.

Alfred e eu estávamos deitados quando os deuses desceram e começaram a andar pelas ruas de Busunu. Podíamos ouvi-los cantar a música de sempre:

>*Wofa tim-bri-bassanio*
>*Wofa tim-bri-bassassa*
>*Wofa tim-bri-bassana*
>*Fular fenkor*

Cantavam: "O espírito açoitou duas pessoas; o espírito açoitou três pessoas; o espírito açoitou quatro pessoas. Se você sair, vamos açoitá-lo até cagar".

Quando passaram pela nossa janela, escutamos as vozes graves, ásperas e cheias de força, com um eco que trovejava pelo ar atrás deles. Eles agitavam os chicotes no ar ao caminhar. Muito mais tarde, aprendi que esses açoites eram feitos de bambu lascado várias vezes para ficar mole o bastante para girar. Toda vez que o açoite subia, o vento entrava por aqueles sulcos e fazia um som arrepiante e antinatural. Alfred e eu ficamos tremendo de medo debaixo das cobertas, mas, quando as vozes se afastaram, de repente Alfred se levantou e foi pé ante pé até a janela.

— O que está fazendo? — sussurrei, com medo que meu irmão mais velho acabasse levando uma surra. Ele pôs o dedo sobre a boca para que eu me calasse. Fiz o que mandou. Estava apavorado, mas, como sempre, a curiosidade acabou vencendo. Eu me recusava a ficar de fora em tudo em que Alfred se metia. Fui pé ante pé até a janela e fiquei junto dele. Alfred estava de joelhos e olhava para fora. Eu me esforcei para espremer o corpo no canto entre ele e a cama, para que pudesse olhar. Também queria dar uma olhadinha nos deuses.

Wofa tim-bri-bassanio
Wofa tim-bri-bassassa
Wofa tim-bri-bassana
Fular fenkor

As vozes estavam cada vez mais distantes. Era difícil ver alguma coisa na escuridão. Eu era mais baixo do que Alfred, e minha linha de visão não era tão clara. Na tentativa de abrir mais espaço para ver melhor, empurrei Alfred sobre o móvel que estava do outro lado, e ele derrubou o que havia em cima. Não foi um barulho muito alto. Se a noite não estivesse tão silenciosa e se o estrondo não soasse bem no meio de uma pausa entre os refrões do canto dos deuses, provavelmente ninguém notaria o barulho.

— Ei! O que foi isso? — perguntou um dos deuses com a voz de uma pessoa comum. Alfred e eu quase tropeçamos um no outro enquanto corríamos de volta para a cama. Puxamos a coberta por sobre a cabeça e fechamos os olhos com força.

— Ouviram isso? — perguntou outro deus, também com a voz de uma pessoa normal. Eles se viraram e começaram a voltar na direção da nossa janela para investigar a fonte do misterioso estrondo.

Notei que o segundo deus que falara parecia muito um dos nossos tios. Os deuses voltaram à área logo abaixo da nossa janela e lá ficaram em silêncio durante muito tempo. Ou talvez tenha parecido muito tempo porque Alfred e eu estávamos prendendo a respiração, paralisados de medo de fazer qualquer outro som. Não queríamos ser achados e surrados.

— Não foi nada — disse, finalmente, o segundo deus. Dessa vez, tive certeza absoluta de que só podia ser o nosso tio. Cutuquei o ombro de Alfred para chamar sua atenção. Ele não ligou. Depois de mais alguns momentos de silêncio para confirmar o que o segundo deus dissera, que realmente não fora nada, eles voltaram a andar. Alfred e eu escutamos os passos dos deuses até que recomeçaram a cantar, e o tenor das suas vozes, combinado com o barulho assustador dos açoites tomou conta da noite.

Wofa tim-bri-bassanio
Wofa tim-bri-bassassa
Wofa tim-bri-bassana
Fular fenkor

Aqueles poucos segundos foram tudo de que eu precisava para realimentar a minha suspeita. Nosso tio mancava de leve. Não era muito perceptível quando a gente olhava, mas tornava inconfundível o ritmo dos seus passos. Em geral, sempre que vinha nos visitar na casa da avó conseguíamos percebê-lo muito antes de ver o seu rosto, só pelo som dos passos. Cutuquei o ombro de Alfred de novo.

— Ah, você acha... — comecei a cochichar. Queria saber se ele também percebera que nosso tio era um dos deuses.

— Dramani, cale a boca — repreendeu ele entre os dentes; depois, me deu as costas e não falou mais. Quis esperar até os deuses ou seja lá quem fossem se afastarem mais da nossa janela para perguntar de novo a Alfred. Esperei e esperei até que, sem perceber, adormeci e já era dia claro.

Na manhã seguinte, Alfred e eu ficamos em casa, sem fazer nada. Nenhum de nós disse palavra sobre a noite anterior. Na hora do almoço, mamãe mandou que nos aprontássemos. Nós três faríamos uma visita ao nosso tio. Quando chegamos ao complexo dele, o encontramos com vários anciãos do chefe, sentados e se banqueteando com pratos de sopa leve com montes de carne dentro. Reconheci alguns pratos de comida dos portais por onde tínhamos passado na tentativa de chegar em casa antes do anoitecer da véspera.

Alfred se virou na minha direção e me olhou de um jeito que me disse que ele sabia. Então não era tudo imaginação minha. Ele sabia. Não havia deus nenhum debaixo da nossa janela: era nosso tio. Mas como? Por quê? Ele andava na companhia dos deuses? Ou aquelas outras pessoas com ele eram os colegas anciãos? Mais tarde, naquele dia, quando eu e Alfred tivemos oportunidade de conversar, chegamos à conclusão de que, mesmo que os outros homens fossem deuses, acreditávamos que a festa era uma conspiração, um jeito de os anciãos saquearem animais e comida dos aldeãos um dia por ano.

Eu começava a ter uma noção do poder que a religião e a espiritualidade tinham sobre os indivíduos e como era fácil aos outros usá-lo para estimular a confiança e a devoção ou para controlar e gerar medo.

Cada grupo étnico de Gana tem um ritual ou cerimônia formal para dar nome à criança recém-nascida e um modo de escolher o nome que está de acordo com suas tradições. Embora haja detalhes desses rituais e cerimônias que diferem entre os grupos étnicos, todos são dominados pelos mesmos princípios e ideias básicos.

Quando nasce, a criança é considerada um estranho ou visitante. No norte, entre os dagombas, os meninos recém-nascidos são chamados de *saando* e as meninas, de *saanpaga*, que significam, respectivamente, "menino estrangeiro" e "menina estrangeira". Os bebês ficam um período dentro de casa, geralmente uma semana; portanto, a cerimônia de dar nome é chamada informalmente de *outdooring*, "saída ao ar livre". É durante o *outdooring*, ao receber o nome, que a criança passa a ser oficialmente considerada uma pessoa, um membro da comunidade.

Os *outdoorings* costumam ser oficiados pelos idosos da família ou por líderes religiosos e espirituais e, geralmente, acontecem ao amanhecer. Realizam-se vários ritos para dar boas-vindas à criança na comunidade e no mundo em geral e para prepará-la para a vida.

No norte, o *outdooring* ocorre no sétimo dia da vida da criança. A família contrata um *wanzam* para realizar alguns ritos. Os *wanzams* são barbeiros itinerantes que viajam de cidade em cidade com as ferramentas do ofício, uma série de lâminas afiadas. Esse ofício é passado de geração a geração, de pai para filho.

O cabelo com que o bebê nasce é considerado impuro porque veio do "outro lado". No *outdooring*, o *wanzam* raspa a cabeça do recém-nascido para que todo o cabelo que nascer daí em diante seja deste lado da vida. Se for um menino, o *wanzam* também o circuncida. Em muitos casos, o *wanzam* também faz marcas de identificação no rosto ou no corpo da criança. Às vezes, essa escarificação é chamada de marca tribal por ser prática de certas tribos apenas, mas cada marca tem um significado e revela de imediato a linhagem e o histórico daquela criança.

Todos os nossos primeiros nomes tradicionais têm significado simbólico ou de alguma relevância para a família, a aldeia ou a tribo maior. Alguns grupos étnicos ganenses dão aos filhos nomes que correspondem ao dia da semana em que nasceram. Por exemplo, um menino *akan* nascido num domingo pode se chamar Kwasi e uma menina, Akosua.

Há nomes de grupos étnicos que identificam as crianças como gêmeas e indicam até a ordem em que nasceram. Há nomes que revelam se a criança é a primogênita da família ou se nasceu sozinha logo depois do nascimento de gêmeos. Alguns nomes revelam circunstâncias ou condições que cercaram o seu nascimento, como um dia de sol ou durante uma seca. O nome pode indicar que o pai morreu antes do nascimento da criança ou que a mãe sofreu a morte de um ou dois bebês antes da chegada do que recebe o nome.

Sejam ou não muçulmanos, devido ao vínculo do povo gonja com os *sakpari*, muitos nortistas dão nomes árabes aos filhos. Às vezes, os imãs, líderes da fé islâmica, são consultados antes do *outdooring* para ajudar a família a selecionar um nome adequado.

O uso do sobrenome paterno é uma convenção ocidental que só recentemente entrou na nossa cultura. Antes, não era raro o filho não ter sobrenome ou cada filho da família ter um sobrenome diferente. Isso acontecia porque, além do primeiro nome dado ao bebê, a família pode acrescentar o nome de um parente falecido ou de um ancião respeitado. Pelos padrões ocidentais, esse segundo nome serviria de sobrenome da criança. Pode-se encontrar até o nome da cidade ou aldeia natal sendo usado como segundo nome, para distinguir o portador de outros com o mesmo primeiro nome, como Fátima Navrongo ou Seidu Bunsunu.

Na minha família, o uso do sobrenome paterno começou com meu pai. Meu avô, o Gbemfu Wura, se chamava Adama. Com exceção do título de chefe, esse era o seu primeiro e único nome. Meu pai se chamava Mahama. Quando começou a frequentar a escola, exigiram-lhe um sobrenome e usaram o nome do pai. De acordo com o protocolo dos diários de classe das escolas, o sobrenome do aluno vinha em primeiro lugar, seguido de uma vírgula e depois o primeiro nome. Portanto, o nome do meu pai se escrevia "Adama, Mahama".

Para os professores, a maioria deles ocidental e sem familiaridade com os nomes ganenses, isso era confuso; não ficava claro qual era o primeiro nome e qual o sobrenome. Para complicar ainda mais, havia o fato de muitos alunos terem os mesmos nomes, só que em combinações diferentes. Seria fácil haver outro aluno com o nome "Mahama, Adama". Para simplificar, os professores ignoravam a vírgula entre os dois nomes. Foi assim que o primeiro nome do meu pai evoluiu para sobrenome.

As crianças que não eram instruídas na *makaranta*, palavra hauçá que significa escola ou madraçal, iam para escolas de estilo ocidental e, com boa probabilidade, recebiam aulas de missionários. Essas crianças eram obrigadas a ter nomes cristãos antes dos nomes nativos. Hoje em dia parece que todos os nomes ocidentais são chamados de nomes cristãos, mas, quando meu pai estava na escola e durante a minha infância, esses nomes eram propriamente cristãos, tirados diretamente da Bíblia.

Na escola, meu pai recebeu o nome Emmanuel. Portanto, ele se tornou Emmanuel Adama Mahama. Na idade adulta, para preservar o nome que a família lhe dera, meu pai usava apenas as iniciais dos que lhe tinham sido impostos, E. A., e permitia que Mahama se destacasse como o único nome escrito ou falado por inteiro. Na época em que os filhos do meu pai nasceram, o uso de sobrenomes paternos tinha se tornado comum na elite e entre os instruídos, de modo que, além do primeiro nome, recebemos o que agora se tornou nosso sobrenome, Mahama.

Nosso pai deu aos filhos nomes de acordo com a tradição. Nos *outdoorings*, o *wanzam* veio e realizou a sua parte dos ritos. O nome que recebi na minha cerimônia foi Dramani. Era o nome de um parente, um dos irmãos do meu avô paterno que morrera.

Em Gana, não é frequente ouvir alguém usar as palavras *tio-avô* ou *tia-avó*. É mais raro ainda ouvir *bisavô* ou *bisavó*. Consideramos todos esses parentes como nossos avós. Na nossa sociedade coletiva, como expressão de respeito, os avós são chamados de Nana, e é considerado rude chamá-los pelo verdadeiro nome.

Deram-me o nome do meu avô como tributo à sua memória, mas foi também um modo de me ungir com suas qualidades ou características que fossem mais amadas. Acreditava-se que parte dele vivia em mim por meio do nome. Quando criança e até hoje, muitas tias e tios não me chamavam pelo primeiro nome. Chamavam-me de "Nnana", que significa "meu avô", conferindo a mim, portador do seu nome, a reverência devida a ele.

O primeiro nome do meu irmão Peter era Issah, o de Alfred era Abdulai e o de Adam, Adama, por causa do nosso avô paterno. O nome da minha irmã era Meri, mas a chamávamos de Mama. Como nosso pai, todos foram obrigados a adotar nomes cristãos assim que entraram na escola. Papai, que recentemente fora promovido a comissário regional, decidiu matricular os filhos numa nova escola de Tamale dirigida por uma família de missionários britânicos. Eu ainda não morava com meu pai.

Certo dia, durante a primeira semana de aulas, papai reuniu meus quatro irmãos na sala de estar. Mostrou três folhas de papel que recebera do diretor da escola. Em cada uma estava escrito um nome, um nome cristão. Ele deu uma das folhas a Mama e lhe disse que o nome no papel seria o seu nome cristão: Mary Magdalene. Como Adama fora o nome do nosso avô e como, sem querer, esse nome passara a ser também do meu pai, ele decidiu anglicizá-lo como Adam no seu filho. Também deu a Adam o nome cristão que recebera, Emmanuel.

Restavam duas folhas de papel. Papai pediu que Issah e Abdulai escolhessem uma folha cada. Por ser mais velho, Issah escolheu primeiro. Pegou a folha com o nome "Peter". A de Abdulai tinha o nome "Alfred". Em voz alta, Abdulai disse o nome novo algumas vezes. "Alfred. Alfred. Alfred." E gostou do som.

Issah fez o mesmo e na mesma hora decidiu que não gostava do nome "Peter". Preferia muito mais o som de "Alfred". Os dois meninos começaram a brigar. Então Issah lembrou que discutiam sobre nomes que não conheciam. De onde vinham esses nomes? Quem decidira aqueles dois? Haveria outros para escolher?

— Mas papai — perguntou Issah, confuso —, qual é o significado desses nomes?

Nosso pai lhes contou tudo sobre Alfredo, o Grande, e São Pedro Apóstolo, às vezes chamado de "Pedro, a Pedra". Eram essas as pessoas cujo nome estavam recebendo. Depois de ouvir tudo sobre os xarás, Issah decidiu deixar para lá o nome "Alfred". No fim das contas, não se importava de ser "Peter".

Um pouco depois daquele incidente dos nomes, papai levou a Damongo, para nos visitar, os meus irmãos recém-"batizados". Assim que meu pai me chamou de Dramani, Peter quis saber qual era o meu nome. Nosso pai, sem entender direito, olhou Peter com uma cara estranha e disse:

— Ele é Dramani, seu irmão.

— É, mas qual é o outro nome dele? O nome cristão? — perguntou Peter.

Papai lhe disse que eu não tinha. Isso não soou bem para Peter. Se eles tinham sido obrigados a adotar nomes cristãos, então eu também teria de ser.

— Que tal "John"? — perguntou Peter. — Como João Batista. Acho que "John" é um bom nome para Dramani.

— É — concordou Alfred. — Acho que "John" seria um nome bom para ele.

Nosso pai não protestou nem discordou. Acho que foi porque sabia que seria meramente retardar o inevitável. Eu teria de receber um nome cristão quando começasse a frequentar a escola, então por que não resolver isso logo e por que não poderia ser "John"?

Depois do mandato de comissário regional, enquanto esperava o anúncio do próximo cargo no governo, meu pai se mudou com a família para a capital, Acra, no sul. Fui morar com eles lá e comecei a frequentar a escola. O interessante é que nenhuma das duas escolas que frequentei em Acra me exigiram que tivesse um nome cristão. Todo mundo continuou me chamando de Dramani. Só quando entrei no curso secundário o nome "John" passou a fazer parte da minha vida.

Quando a carreira política do meu pai terminou, nossa família retornou para Tamale, no norte. Na nova escola, meu nome foi escrito na matrícula como "Mahama, John Dramani". Como os colegas e professores não tinham me conhecido como Dramani, usaram John como meu primeiro nome. Foi assim que me tornei John Mahama. O nome "Dramani" efetivamente se perdeu até eu entrar na política e passar a usar oficialmente o nome inteiro.

Os *outdoorings* ainda são parte fundamental da cultura ganense, embora aspectos da cerimônia tenham mudado em consequência dos avanços do sistema de saúde materna. Muito mais mulheres, tanto nas aldeias quanto em áreas urbanas, dão à luz em clínicas e hospitais e optam por ter os filhos circuncidados em condições mais esterilizadas em vez de chamar o *wanzam*. O HIV e a Aids também causaram impacto sobre o uso de *wanzams* em outros ritos que ocorrem nas cerimônias de dar nome, como a raspagem da cabeça do bebê ou o corte de marcas tribais.

Hoje, é comum que os filhos nascidos do mesmo pai, como eu e os meus irmãos, tenham o mesmo sobrenome. Os pais também vêm dando aos filhos nomes cristãos, ao mesmo tempo que lhes dão nomes tradicionais. Ainda assim, os nomes cristãos tendem a ser reservados para uso formal, na escola e entre estranhos, pessoas externas ao círculo imediato da família.

Não há tradições consagradas associadas a dar nomes cristãos. Alguns pais escolhem nomes de celebridades, alguns usam livros para orientá-los ou se restringem a nomes bíblicos e outros reciclam os nomes dados a pais e avós.

A religião e a espiritualidade continuam a desempenhar papel importantíssimo na sociedade ganense, formando e configurando a nossa cultura, às vezes para melhor, outras vezes não. Quando vou ao culto na igreja com minha família, dependendo do caminho que seguimos, passamos pela igreja católica que eu costumava frequentar com minha madrasta e meus irmãos. Sempre que isso acontece, observo as crianças entrando, usando os ternos e vestidos de domingo, e me lembro de nós, eu, meus irmãos e irmãs, nos contorcendo no banco e escutando o padre dizer *"Dominus vobiscum, et cum spiritu tuo"*. Lembro-me também do arrepio de medo que correu pela nossa espinha quando eu e Alfred escutamos o estranho barulho do açoite dos deuses enquanto andavam pela noite, cantando:

> *Wofa tim-bri-bassanio*
> *Wofa tim-bri-bassassa*
> *Wofa tim-bri-bassana*
> *Fular fenkor*

Perco-me no labirinto dessas lembranças com o cheiro de madeira aplainada, a visão do vapor a subir dos pratos de comida deixados diante das casas como oferenda, o sabor amargo do vinho da comunhão e o relâmpago momentaneamente ofuscante da lâmina do *wanzam*. Então, finalmente, chegamos à nossa igreja e minha esposa Lordina chama o meu nome. "John", diz ela, "já chegamos", rompendo meu devaneio e me trazendo de volta à realidade de quem sou hoje.

SANKOFA

Quando meu pai foi solto da prisão, parecia um homem completamente diferente. Eu estava no internato e por isso não o vi, mas meu irmão Peter viu. Ele me contou que papai estava de barba comprida, não do tipo que se deixa crescer de propósito, aparando as bordas e cortando os fios soltos e rebeldes que ficam retos em vez de se encrespar como os outros. A barba de papai era desgrenhada, maltratada como a de um náufrago. O cabelo também estava assim, espesso e rebelde.

— Eu o olhei — me contou Peter — e disse: "Acho que conheço esse homem. Acho que é meu pai". Estava quase irreconhecível.

Papai não fizera a barba nem cortara o cabelo direito durante mais de um ano, porque isso não era permitido na prisão. Naturalmente, quando voltou essa foi uma das suas prioridades. Queria se ver e queria que os outros o vissem como o homem que já fora. Mas logo ficou claro que, mesmo barbeado e bem penteado, ele não era mais o mesmo homem. Nosso pai mudara. Notei imediatamente quando fui para casa nas férias da escola. A mudança não foi enorme, do tipo em que se aponta uma única coisa e se diz: "Está vendo?" Foi mais uma série de pequenas mudanças, alterações de ponto de vista e personalidade, atitudes e comportamentos que não estavam presentes antes da detenção.

Certos dias papai se comportava como um homem que foi cego a vida inteira e acaba de receber o dom da visão. Absorvia tudo como se fosse a primeira vez, como a luz do sol crescendo aos poucos ao amanhecer, e os arranjos específicos de cores nas penas das asas ou da cauda do passarinho que passava voando. Quando me olhava e olhava meus irmãos, parecia estudar nosso rosto, comparando-o, talvez, com o rosto das crianças que deixara para trás, observando o quanto também mudáramos durante sua ausência.

Outros dias, papai se comportava do jeito oposto, como se tivesse mergulhado na escuridão e buscasse desesperadamente uma abertura de luz. Sentava-se calado, fitando a distância, sem olhar nada. Só fitando.

— Nunca mais voltarei à prisão — dizia papai, rompendo o silêncio de repente. — Nunca mais. Serei sempre um homem livre.

Ele dizia isso com tanta frequência, com a determinação mais firme que já ouvira nele, que a frase entrou pela minha cabeça e ficou. Nunca tivera razão para pensar no conceito de liberdade. Acho que nenhum de nós, em casa, pensara. Creio que sempre a consideramos pressuposta. Ao contrário de papai, nunca tínhamos sido presos. Também nunca vivemos sob o domínio colonial. Até os meus irmãos mais velhos, que nasceram antes que a Costa do Ouro virasse Gana, eram jovens demais para conhecer a liberdade que distinguia a colônia da nação independente.

Mas o que aprendi na infância ao observar meu pai reconstruir a vida foi a liberdade que distinguia o homem antes da detenção do mesmo homem depois da soltura.

Depois do golpe de Estado de 1966, os militares improvisaram um órgão governante para supervisionar as questões do país; chamava-se Conselho Nacional de Libertação (CNL). O CNL criara uma Comissão de Inquérito formal para investigar as autoridades que, como meu pai, tinham servido ao governo do dr. Nkrumah. Essa investigação se realizou por meio de uma série de interrogatórios feitos quando essas autoridades estavam presas. Sua soltura coincidiu com a apresentação de um relatório da Comissão de Inquérito que instituía certas restrições e sanções para cada uma daquelas ex-autoridades do governo. Por exemplo, todos foram cassados, impedidos de participar da política partidária e de ocupar cargos públicos pelo período de dez anos.

O patrimônio e as contas bancárias do meu pai foram confiscados ou tornados indisponíveis, deixando-o arruinado em termos financeiros e transformando-o efetivamente em pobre da noite para o dia. A casa de Kanda Estates onde morávamos antes do golpe era uma residência oficial do governo, da qual meu pai, em essência, foi despejado. Ele possuía outra casa no bairro próximo de Ringway Estates, em Acra. Por sorte ou por destino, minha madrasta estava na posse dessa casa e ela não estava no patrimônio confiscado ou tornado indisponível.

Como o golpe provocou a separação da nossa família, meu pai buscou os filhos um a um onde tinham sido levados e mudou-se conosco para a casa de Ringway Estates. Ela seria nosso novo lar, onde moraríamos durante quase dois anos enquanto papai dava um jeito de ir em frente. Ele não tinha emprego nem possibilidades viáveis. Não podia sequer voltar a ensinar, porque o sistema educacional de Gana era público e ele estava proibido de ocupar cargos públicos. Tinha de alimentar a família e planejar nosso futuro, e cada dia representava um novo desafio.

Para nós, crianças, foi uma conciliação fácil. Recuperamos rapidamente nossa intimidade e voltamos às mesmas relações que tínhamos antes. Éramos despreocupados, como devem ser as crianças, praticamente indiferentes ao peso tremendo da preocupação que meu pai carregava. Percorremos as ruas do novo bairro, fazendo amizade com outros garotos que moravam lá, descobrindo novos modos e jeitos de nos divertir e aprontar travessuras. Esses eram os desafios que nossos dias representavam.

Ringway Estates fica bem ao lado do bairro de Osu, cuja rua principal, uma coletânea movimentada de lojas, restaurantes e butiques, é conhecida hoje afetuosamente como "Oxford Street", numa comparação nada sutil com a famosa rua do West End, em Londres.

Eu costumava andar por lá com meus irmãos e os novos amigos para comprar casquinhas de sorvete e outras guloseimas. No caminho de volta para casa, bem no lugar que todo mundo chamava de "Esquina das Testemunhas de Jeová", porque era lá que ficava a sede da igreja, passávamos por uma casa que tinha um cão feroz no terreno. Presa no portão da casa havia uma placa que alertava: "Cuidado com o cão". Nunca demos importância à placa. Na verdade, fazíamos questão de atravessar a rua só para andar junto da casa. Sempre que ouvia gente passando por perto, o cachorro corria diretamente até o portão, latia ferozmente e lançava todo o peso do corpo contra o metal.

 Provocávamos o cão com um grunhindo de volta com as mãos curvadas como garras junto ao rosto, a boca bem aberta e os dentes à mostra, como se no meio de uma mordida. Para nós, era um jogo. Ríamos e ríamos do buldogue preso e impotente na sua raiva, até os maxilares doerem e o sorvete começar a derreter. Certo dia, paramos na frente do portão e começamos a implicar com o cachorro, como sempre. Ele se jogou à frente e empurrou o portão com as patas dianteiras. Fizemos o mesmo, e foi aí que notamos que o portão não tinha sido fechado direito. Nosso movimento empurrara o portão para dentro, e agora ele estava parcialmente aberto. Pudemos ver o buldogue olhando a saída e nós, seus torturadores, em pé bem ali na soleira.

 Zunimos dali e disparamos a correr para salvar a vida. Fazia pouco tempo que estávamos correndo, com o cão bem atrás, quando ele parou de repente, como se batesse num tipo de barreira invisível, deu meia-volta e retornou cabisbaixo ao seu portão.

 — Isso é porque saímos do seu território — nos explicou nosso bem informado irmão Alfred. — Os cães são territoriais. Costumam ter medo de ir além das coisas e dos lugares que conhecem. — Fomos absorvendo nossas casquinhas de sorvete derretido e esse conhecimento recém-adquirido enquanto perambulávamos de volta à nossa rua.

Sankofa é uma palavra *akan* que significa "volte e pegue". Também são dois símbolos do *adinkra*, o tradicional tecido de algodão atribuído ao povo axânti. Os símbolos do *adinkra*, cada um dos quais representa um provérbio ou virtude, são tecidos ou estampados no pano. Um dos símbolos *adinkra* que significam *sankofa* é o desenho ornamentado de um coração. O outro é um pássaro com a cabeça virada para trás, usando o bico para erguer um ovo das costas. O ovo pretende significar o futuro, que ainda não nasceu.

O provérbio associado a ambos os símbolos de *sankofa* é *Se wo were fina wosankofa a yenkyi*. Traduzido literalmente, isso significa "Se esqueceu, voltou e pegou, não é tabu". Também pode ser frouxa ou figurativamente interpretado como "Devemos olhar o passado e pegar o melhor que ele nos oferece para avançar com sucesso". O provérbio inteiro foi encapsulado na palavra *sankofa*, que, durante bem mais do que o último meio século, foi adotado pelos povos de ascendência africana durante a diáspora como algo parecido com um "chamado do lar", um lembrete de que para encontrar a essência do eu é preciso retornar às raízes.

Depois que os países africanos conquistaram a independência, os filhos da diáspora sentiram uma grande ânsia de "retornar" ao continente para reivindicar o que fora perdido ou esquecido na Grande Travessia do tráfico transatlântico de escravos — uma identidade, uma linhagem, uma nacionalidade que lhes pertencia por direito. O escritor Alex Haley pôs o dedo diretamente no pulso dessa ânsia quando, na década de 1970, escreveu o romance *Negras raízes*, que ilustrava para a mídia convencional dos Estados Unidos e para o mundo inteiro a importância dessa viagem ao passado.

"Em todos nós", explicou Alex Haley, "há, no fundo da medula, uma fome de conhecer nossa herança — saber quem somos e de onde viemos. Sem esse conhecimento enriquecedor, há um anseio oco."

Esse anseio de voltar e reivindicar a herança estava igualmente presente na África pós-colonial. Assim como os africanos da diáspora descobriam suas raízes e abandonavam os nomes ingleses para adotar nomes africanos tradicionais, as nações recém-libertadas também abandonavam o nome colonial e adotavam nomes mais nativos. A Costa do Ouro virou Gana; a Basutolândia virou Lesoto; a Niasalândia se tornou Malauí; a Bechuanalândia se transformou em Botsuana; o Sudão Francês virou Mali. No decorrer das três décadas que a maior parte da África levou para se libertar do colonialismo, mais alguns países fariam o mesmo. Foi como se a ideologia do *sankofa* se tornasse o mandamento de todo um continente.

Além disso, muitos países tentaram marginalizar o idioma colonial e nacionalizar uma língua nativa. Isso seria difícil para algumas novas nações como Gana, devido à presença de tantas línguas nativas. Em consequência das fronteiras artificiais construídas no decorrer da colonização, dezenas de línguas e grupos étnicos transbordaram de uma nação a outra. Para os líderes, a decisão de qual delas teria precedência seria praticamente impossível de tomar. As fronteiras que esses países herdaram não dividiam apenas territórios, mas famílias e grupos étnicos; fendiam alianças, às vezes forçando os indivíduos a escolher entre o tribalismo e o nacionalismo. Infelizmente, é um cabo de guerra que ainda permanece para muita gente, muitas tribos e muitos países.

Em certo momento, meu pai percebeu que a única maneira de avançar era voltar às raízes. Ele era totalmente nortista e o sul não estava muito receptivo a ele na tentativa de recomeçar. Seu único propósito ao se mudar para Acra fora representar e servir aos interesses do seu povo no norte. O golpe dera fim a isso, e depois de, durante quase dois anos, tentar arranjar um meio de vida para si e para a família em Acra, ele fez as malas e voltou para o lugar e a vida que lhe era mais conhecida. Como não havia nenhum outro campo de trabalho disponível para meu pai, ele decidiu se tornar agricultor.

Em Gana, "posse da terra" é um gerenciamento específico da propriedade e da ocupação da terra. Para assegurar que as terras permaneçam nas mãos das filhas e filhos do local, não existe a verdadeira propriedade. De região em região, os direitos à terra são ancestrais e estão sob o controle das várias hierarquias tribais. Em boa parte do norte do país, a terra é mantida em confiança pelo chefe em nome do povo; quem quer terras tem de procurar o chefe e solicitá-las. Se o indivíduo for considerado merecedor, depois que cumprir os protocolos necessários o chefe lhe entregará a terra.

Com esse sistema, meu pai conseguiu construir um lar bem no limite de Tamale e arrendar mais de 800 hectares em Yapei, pequena aldeia nos arredores da cidade, a uns vinte e seis quilômetros de Gonjaland, onde meu pai era de linhagem real.

A casa de Tamale era um bangalô de três quartos grandes e confortáveis, situado em 4 mil m² de terra. Como era típico em Gana, também havia a morada dos meninos, um tipo de casa anexa onde residiam os trabalhadores domésticos. A morada dos meninos também era uma estrutura de três quartos.

A borda do terreno era indicada por mognos e eucaliptos, e havia uma fila reta de pés de nim atrás da morada dos meninos. Tínhamos um pequeno jardim diante da varanda onde meu pai plantou flores variadas. As que eu mais gostava eram os miosótis, chamados em inglês de *forget-me-nots* ("não me esqueça"). Não tenho certeza do que mais me cativava neles, se o nome estranho ou a florzinha branca como papel com um olhinho amarelo no meio. Também havia buganvílias que cresciam ao longo das sebes, na exibição mais vibrante de pétalas brancas e cor-de-rosa.

Como crescera numa casa autossuficiente, e também porque estava prestes a se dedicar ao ofício da agricultura, papai acreditava que era necessário plantar a própria comida. O resto do terreno que cercava nossa casa foi usado para cultivar hortaliças. Plantamos todo legume imaginável, de cebolas, cenouras e tomates a pimentões e berinjelas. Raramente precisávamos ir à feira. Tudo o que quiséssemos estava bem ali fora, pronto para ser colhido e levado à cozinha para o preparo.

Papai pretendia usar a fazenda de Yapei para cultivar arroz. Ele estudara as possibilidades e chegara à conclusão de que, para ele, a melhor oportunidade de agronegócio seria a produção rizícola comercial. Ele achava que poderia ser uma iniciativa sustentável, ainda que não lucrativa. O arroz era algo que os ganenses comiam em abundância, mas a produção local não atendia à demanda.

Assim que organizou a casa e conseguiu fazer a fazenda funcionar, papai levou de Acra todos os filhos para morar com ele em Tamale. Para papai, um dos benefícios de morar em Tamale era que os nortistas frequentavam a escola gratuitamente. Gana ainda fazia um esforço tremendo para dar mais acesso à educação no norte e criara um programa chamado Northern Scholarship Scheme — Plano Nortista de Escolaridade — que permitia às crianças do norte frequentar a escola, do primário até o final da sua formação, com o governo fornecendo mensalidades, alojamento, alimentação, uniforme completo (inclusive sandálias) e livros. Todos os meus irmãos foram transferidos para internatos no norte. Eu permaneci no Achimota porque papai queria que eu terminasse o primário lá.

A educação que meus irmãos receberam ao chegar à Escola Secundária de Tamale não foi simplesmente de estudos acadêmicos. Era a primeira vez que entravam em contato com a extrema pobreza. Eles me contaram que alguns alunos chegavam à escola levando apenas as roupas do corpo. Não levavam provisões, esponjas, sabão, escova de dente nem pastas para carregar os livros. Em conversa com essas crianças, meus irmãos aprenderam a esmagadora luta cotidiana das aldeias onde viviam.

Até aproveitar a educação gratuita oferecida pelo Plano Nortista de Escolaridade era difícil para muitas famílias. Meus irmãos me falaram de um colega que teve de perder um semestre porque a família precisou esperar a venda da colheita de inhame para ter dinheiro suficiente para mandá-lo de volta.

Para os meus irmãos, foi uma experiência esclarecedora. Eles viram com os próprios olhos a oportunidade que a educação prometia a essas crianças, a liberdade da miséria absoluta e a oportunidade de criar uma vida melhor para si e para a família. Isso deu aos meus irmãos, e a mim, em última análise, uma noção melhor das paixões do meu pai, ou seja, a paixão pela educação e a dedicação a ajudar a desenvolver o norte. Durante toda a nossa vida, meu pai se consumiu na tarefa que conferira a si mesmo de expandir as possibilidades de quem morava no norte, gente cujas condições refletiam aquelas de que fora poupado pelo acesso à educação. E então entendemos por quê.

Nas férias e feriados curtos, eu me reunia com a família em Tamale. Embora ainda não frequentasse a escola no norte como os meus irmãos, bastava estar ali para obter uma formação importantíssima. Eu me mudara para Acra quando ainda era muito pequeno e, enquanto crescia lá, aprendera ga, o idioma falado em Acra, e *twi*, língua *akan* muito falada no sul. Enquanto aprendia esses idiomas novos, também perdia lentamente a capacidade de falar meus idiomas natais, aqueles que aprendera quando morava com minha mãe no norte. Morar em Tamale me forçou a reaprender gonja, dagbani e hauçá e, na verdade, recuperar uma parte vital da minha identidade de nortista.

Voltar para casa em Tamale era sempre um prazer para mim, porque eu tinha de voar. Quando pequeno, costumava ter os sonhos mais espantosos sobre voos, nos quais me elevava cada vez mais alto até a cidade lá embaixo sair de vista, até estar cercado por nuvens. Agora, viajando entre Acra e Tamale, pude viver aqueles sonhos, só que num avião.

Eu saía do Achimota e era levado até o aeroporto de Kotoka, em Acra, onde embarcava num dos aviões Douglas DC-3 Dakota usados pela Ghana Airways. Os aviões ficavam na pista de tal modo que a cauda se mantinha muito baixa, junto ao chão, e o nariz apontava para cima, como se já estivessem no meio da decolagem. Eram aviões velhos. O ponto máximo do seu uso e popularidade fora em meados do século XX. No final da década de 1960 e no início da de 1970, tinham se aposentado oficialmente, todos menos aqueles vendidos a países em desenvolvimento da África, aviões usados e reusados durante décadas em países como Inglaterra, Canadá, Índia e Estados Unidos.

Quando meu voo chegava a Tamale, Abudu me buscava no aeroporto e me levava diretamente para casa, onde meus irmãos, principalmente Alfred, Adam e Peter, me puxavam de cabeça para as obsessões mais recentes que alimentavam ou as travessuras que planejavam. Inventávamos constantemente novas maneiras de nos divertir e arranjar encrenca. Quase sempre era inofensivo, mas também quase sempre à custa de alguém.

Os aparelhos que consideramos comuns hoje em dia eram luxos naquela época, ainda mais na região nortista. Os televisores eram raros. Só pegavam um único canal, Ghana Broadcasting Corporation, e só em preto e branco. A programação da GBC começava às cinco da tarde e terminava às dez da noite. Durante essas horas, eu e meus irmãos ficávamos colados no televisor, assistindo a *O mágico de Oz, Chaparral, Havaí 5-0, Além da imaginação* e *Soul Train*.

As geladeiras também eram raras, e a nossa se tornou a peça central de muitas peças que pregávamos nos outros. Costumávamos pôr água na geladeira e deixá-la ficar geladíssima. Então a servíamos de propósito aos visitantes do meu pai que vinham das aldeias, sabendo muito bem que, provavelmente, nunca tinham tomado água tão fria na vida.

Em Gana, é costume oferecer água imediatamente aos visitantes assim que entram na nossa casa. Como muita gente percorre grandes distâncias a pé ou no transporte público num calor escaldante, esse é um gesto especialmente hospitaleiro. Também é costume os visitantes aceitarem a água e tomarem pelo menos um gole. Salifu, nosso vigia em Tamale, me contou certa vez a lenda tradicional de que era preciso ter cuidado com o visitante que entrasse na sua casa e se recusasse a beber água, porque isso queria dizer que, na verdade, era uma aparição com forma humana.

Quando chegava alguém que decidíamos submeter a essa peça da água gelada, eu e meus irmãos corríamos para a cozinha antes que a cozinheira conseguisse chegar lá, tirávamos a água da geladeira e enchíamos um copo alto. Voltávamos à sala de estar e a servíamos; depois ficávamos de lado e observávamos o visitante dar o primeiro grande gole. Observávamos a expressão de curiosidade no seu rosto quando segurava o copo gelado. Os olhos se arregalavam de alarme quando a água seguia seu caminho pela garganta. Depois de engolir, ele costumava exprimir algum tipo de espanto, dizendo algo que nos fazia rir histericamente, como "Uau, isso esfriou os meus dentes" ou "A água congelou a minha língua".

Uma pessoa em quem costumávamos pregar essa peça o tempo todo era um agricultor local chamado Dagbando. A terra bem ao lado da nossa casa também pertencia a papai. Estava vazia, e ele permitiu que Dagbando, que morava na aldeia vizinha de Gumbihini, a cultivasse. Dagbando e papai ficaram amigos. Ele era alto, negro como metal queimado e musculoso. Parecia ter quarenta e poucos anos, e seu rosto brilhava de bondade. Muitas fazendas locais eram lavradas por indivíduos que usavam métodos antigos. Os agricultores costumavam semear e torcer para tudo dar certo e a plantação vicejar. Como usava práticas agrícolas e equipamentos mais modernos, como tratores e colheitadeiras, papai costumava dar conselhos práticos a Dagbando. Às vezes, também lhe dava adubo ou o ensinava a borrifar herbicida. Por sua vez, como prova de gratidão, Dagbando nos trazia galinhas-d'Angola de presente.

Sempre que tinha sede ou queria usar o banheiro, Dagbando vinha à nossa casa em vez de caminhar quase um quilômetro até a casa dele em Gumbihini. Isso dava a nós, crianças, a oportunidade de lhe servir água. A primeira vez que fizemos isso, ele, como todos os outros, se espantou. "Aiiiiiiiii, aiiiiiiiii", disse, espremendo os olhos e balançando a cabeça. Nas próximas vezes não disse nada, mas a reação física foi a mesma. Certo dia, quando veio pedir água e eu e meus irmãos marchávamos rumo à cozinha para buscar água na geladeira, Dagbando disse, para nossa tristeza: "Por favor, não aquela do copo que sua". E esse foi o fim da nossa diversão, pelo menos com ele.

Muitas árvores de Gana têm raízes que se espalham; elas se estendem além de um pequeno espaço. Muitas famílias aqui também são assim, e a minha não é exceção. Na nossa cultura, não importa onde se nasce; dependendo da etnia e de a tribo ser matrilinear ou patrilinear, afirmamos como terra natal a cidade da mãe ou do pai. E eles, por sua vez, afirmam que sua cidade natal é a da mãe ou a do pai. Dessa maneira, a origem que afirmamos ser nossa é ancestral e data de múltiplas gerações. Mas as raízes da nossa árvore genealógica se espalham e cobrem o chão de todos com quem somos aparentados. Quando nossa raiz nos fixa com força ao solo, nossa herança nos situa em algo mais adaptável, algo que nos permite incorporar as influências relevantes daqueles com quem entramos em contato.

Nossa família chega à Costa do Marfim, à Nigéria e a alguns outros países da sub-região da África Ocidental. Alguns parentes nossos nasceram nesses países e outros são imigrantes. Certa vez, durante minha adolescência, Alhaji Daudu, parente distante nosso que morava na Costa do Marfim, nos fez uma visita.

Papai e Alhaji Daudu estavam na varanda, rindo e conversando. Esqueci qual era o tema da conversa, mas me recordo do meu choque ao ouvir meu tio se descrever como "francês".

— Ah, você me conhece — lembro que ele disse em resposta a uma declaração do meu pai. — Sou francês. Você sabe como somos.

Meu tio, como todo mundo de países africanos francófonos que já encontrei ou conheci, falava com um sotaque típico, uma combinação do idioma gutural da África Ocidental com o francês linguodental. Quando falava, ele inseria ao acaso palavras francesas que fingíamos entender.

Fiquei muito ofendido com o que ele disse. Senti que rotular-se daquela maneira era negar o que e quem éramos. Olhei as suas características físicas. Era alto, mas a barriga o apequenava. Tinha o rosto escuro e redondo como uma torta e um riso que lembrava uma sucessão de soluços.

Como o senhor pode ser francês, perguntei a Alhaji Daudu dentro da minha cabeça, *se é africano?* Hoje a resposta a essa pergunta é óbvia, mas na minha infância não havia como ser. Em alguns momentos, em certos maneirismos e por meio de determinados comportamentos, meu tio era realmente francês, da mesma maneira que meu pai era inglês. Eram cavalheiros de uma idade e uma época específicas. Ambos tinham nascido e crescido na época colonial, quando fragmentos de outras culturas eram absorvidos pela cultura africana.

Meu pai era um grande tomador de chá. Acordava toda manhã às 6 horas e uma das primeiras coisas que fazia, antes mesmo do banho, era tomar uma xícara de chá. Papai tomava chá com creme e açúcar, como se esperaria de um inglês. Tomava outro chá à tarde, só que dessa vez eram duas xícaras. Foi um ritual que manteve até o dia em que morreu.

Todos os bancos locais e até os bancos estrangeiros, como o Standard Chartered, tinham começado a fazer muitos empréstimos ao setor agrícola. O Standard Chartered tinha um programa para, todo ano, mandar os melhores agricultores de Gana, com todas as despesas pagas, para a Real Exposição Agrícola no Reino Unido, organizada pela Real Sociedade Agrícola da Inglaterra. Durante vários anos, papai teve a honra de ser escolhido como um dos melhores agricultores do país.

Depois de uma dessas viagens patrocinadas à Inglaterra, papai voltou com uma máquina automática de fazer chá. Chamava-se Teasmade e tinha um relógio com alarme e temporizador para que se pudesse programar a máquina para preparar o chá na hora que se quisesse tomá-lo. Também havia um compartimento para pôr o chá e uma chaleira para a água.

Meu pai se orgulhava muito da sua máquina Teasmade. À noite, antes de se deitar, papai despejava meticulosamente na chaleira a quantidade certa de água e deixava o saquinho de chá no compartimento. Ajustava o alarme para as 6 da manhã e o temporizador para alguns minutos antes, de modo que, ao acordar, ele só precisasse encher a xícara que deixava na mesinha de cabeceira e tomar o chá.

Nos dias úteis, meu pai nunca chegava ao escritório depois das 8 horas da manhã. Nessa época, o agronegócio de papai se expandira numa grande empresa. Ele administrava uma fazenda rizícola e usinas de processamento de arroz. Empregava dezenas de pessoas e começara até a exportar arroz para os países vizinhos.

Depois de passar uma manhã trabalhosa no escritório cumprindo várias tarefas administrativas, papai parava por volta do meio-dia e meia e ia para casa almoçar. Depois de comer, fazia uma sesta de uma hora, geralmente entre as 2 e as 3 da tarde.

Antes da sesta, papai preparava a máquina Teasmade. Ajustava o alarme e o temporizador para que, quando acordasse da sesta, houvesse uma xícara de chá prontinha para ele.

 À tarde, papai tomava o chá sentado no nosso pequeno jardim. Os amigos e parentes que conheciam seus horários davam uma passadinha para conversar na hora do chá. Se a conversa não fosse particular, ele convidava os filhos para participar. Não gostávamos muito de chá, mas tomávamos mesmo assim porque ficávamos empolgados com a inclusão.

 E havia as ocasiões especialíssimas em que éramos apenas nós e nosso pai sentados no jardim. Ouvíamos papai falar e tomávamos o chá bem devagar, na esperança de espichar o tempo passado com ele e fazer aquela hora que ele separava para as duas xícaras de chá durar o máximo possível. Depois disso, ele voltava ao trabalho.

 Suponho que não é a primeira cena que vem à mente quando se pensa numa família africana passando algum tempo junto. E, acredite, houve muitas outras cenas e lembranças talvez mais previsíveis ou estereotipadas; mas essa, tanto quanto todas as outras, era fiel ao núcleo de quem éramos e de como vivíamos.

 Por mais que eu não gostasse de chá na juventude, hoje ele faz parte da minha rotina cotidiana. Quando acordo pela manhã, uma das primeiras coisas que faço, antes mesmo do meu banho, é tomar uma xícara de chá. É uma parte do meu passado que voltei para recuperar, um dos muitos legados que meu pai nos deixou.

ADOLESCENTES EM TAMALE

Eu usava um imenso cabelo afro, calças boca de sino e sapatos pesados com plataforma. Era o início da década de 1970 e essa era a definição da elegância. A cultura negra norte-americana ocupara de assalto a África Ocidental. Mais exatamente, parecia haver uma troca cultural em andamento entre os negros dos Estados Unidos e a África Ocidental, principalmente Gana.

Os norte-americanos negros tinham trocado as calças *jeans*, os ternos e as mangas de camisa por batiques, *tie-dyes* e *dashikis* feitos com o tecido popular ganense chamado "angelina". Enquanto isso, nós, em Gana, passamos a usar as roupas da moda, minissaias e camisas de poliéster desabotoadas até o umbigo.

Por mais moderna que fosse, a moda era mero subproduto; a música era o espetáculo principal. A mania dos Jackson 5 se espalhava pelo continente como uma doença contagiosa. Aqueles irmãos eram os nossos ídolos. Decorávamos as canções, copiávamos os passos de dança e tentávamos nos vestir como eles. Todo mundo que eu conhecia queria ser igual a Michael Jackson, e eu não era exceção.

Por sorte, eu tinha mais em comum com Michael Jackson do que a maioria daqueles meninos que faziam voz aguda de propósito e paravam toda manhã na frente do espelho para eriçar diligentemente o penteado afro. Para começar, tínhamos quase a mesma idade. Michael era exatamente três meses apenas mais velho do que eu. Sua data de nascimento era 29 de agosto de 1958, e a minha, 29 de novembro de 1958. Para as crianças, pequenas coincidências como essa tinham muito peso e significado.

Outra coisa que Michael Jackson e eu tínhamos em comum era o tamanho da família. A dele era grande, a minha também. Se algum grupo de garotos de Tamale se encaixava na imagem dos Jackson 5, éramos nós, eu e os meus irmãos. Tínhamos crianças suficientes na família para formar não um nem dois, mas quatro grupos de cantores iguaizinhos aos Jackson 5, só que alguns teriam de incluir meninas. Logo, alguns irmãos meus acabaram num grupo musical chamado Oracles 74, mas que não tinha nada a ver com os Jackson 5.

Meu pai teve dezenove filhos, resultado de quatro casamentos e vários relacionamentos. Naquela época, quem tinha mais filhos era mais respeitado pela família e pela comunidade em geral. Ao contrário do pai dele, chefe de aldeia em Bole, o meu não era polígamo. Sempre que se casava, era com uma mulher só, com quem vivia exclusiva e permanentemente até que, é claro, a união terminasse.

Entre os casamentos, e às vezes na fase final de um casamento que terminava, papai também teve relacionamentos com outras mulheres. Houve filhos nascidos dessas uniões. Naquela época, ninguém era tão melindroso com essas coisas quanto agora. As unidades familiares pequenas e nucleares encabeçadas por casais em relacionamentos vitalícios e monogâmicos são um fenômeno bastante moderno em Gana.

Meu pai criou todos os filhos sob o mesmo teto até chegarmos à maioridade ou irmos morar sozinhos. Mesmo quando não começávamos a vida sob aquele teto, todos acabávamos lá. Em geral, embora nem sempre, era assim: a mãe da criança a levava ao escritório de papai. Mas era mais frequente papai mandar buscar o filho, explicando à mãe que "estava na hora". A criança esperava no escritório de papai, com uma sacolinha de roupas e produtos de higiene, sentada no colo dele ou ao lado da mãe, até que ele terminasse de trabalhar.

No fim do dia, o motorista favorito de papai — durante muito tempo foi Mallam, depois passou a ser Abudu — punha os pertences na mala e abria a porta de trás do carro para a criança entrar. Papai entrava pelo outro lado e escorregava até se sentar junto do filho ou filha. Segurava a mão da criança até chegar em casa.

Sempre que ouvíamos Salifu, o vigia, abrir o portão para o carro de papai, parávamos tudo o que estávamos fazendo para correr até lá fora e recebê-lo. Como a maioria dos ministros de Estado, parlamentares e outros políticos da época do dr. Nkrumah, papai tinha um Mercedes-Benz 220. Todos adoravam aqueles carros. Tantos deles tinham esses Mercedes que era como se fossem carros oficiais não oficiais. Davam *status*. Sempre que alguém via um Mercedes se aproximar, prestava atenção porque sabia que quem estava lá dentro tinha de ser um "grandão", alguém importante.

Conhecíamos bem o barulho do motor e escutávamos nosso pai chegando a pelo menos cinco casas de distância. Ele gostava muito do ritual de recepção, principalmente quando o grupo de crianças ficou cada vez maior. Ele adorava sua ninhada e, a seu modo, desde aquele primeiro dia no banco de trás do Mercedes, mantinha uma ligação única com cada filho.

Depois de sair do carro, papai andava na direção do comitê de recepção com uma criança hesitante a lhe segurar a mão. Quando estava a poucos passos de nós, papai largava a mão do novo filho, empurrava-o na nossa direção e dizia: "Este é seu irmão" ou "sua irmã", seguido pelo nome da criança. "Levem-no — ou levem-na — para o quarto de vocês."

Com o passar dos anos, mais irmãos e irmãs foram chegando. Nossa casa era praticamente um dormitório. Havia vários beliches em todos os quartos, menos no do nosso pai. Sempre que chegava um irmão novo, fazíamos todo o possível para que ele ou ela se sentisse amado e querido. Muitos já tínhamos passado por aquilo e entendíamos como era ser o novo filho da família Mahama.

Alguns irmãos, como Rose, a mais velha, que era casada e tinha seu próprio apartamento, não moravam na casa. Mesmo assim, nosso pai fazia questão de manter contato íntimo. Eles nos visitavam regularmente e papai também nos levava para visitá-los. Ele não queria que sentíssemos nenhum tipo de distanciamento ou separação, fosse qual fosse, dos nossos irmãos. Éramos um só, unificados pelo mesmo sangue, o mesmo sobrenome e o mesmo patriarca coruja.

Embora eu fosse um dos que não moravam na casa em tempo integral, o vínculo entre nós, filhos de Mahama, era tão forte que, sempre que eu voltava para a casa da família, era como se nunca tivesse saído.

Depois que o golpe de Estado levou a vida política de papai a um fim repentino, ele se dedicou à agricultura comercial. O agronegócio podia ser novo para meu pai, mas não era novo para Gana nem para os ganenses como um todo. Mais de 80% da população se dedicava, de um modo ou de outro, ao negócio da agricultura. A introdução da agricultura comercial no norte de Gana começou no final da década de 1960 e foi adotada com paixão. Havia grandes fazendas produtoras de milho e sorgo. O interesse na agricultura era tão grande, que até as pessoas mais improváveis, como juízes e servidores públicos de alto escalão, se dedicavam a ela. Na verdade, as pessoas mais ricas na parte norte de Gana eram os fazendeiros.

Embora antes os territórios do norte fossem os mais subdesenvolvidos do país, toda essa renda e atividade agrícola tornaram a área bastante próspera para os envolvidos. Ainda havia quem visse os territórios do norte de Gana como desertos em termos sociais e culturais. Era comum que os funcionários públicos transferidos de Acra ou de algum outro local do sul para alguma cidade do norte relutassem em ir. Invariavelmente, tentavam dar um jeito de manipular o sistema para permanecer nas áreas do sul. Em geral, só sob a ameaça de demissão do serviço público eles concordavam em partir para os territórios do norte.

Depois da expansão agrícola, foi notável como a atitude desses funcionários públicos, antes relutantes, começou a mudar. Depois que se instalavam na rotina do norte, faziam amizade com os moradores locais, em geral também servidores públicos. Começavam a notar que os habitantes passavam os fins de semana na fazenda, geralmente nos arredores da cidade onde moravam. Passavam-se um ou dois meses, talvez, e conforme aumentava a amizade entre os servidores públicos, o sulista talvez acompanhasse algumas vezes os amigos até a fazenda.

Se uma das visitas ocorresse na época da colheita, o sulista veria com os próprios olhos o tipo de rendimento que o colega tirava da terra. Até nos piores casos, era muito mais do que o salário anual de um servidor público. Não demorava para os funcionários públicos designados para as cidades do norte também começarem a produzir em escala comercial. Dali a alguns anos, quando chegava a hora de transferir esses funcionários públicos para alguma cidade do sul, eles se demitiam para poder continuar cultivando no norte. O setor agrícola de Gana era lucrativo a esse ponto.

Além da fazenda em Yapei, papai decidiu construir uma beneficiadora para produzir arroz branco de qualidade, que naquela época tinha muita procura, mas só era importado de fora da África. Essa decisão se mostrou extremamente visionária.

Foi uma época ótima para um jovem — não só em Gana como no mundo inteiro — e para nós, os meninos Mahama, Tamale era a cidade perfeita. Tinha todas as conveniências da cidade grande, mas não era tão congestionada quanto Acra, de modo que tínhamos espaço para nos mexer e nos sentir um pouco livres. Dávamos festas e convidávamos os amigos. Quando ficamos mais velhos e quisemos mais privacidade, papai desmontou os beliches, para que fôssemos menos em cada quarto. Ele também permitiu que ocupássemos os quartos da morada dos meninos. Na época, papai estava profundamente envolvido com os negócios, preocupado demais para criticar trivialidades. Ele nos treinara e disciplinara, é claro, mas não com punições corporais. Ele nunca nos bateu. Uma palavra dura do nosso pai bastava para nos manter nos trilhos.

Ele gostava que tivéssemos tudo o que ele não tivera quando criança porque a família não sabia que existia ou porque, apesar de ser chefe da aldeia, o pai dele não tinha dinheiro para comprar. Ele estimulava principalmente nosso amor à música e nos comprava sistemas de som *top* de linha. Tínhamos permissão de ir a bailes e boates. Papai nos dava trocados e mesadas para comprarmos os discos que quiséssemos. Chegou a comprar para nós um pequeno conversível MG para podermos voar pela cidade sempre que nos desse vontade. Nessa época, ele tinha recursos para isso. O risco que correra fora lucrativo; sua fazenda rizícola comercial era um enorme sucesso.

A liderança de Gana fora quase um rodízio de nomes desde aquele primeiro golpe de Estado em 1966. O general de brigada Ankrah assumiu como chefe de Estado depois do golpe, mas foi forçado a renunciar por acusações de corrupção. Depois da partida de Ankrah, o brigadeiro Afrifa assumiu o governo, mas por pouco tempo, quando então se formou uma comissão presidencial para cuidar da transição do país de volta ao governo constitucional. Houve eleições em 1969, mas a proibição de participação política imposta a todos os integrantes do governo do dr. Nkrumah teve efeito debilitante no partido político que fora o mais popular do país.

Durante a presidência do dr. Nkrumah, a organização do governo de Gana reproduzia, de certa forma, a organização do governo dos Estados Unidos, com um indivíduo que presidia o Executivo e servia de comandante em chefe. Antes das eleições de 1969, a organização do governo de Gana foi alterada e configurada de acordo com o sistema de Westminster, no qual os eleitores votam num partido político e não num candidato específico; o presidente do partido político eleito assume o papel de chefe de Estado. Foi dessa maneira que o dr. Kofi Busia, líder do Partido do Progresso, se tornou primeiro-ministro da segunda república de Gana.

O dr. Busia foi primeiro-ministro durante pouco mais de dois anos. Uma das primeiras leis criadas pelo governo Busia foi a controvertida Ordem de Enquadramento de Estrangeiros, que exigia que todos os estrangeiros ilegais que moravam em Gana voltassem ao país natal. A grande maioria dos estrangeiros afetados pela ordem eram nigerianos, obrigados a retornar apesar de o seu país estar no meio de uma guerra civil.

Em janeiro de 1972, depois de um golpe de Estado dado pelas forças armadas, o coronel I. K. Acheampong se tornou chefe do Estado militar. Pouco depois de assumir o governo, ele criou um programa chamado Operação Alimente-se. A missão desse programa era estimular os cidadãos ganenses a plantar a própria comida, para que nós, enquanto país, pudéssemos nos sustentar no nível mais básico da necessidade humana. Para assegurar o sucesso do programa, o governo subsidiou fertilizantes, melhorou sementes e contratou vários funcionários de extensão agrícola para ajudar os fazendeiros a empregar métodos de cultura modernos. Esse esforço foi frutífero, como demonstrado pela imensa expansão agrícola nas regiões do norte. Agricultores comerciais como meu pai, que só recentemente tinham entrado no agronegócio, se beneficiaram muitíssimo com esse programa.

Se a década de 1960 foi a temporada da política, a de 1970 foi a da música. O som das gravadoras Motown e Stax Records enchia as ondas de rádio de Gana com James Brown, Jackson 5 e Otis Redding. A paixão antes despertada pelos nossos líderes políticos foi então direcionada para a música. Os símbolos da era anterior tinham sido todos executados, assassinados, exilados, presos ou silenciados de algum modo. Não havia Patrice Lumumba; não havia Sylvanus Olympio; não havia Kwame Nkrumah; não havia Abubakar Tafawa Balewa; não havia Nelson Mandela; não havia Martin Luther King Jr.; não havia Malcolm X; não havia Amílcar Cabral. Só havia nós e a música.

Fela Anikulapo Kuti obtinha reconhecimento internacional com a contribuição significativa para o som que seria conhecido para sempre como *afrobeat*. Havia muitos outros sons também. Havia Bumbaya, Hedzole e o som da Uhuru Dance Band. Muitos grupos faziam turnês em Gana, viajando de cidade em cidade. Sempre que chegava uma delas, como Geraldo Pino & the Heartbeats, a cidade inteira enlouquecia.

Em 1971, houve o concerto de todos os concertos, o Soul to Soul Music Festival, acontecido em 6 de março para comemorar o 14º aniversário da independência de Gana. Realizou-se em Acra, na praça Estrela Negra, hoje chamada praça da Independência, e durou quatorze horas, terminando ao amanhecer. Vários norte-americanos se apresentaram, como Wilson Pickett, Ike e Tina Turner, os Staple Singers, Santana e Roberta Flack. Durante meses antes e durante meses depois, só se falou do Soul to Soul no país. Todas as cidades fizeram as suas minirréplicas, convidando vários grupos, tentando lotar as ruas e manter o espetáculo até a multidão ficar exausta.

Todos os grupos que iam a Tamale costumavam tocar num lugar chamado Legion Village. Não eram muitos os garotos da nossa idade que podiam pagar a entrada, mas papai sempre nos dava dinheiro quando precisávamos, o suficiente para entrarmos e comprarmos bebidas. Meus irmãos mais velhos tomavam cerveja, mas eu e Adam ficávamos na água e nos "minerais", ou refrigerantes, como são chamados em outros lugares.

Os garotos de Tamale acorriam à nossa casa; como éramos muitos, a casa era como uma comunidade já pronta. E eles também sabiam que sempre acabávamos levando conosco os amigos mais íntimos a todos os eventos e espetáculos a que íamos, mesmo que fosse preciso pagar a entrada deles também. Bastava isso para metade dos garotos da cidade irem sempre à nossa casa, na esperança de serem escolhidos.

Brotavam discotecas por toda parte. Quando não havia *shows* na cidade, nas sextas e sábados eu e meus irmãos íamos a alguma discoteca. A mais popular de Tamale era o Right Spot.

A música tocava tão alta, que dava para sentir a vibração das batidas na cavidade do peito. Eu, Alfred, Adam e Peter dançávamos, erguendo e chutando aqueles pesados sapatos de plataforma para fazer todos os passos que tínhamos visto no programa *Soul Train*, da televisão norte-americana. Gostávamos de nos exibir uns para os outros, fazer bobagens e, em geral, nos divertir.

Meu interesse no sexo oposto estava se desenvolvendo, e um dos pontos altos de ir a esses *shows* e discotecas era a possibilidade de ver uma garota bonita. Eu não chegara ao nível de sair com elas, sequer de conversar com elas, ao contrário de Peter. Eu admirava sua confiança e o passo seguro que usava para ir até a garota de que gostava e com quem queria conversar. Ele tinha aquele jeito de ficar parado e olhar a garota com um leve sorriso e os olhos como bandeiras a meio pau. Quando Peter fazia isso, toda garota com quem falava derretia na mesma hora. Ela dava risadinhas bobas e desviava os olhos, fingindo timidez, mas ao mesmo tempo brincando de gato e rato com ele. Eu estava naquele estágio do desenvolvimento em que só conseguia parar e olhar. Era tudo de que eu era fisicamente capaz. Se uma garota que eu achava bonita viesse falar comigo, eu me via incapaz de abrir a boca. Ou então as palavras que conseguia pôr para fora soavam bobocas e infantis, e imediatamente eu me arrependia de ter falado.

Nosso pai tentou pôr na nossa cabeça a noção da inevitabilidade da mudança. "Vocês têm de estar sempre preparados", dizia. "A vida é como um ciclo, tudo dá voltas e depois retorna.

Um dia vocês estão por cima, mas no dia seguinte podem estar por baixo."Ele gostava de nos lembrar disso porque não queria que considerássemos garantidos os privilégios que tínhamos nem nos acostumássemos tanto com uma vida de luxo que não soubéssemos trabalhar duro e ganhar um salário honesto ao fim de cada dia.

Alfred e eu costumávamos dividir as férias entre a casa da nossa mãe em Damongo e a casa do nosso pai em Tamale. Quando estávamos em Tamale durante as férias mais longas, trabalhávamos na usina de arroz de papai. Ele nos punha no carro, nos levava para Yapei e nos entregava ao gerente da fábrica, sr. Yahaya Crusoe. Do sr. Crusoe, o que mais recordo é que não respeitava ninguém; não importava se a gente era operário ou filho do dono, havia serviço a fazer.

A usina tinha muitos setores e o sr. Crusoe cuidava para que ficássemos pelo menos uma semana em cada um. Ele sempre me fazia começar pelo setor onde o arroz com casca era despejado na moega. Era o setor que eu mais detestava, por ser extremamente empoeirado e o trabalho, extenuante. Eu tinha de arrastar os sacos de arroz até a entrada da moega. Lá havia um operário com uma faca cujo único serviço era abrir os sacos. Depois de abertos, eu tinha de erguer os sacos um a um para que o arroz com casca se despejasse na abertura da moega. Para isso, eu usava cada grama de força que tinha no meu corpo magro. Era como rolar um rochedo ladeira acima numa montanha íngreme.

A moega levava o arroz com casca numa esteira rolante até um setor onde uma máquina de pré-limpeza removia todas as pedras e pedrinhas. Dali, as cascas eram tiradas dos grãos; em seguida, o arroz passava por uma máquina chamada brunidor que convertia a cor marrom original num branco impecável. Era o polimento que deixava o arroz bonito, brilhante e claro, do jeito que todos gostavam de ver e apreciar ao servi-lo às refeições.

Depois disso, os grãos iam para o separador, que classificava os diversos tipos de arroz. Havia quatro categorias, algumas para arroz semiquebrado ou completamente quebrado. O arroz completamente quebrado, bom para fazer água de arroz ou *omo tuo*, que são bolinhos, seria separado do arroz de categoria 2, apenas semiquebrado. O arroz de categoria 2 era separado do grão longo, ou arroz não quebrado, que o separador levava para um lado; e assim por diante. Cada tipo de arroz tinha preço próprio e mercado específico.

Depois que a casca é removida do grão de arroz, há outra camada que também é marrom; essa camada era removida durante o processo de polimento. É o chamado farelo de arroz, que ia para um setor totalmente diferente onde era ensacado para a indústria avícola. Eu também detestava trabalhar nesse setor, porque o farelo era poeirento. No final do turno, eu estava coberto da cabeça aos pés por uma camada fina de farelo de arroz; era como se eu tivesse mergulhado de cabeça num monte de serragem.

Meu setor favorito da fábrica era o ensacamento. Depois de processado, o arroz era posto em sacos e os sacos, costurados. Fiquei muito hábil na operação da máquina. Poderia ter ficado naquele setor as férias inteiras sem nunca me cansar do serviço. Mas, como todos os outros setores, aquele era apenas temporário. O sr. Crusoe insistia para que eu passasse ao próximo setor.

Depois de ensacado, o arroz, de acordo com a categoria, era enfardado. Por exemplo, punha-se a categoria 1 nos paletes; o próximo lote de paletes era para a categoria 2; e assim por diante até todos os paletes se encherem. Só um determinado número de sacos podia ser posto em cada palete. A causa disso era o limite de carga da empilhadeira da fábrica, que pegava os paletes e os colocava nos caminhões articulados que vinham do sul do país buscar o arroz.

Naquela época, o comércio de arroz era, principalmente, um empreendimento feminino. Raramente os homens se envolviam. Eram as mulheres, principalmente as comerciantes de Acra, que contratavam os caminhões articulados, mandavam-nos à fábrica, carregavam os sacos de arroz e os levavam para vender no sul.

Também era assim em Damongo, a cidade natal de minha mãe. Essa era uma das maiores áreas produtoras de milho de Gana. Eram as mulheres que levavam os caminhões, compravam o milho, carregavam os caminhões e os levavam para as feiras do sul. Também se processava arroz em Damongo, mas não era uma produção tão complexa quanto a fábrica do meu pai. O arroz de Damongo era processado no pilão. As mulheres ferviam o arroz e depois espalhavam os grãos para secar ao sol. Assim que secava, elas punham o arroz num pilão grande de mão, redondo, e o pilavam suavemente. Era desse modo que removiam a casca. Depois de pilar algum tempo, elas despejavam o arroz do pilão numa gamela. Enquanto o arroz caía do pilão na gamela, o vento soprava as cascas soltas.

Esse era todo o processamento que ocorria em Damongo. No entanto, seu arroz não era produzido para alimentar o gosto urbano, que se ocidentalizava rapidamente. Era o arroz local, arroz integral e natural; era o que minha mãe e as tias usavam para fazer *jollof*; era o tipo de arroz que acompanhava os vários guisados que preparavam; era o arroz que eu e a maioria dos ganenses meus contemporâneos comemos a infância inteira.

Em meados da década de 1970, o cedi ainda era forte perante o dólar. A moeda começara a se desvalorizar, mas os números eram relativamente inconsequentes quando comparados às quedas drásticas que veríamos nas décadas de 1980, 1990 e início de 2000. Depois de um mês trabalhando na fábrica de arroz do meu pai, eu e meus irmãos recebíamos até 11 cedis, que era uma quantia enorme para um menino. Se ficasse em Tamale, como às vezes ficava, e trabalhasse os três meses inteiros de férias, voltava à escola com 33 cedis. Essa quantia comprava todas as minhas provisões na escola e, durante o tempo que ficava no Achimota, também pagava muita diversão com os amigos em Acra durante a maior parte do ano letivo.

Em 1975, quando visitou o norte numa viagem oficial de trabalho, o chefe de Estado, que agora se tornara "general" Acheampong, viu como era produtivo nosso agronegócio. Além de visitar as pequenas fazendas que produziam principalmente para alimentar as famílias locais e não vendiam em grande escala, o general Acheampong visitou as fazendas comerciais —

as fábricas de óleo vegetal, as beneficiadoras de arroz e as fábricas de *pito*, um tipo de bebida alcoólica feita de painço ou sorgo fermentado. Ele visitou também outros tipos de fábricas de alimentos, como as de tomate e carne. O general Acheampong ficou tão impressionado, que rotulou o norte de "celeiro de Gana".

Mais ou menos nessa época, como Gana obtivera a autossuficiência na produção de arroz, meu pai solicitou permissão para exportar. O governo do general Acheampong concedeu a permissão. Por meio do Bank of Ghana, a empresa do meu pai começou a exportar arroz para Burquina Fasso e Mali. Isso fez dele um homem riquíssimo.

Seguindo o próprio conselho, meu pai estava sempre preparado para toda mudança ou temor que, de repente, pudesse deixá-lo na curva descendente do ciclo da vida. Seja como for, não acho que estivesse preparado para a subitaneidade da queda em que nos vimos em futuro não muito distante. Acredito que ele pensava que, depois daquele primeiro golpe e da prisão, já vira e sobrevivera ao pior. Assim, ali estava ele, criando os filhos e se reinventando como empresário agrícola; e ali estávamos nós, trabalhando na fábrica e pensando em música: o próximo grupo que ouviríamos, a próxima discoteca a que iríamos, vendo as meninas desmaiarem com suas músicas favoritas. Éramos apenas adolescentes em Tamale, gastando os cedis que ganhávamos e passando pela época que considerávamos a melhor da nossa vida. Pouco sabíamos que o pior estava por vir.

FOGO CONGELADO

Salifu, nosso vigia, era ex-soldado da Brigada Britânica. Durante a Segunda Guerra Mundial, servira na Segunda Brigada de Infantaria da África Ocidental, como integrante de um dos três batalhões do Regimento da Costa do Ouro. Ficara estacionado na Birmânia durante seu tempo de serviço e adorava nos contar histórias sobre a luta na guerra. Salifu era um homem magro e forte de alma bondosa e um traço maroto que fazia com que eu e meus irmãos gostássemos dele.

Era um excelente contador de histórias, e os seus casos da guerra nos deixavam de olhos grudados no rosto comprido e anguloso, a beber cada palavra. As histórias eram cheias de ação, coragem e belas mulheres de pele morena e cabelo muito preto. Percebemos que a maioria das histórias de heroísmo de Salifu pendiam mais para a ficção, como aquela em que levara vários tiros do inimigo, mas as balas ricochetearam no seu peito como se fossem de borracha. Ainda assim, passávamos muitas tardes colados nas cadeiras da varanda, ouvindo-o contar essas histórias.

Quando falava do serviço na guerra, Salifu sempre começava com grande orgulho e entusiasmo. Mas todas as histórias acabavam com reclamações e amargura indisfarçada com o modo como ele e outros soldados africanos que lutaram na guerra foram tratados pelos britânicos. Eles apenas usaram os africanos e depois os descartaram, dizia Salifu, sem consideração nem reconhecimento adequados.

— Mas tudo o que vai, volta. Um dia será a vez daqueles britânicos — dizia ele. — Vão se ver encurralados entre o diabo e o profundo mar azul.

Salifu gostava de provérbios e aforismos. Quando lhe falávamos, ele sempre respondia com frases concisas e claras. Contava-nos histórias folclóricas que sabíamos que deviam nos ensinar verdades importantes sobre a vida, embora às vezes essas lições nos escapassem. Certa vez, ele nos contou uma história que me cativou. Refletia a lição que eu aprendera anos antes quando fui tiranizado na escola: todos têm sempre mais sucesso nas suas metas quando trabalham juntos em vez de separados.

Era a história de Taka, Tika e Gangale, três pássaros canoros que eram amigos. O nome deles refletia as notas musicais que cada um cantava. A combinação dos nomes, principalmente quando entoada repetidas vezes, tinha um ritmo encantador. Eles a transformaram numa canção e começaram aquele ritual de voar até a praça da aldeia todo dia, ao nascer do sol, depois que as mulheres arrumavam na feira os seus legumes, frutas, cereais e mercadorias.

Quando os fregueses chegavam e começavam a bater nas melancias e apertar as laranjas para ver se estavam maduras, os passarinhos já circulavam no ar, enchendo-o com sua música harmoniosa. "Ta-ka-ti-ka-gan-ga-le, ta-ka-ti-ka-gan-ga-le, ta-ka-ti-ka-gan-ga-le", era como chilreavam. Mudavam o ritmo e inseriam pausas, transformando-a num espetáculo completo.

Os aldeões gostavam de ouvir aqueles passarinhos cantarem. Enchiam-nos de presentes, pedaços de pão e cereais, moedas ou notas que erguiam nas mãos, levantando o braço no ar para que os passarinhos pudessem passar voando e recolhê-los. A parceria dos três amigos era próspera. A diversão que ofereciam se tornou a principal atração da feira.

Então o sucesso começou a encher a cabeça deles de ganância. Cada um imaginava secretamente que seria capaz de ficar com todos os presentes. Cada um começou a se perguntar por que precisava dos outros dois pássaros. Por algum tempo, eles guardaram essas ideias para si. Certo dia, a viagem até a feira lhes trouxe uma coleta de bens especialmente grande. A convite de Taka, voaram todos até seu ninho para festejar. Depois da refeição, quando todos estavam cheios e satisfeitos, Taka disse aos outros que queria conversar. Começou com uma teoria.

— Sou o líder de toda essa coisa — disse. — É o meu nome, Taka, que nos torna tão populares. É o poder daquela primeira nota que escutam que nos traz essa comida e os presentes que recebemos. — Na mesma hora, os outros dois viram aonde Taka queria chegar.

— É claro que isso não é verdade — Tika se apressou a refutar. — Meu nome, Tika, é que faz as pessoas nos darem coisas. É um pareamento incomum de notas, uma aguda, a outra grave. Isso faz dele o mais melodioso.

— Ei, ei, ei — interrompeu Gangale. — O que estão dizendo não tem nada a ver. Vocês dois só cantam duas notas. Eu canto três, que soam como percussão. É disso que as pessoas gostam. É o meu nome e a minha contribuição que elas preferem.

A discussão se inflamou e cada pássaro começou a sentir a necessidade de proclamar seu talento e proteger seu quinhão dos presentes dos aldeões. Os três amigos que tinham trabalhado tão bem juntos se zangaram e decidiram dar fim à parceria e à amizade. Concordaram em ir cada um para o seu lado.

Na manhã seguinte, Taka chegou primeiro à aldeia. Voou alto, com confiança, enquanto esperava as mercadoras colocarem folhas de jornal amassado no fundo das cestas de hortaliças, depois empilhar as frutas e legumes lá dentro, inclinando-as de leve para aumentar a impressão de abundância. Assim que os fregueses começaram a chegar, Taka fez sua estreia.

— Ta-ka-ta-ka-ta-ka — cantou com intensidade —, ta-ka--ta-ka-ta-ka. — Era um som monótono e picotado que os aldeões acharam irritante.

— Que barulho é esse? — perguntaram uns aos outros. Assim que viram que era o passarinho que voava de barraca em barraca criando confusão, juntaram pedras e começaram a jogá-las para enxotá-lo. Assustado, Taka bateu as asas o mais que pôde e voltou ao seu ninho. Na manhã seguinte, quando foi à feira tentar a sorte outra vez, a mesma coisa aconteceu. Durante vários dias, ficou no ninho, desanimado e faminto. Tinha se acostumado à seleção de alimentos saborosos que os aldeões davam a ele e aos outros dois pássaros, e agora tinha de procurar o que comer.

A tentativa de carreira solo de Tika foi recebida com o mesmo desdém. Ele chegou pouco depois da partida de Taka, sem saber do destino do ex-amigo. Encontrou um lugar no alto de uma das barracas das feirantes. Era um ponto central, onde todos conseguiriam vê-lo e ouvi-lo. Ali, começou a cantar "Ti-ka-ti-ka-ti-ka, ti-ka-ti-ka-ti-ka".

Esse som era ainda mais desagradável. A nota agudíssima que tinha de dar ao cantar seu nome soava como um guincho para os aldeões. Alguns, incapazes de se concentrar na negociação que ocorria entre eles e as mercadoras, abandonaram as compras e foram embora.

— Ah, esse passarinho vai acabar com a minha freguesia! — exclamou uma das mercadoras. Ela pegou a maior pedra que encontrou e a jogou diretamente em Tika, e errou por pouco. Chocado, ele saiu voando e não voltou. Como Taka, depois de alguns dias sozinho no ninho começou a sentir saudade daquela época mais feliz em que eram todos amados e bem alimentados.

Gangale esperou alguns dias antes de ir à feira. Ensaiou sua canção, voando de árvore em árvore numa floresta perto da aldeia, cantando seu nome, tentando encontrar o tom e o ritmo certos. Quando sentiu que estava pronto, foi para a praça da aldeia. Estava movimentadíssima. Os fregueses já tinham chegado e circulavam. Ele limpou a garganta e começou.

— Gan-ga-le, gan-ga-le, gan-ga-le — cantou. Então fez uma pausa e continuou. — Gan-ga-le, gan-ga-le, gan-ga-le. — Achou que alguns aldeões estavam gostando da canção. Eles arrastavam os pés e balançavam a cabeça no ritmo. Gangale continuou. — Gan-ga-le, gan-ga-le, gan-ga-le. — Depois de algumas repetições, ouviu um dos aldeões perguntar:

— Mas esse passarinho só sabe cantar isso? Que coisa sem sentido!

— Hum, vai ver está com uma minhoca engasgada. — Isso fez todo mundo rir.

—Vá embora — insistiram. —Volte quando souber dar mais vida à sua canção, para que fique doce.

Entristecido e envergonhado, Gangale decidiu partir.

— Ora, o que aconteceu com aqueles passarinhos que costumavam vir aqui? — ouviu uma das feirantes perguntar quando saía voando. Em vez de voltar diretamente ao seu ninho, Gangale foi visitar Tika. Queria descobrir como os aldeões tinham recebido o velho amigo. Quando chegou ao ninho de Tika, Gangale pôde ver que o colega estava desolado. Tika, que conhecia Gangale havia anos, também soube na mesma hora que ele estava infeliz. Os dois sabiam o que tinham de fazer. Foram juntos para o ninho de Taka.

Taka era um pássaro vaidoso e se recusou a permitir que os outros soubessem que fracassara redondamente, mas os antigos amigos conseguiram enxergar por trás do fingimento.

— Acho que todos fomos tolos — disse-lhes Gangale.

— É — acrescentou Tika. — Nenhum de nós era líder nem tinha mais a contribuir.

— O que eles amavam — continuou Gangale — era a música que fazíamos juntos.

— Você tem razão — Taka teve de confessar. — Sem os outros, o que fazemos não é música.

Eles concordaram em reatar a amizade e voltar à parceria. Na manhã seguinte, chegaram à feira do mercado bem cedinho, como sempre faziam quando cantavam juntos. E quando começarem a chilrear "Ta-ka-ti-ka-gan-ga-le, ta-ka-ti-ka-gan-ga-le, ta-ka-ti-ka-gan-ga-le", tiveram uma plateia alegre e calorosa.

— Eeeeeiii, os nossos pássaros canoros voltaram — alegraram-se todos. Os aldeões deram aos pássaros mais comida e dinheiro do que os três já tinham recebido num único dia. Eles voltaram ao ninho de Gangale para comer o pão, as frutas e os cereais e para contar e dividir igualmente o dinheiro. Depois que cada passarinho recebeu o devido quinhão e ficou contente, Taka, Tika e Gangale prometeram nunca mais permitir que o orgulho atrapalhasse seu progresso.

Quando minha família se mudou de volta para Tamale, meus irmãos começaram a frequentar a Tamale Secondary School, que todo mundo chamava de Tamasco. Ficava localizada dentro da cidade, mas era um internato. Havia um exame único de admissão que os alunos tinham de fazer no último ano da escola primária. Na época, os alunos tinham de citar a primeira, a segunda e a terceira escolas secundárias nas quais queriam se matricular. Também havia uma quarta opção, mas era para uma região e não uma escola. Estas aceitavam os alunos com base no desempenho acadêmico e na prova de ingresso.

Se, com base nas notas, o aluno não conseguisse matrícula na primeira, na segunda nem na terceira opção de escola, qualquer escola para a qual se qualificasse na região citada poderia mandar ao aluno uma carta de aceitação. Esse sistema produzia um corpo discente diversificado, porque o conjunto de candidatos disponíveis para serem escolhidos pelas escolas compunha-se de diversos grupos étnicos, regiões e religiões do país.

Como em todos os lugares do mundo, havia escolas mais prestigiadas e de acesso mais difícil. A Tamasco, uma das escolas mais antigas do norte, era uma dessas. Também havia escolas de segundo e terceiro nível. Além disso, havia escolas novas que ainda não tinham ganhado fama nem obtido *pedigree*.

Depois que Gana se tornou independente e o dr. Nkrumah assumiu o poder no lugar do governo colonial, a educação passou a ser uma das suas principais prioridades. Ele queria expandir o acesso à educação secundária e terciária, que anteriormente tinha sido limitado a poucos, à elite e aos afortunados. O dr. Nkrumah construiu a Universidade de Cape Coast, na região Central; também construiu a Universidade de Ciência e Tecnologia, que hoje tem seu nome, na região axânti. No nível secundário, o dr. Nkrumah construiu várias escolas novas pelo país inteiro, conhecidas como Escolas do Fundo para a Educação de Gana.

Depois de terminar meu último ano primário no Achimota, o que eu mais queria era frequentar a mesma escola dos meus irmãos. Sempre estivemos em escolas diferentes. Eles frequentaram externatos e eu, desde os seis anos, o internato. A única vez em que conseguia vê-los e ficar com eles era nos feriados e nas férias longas entre os anos letivos. Agora morávamos em casa e iríamos todos para o mesmo internato, e eu mal podia esperar.

Meu pai tinha outras ideias sobre minha educação formal. Desde o princípio, ele assegurou de que tomasse um rumo educacional diferente dos meus irmãos, e isso não mudaria na escola secundária. Eu fora muito bem no exame de admissão, e Tamasco fora a minha primeira opção. Eles me ofereceram a matrícula, assim como outras escolas da região que eu escolhera, a do norte. Meu pai me matriculou numa dessas outras escolas. Chamava-se Ghana Secondary School, Ghanasco para abreviar, e era bastante nova, uma das escolas do Fundo para a Educação de Gana. Quando descobri, fiquei arrasado. Eu passaria as férias inteiras de cara feia e com muita pena de mim mesmo se não fossem as histórias de Salifu e o novo grupo de amigos que meus irmãos tinham formado em Tamasco.

Eram um grupo heterogêneo, meus irmãos e os novos amigos, mas divertidíssimos. Aquele por quem me senti instantaneamente atraído foi um menino chamado Sumaila al-Hassan. Embora fosse amigo de Peter e Alfred, tinha a minha idade, e nos demos bem. Era um menino de boas maneiras, criado numa família muçulmana conservadora no bairro Sabonjida, em Tamale. Sumaila era dedicado à sua fé, mas também era um adolescente cujos interesses e curiosidade o levavam além da infância isolada. Adorava a vida da cidade e aproveitava todas as oportunidades para sair conosco e ir a *shows* e discotecas. Passava muito tempo na nossa casa, e assim conheceu Salifu e costumava ficar conosco na varanda escutando os contos folclóricos e as histórias de guerra.

Algumas noites, quando terminava de nos contar suas histórias, Salifu pegava o violão e tocava. Dedilhava o instrumento algum tempo e depois começava a cantar. Era tão magro, que as veias das mãos saltavam e ficavam mais pronunciadas quando tangia as cordas. A voz exprimia as emoções da mesma maneira, quer falasse ou cantasse. Cada palavra era imbuída de paixão, esperança, desapontamento ou alegria. Era como se ele entrasse na história ou na canção e vivesse os versos bem ali na nossa frente. Eu me sentia forçado a escutar a letra das músicas de um modo como nunca escutara.

Havia algum tempo que eu e meus irmãos estávamos obcecados pela música, pondo cuidadosamente os discos de 45 rotações no pequeno toca-discos que nosso pai comprara para Peter, indo a discotecas dançar, rebolar e pular até ficarmos encharcados de suor. Essas músicas também tinham letra, e as cantávamos aos brados uns para os outros enquanto dançávamos, às vezes erguendo o punho fechado diante da boca para fingir de microfone.

Essas canções, com o baixo pesado e os refrões barulhentos, pareciam criadas para mover o corpo. As que Salifu cantava pareciam criadas para mover o coração. Eram canções que nos faziam sentir profundamente e pensar muito. Eram canções sobre o mundo, sobre como devíamos unir o que estava se desfazendo. Eram canções como "Imagine" e "What's Going On?"

"*Yesterday I got a letter*", cantava Salifu, balançando a cabeça.

From my friend
Fighting in Vietnam
And this is what he had to say:
"Tell all my friends
That I'll be coming home soon."

[Ontem recebi uma carta / Do meu amigo / Que luta no Vietnã, / E eis o que ele tinha a dizer: /"Conte a todos os meus amigos / Que logo voltarei para casa."]

Quase todas as músicas que Salifu cantava falavam de um mundo em crise. A princípio, pensei que era devido à sua experiência de soldado na guerra. Achei que, de certa forma, Salifu ficara preso nos acontecimentos daquela época, como a agulha do toca-discos de Peter se prendia num só lugar e repetia a mesma palavra até que a fizéssemos parar. Finalmente, percebi que não era isso.

À noite, quando a GBC, o único canal de TV, começava as suas quatro horas de transmissão, Peter, Alfred, Sumaila e eu nos amontoávamos na frente do televisor. O primeiro programa a ir ao ar era o noticiário. Embora fosse chato, aguentávamos para esperar o início do nosso programa favorito. Escutar o noticiário me fez entender que Salifu não estava preso ao passado. As músicas que nos cantava eram sobre o presente. Durante um certo período, percebi que havia problemas fervilhando em todos os continentes. Nosso mundo *estava* em crise.

Havia numerosas guerras: uma guerra no Vietnã; uma guerra entre o Paquistão e a Índia que levou à separação do Paquistão Oriental, que proclamou a independência e passou a se chamar Bangladesh. Havia a guerra do Ramadã/Yom Kippur. Também havia uma guerra fria cada vez mais intensa, embora por mais que Salifu tentasse me explicar como uma guerra podia ser fria, para mim não fazia sentido.

Toda noite havia notícias de violência e brutalidade. Onze atletas israelenses foram massacrados nas Olimpíadas de Munique. A polícia britânica atirou num grupo de manifestantes desarmados na Irlanda do Norte e quatorze morreram. Semana sim, semana não, alguém era sequestrado ou assassinado na Argentina e mês sim, mês não sequestrava-se um avião.

Um a um, derrubavam-se governos. Richard Nixon renunciou como presidente dos Estados Unidos depois que divulgaram o escândalo de Watergate. O Sri Lanka estava com um governo de emergência devido a uma grande rebelião. Houvera um golpe no Chile, um golpe em Uganda, um golpe na Etiópia; recentemente houvera um golpe na Líbia e houve até outro golpe em Gana. Parecia que tudo estava se desfazendo, caindo no caos.

— Isso é porque os lunáticos estão mandando no asilo — dizia Salifu sempre que lhe contávamos as notícias que tínhamos ouvido. — Não se preocupem, é só questão de tempo.

— Questão de tempo para quê? — queríamos saber, ansiosos, mas Salifu nunca dizia. Se insistíssemos, ele fingia não ouvir. Pegava o violão e começava a dedilhar. — É só questão de tempo — repetia, como se fosse o primeiro verso de uma canção, depois dedilhava mais um pouco e começava a cantar um dos seus sucessos.

Ooh-oo child, things are gonna get easier,
Ooh-oo child, things'll get brighter...
Someday, yeah,

We'll walk in the rays of a beautiful sun.
Someday
When the world is much brighter.

[Oh-oh, filho, tudo vai ficar mais fácil, / Oh-oh, filho, tudo vai ficar mais claro... / Algum dia, é, / Vamos andar nos raios de um lindo sol. / Algum dia / Quando o mundo for muito mais claro.]

Convencemos Salifu a nos dar aulas de violão. Ele pegava um tamborete e se sentava de frente para nós. Desse jeito, conseguíamos ver as suas mãos. Ele nos mostrou como segurar o violão e nos ensinou alguns acordes básicos. Todos aprendemos a tocar algumas músicas, embora meio sem jeito. A não ser Sumaila, que lutava com as cordas e cantava tão desafinado, que ficava cômico.

O instrumento era grande para as minhas mãos e um pouco difícil de dominar, mas dei um jeito. Meu canto era passável, embora provavelmente não o suficiente para ficar no palco sozinho sem levar vaias e pedras. Não me importava. Gostava da sensação de liberdade que vinha ao cantar e tocar violão. Era libertador.

Sempre que era a sua vez de pegar o violão, Alfred nos deixava sem fala. Não que fosse ótimo no instrumento. Ele tocava mais ou menos como eu. Era a voz dele que nos deixava atentos. Alfred cantava maravilhosamente. Sua voz era macia, carregada de emoção. Ele era realmente talentoso. Chegava a ponto de Alfred deixar o violão de lado e cantar a capela, espantado com a capacidade de fazer música usando apenas o que vinha de dentro dele.

A voz de Peter não era tão extraordinária. Sua magia era com as cordas. Sempre que Peter pegava o violão e começava a tocar, era maravilhoso. Ficávamos espantados com sua destreza. Os dedos eram ágeis e certeiros. Faziam parecer que tocar violão era a coisa mais natural e sem esforço do mundo.

Na hora de fazer música, Peter e Alfred eram as duas metades do todo. Sumaila e eu prontamente servíamos de plateia, e era comum fazermos um ou dois corinhos entredentes. Salifu passou de professor a fã. Em vez de dar instruções a Peter e Alfred, agora ele lhes dava cumprimentos, sorrindo com aprovação quando a execução deles o comovia. Quando as férias de verão terminaram e chegou a hora de Peter e Alfred voltarem a Tamasco, Salifu deixou que levassem o violão.

Na escola, Peter e Alfred continuaram a ensaiar. Iam para o auditório e estudavam. Outro menino de Tamasco tinha violão e, de vez em quando, se unia a eles. Certo dia, enquanto tocavam, um professor que passava ouviu a música. Parou, ficou à porta e escutou até terminarem. Achou que os meninos tinham talento e que deviam ser estimulados. E, sem dúvida, não podiam ser os únicos da população escolar dotados daquele tipo de capacidade musical. Ele entrou em contato com o professor de música e o diretor para solicitar a criação de um grupo musical na escola. Eles concordaram com relutância, e Tamasco comprou todo o necessário para os garotos começarem. Logo eles estavam equipados com guitarras, bateria, amplificadores e microfone com pedestal.

Outros alunos se juntaram a Peter e Alfred para formar um grupo que se chamou Oracles 74. Os integrantes do Oracles 74 estavam profundamente envolvidos com a música. Ensaiavam como se a vida deles dependesse daquilo e abandonaram todas as outras atividades extracurriculares para estudar. Tiveram a primeira oportunidade quando a banda da polícia foi convidada para tocar na escola. O Oracles 74 faria a abertura. Tocariam algumas músicas para aquecer os alunos e prepará-los para o número principal.

O Oracles 74 apresentou várias músicas que estava ensaiando. Os alunos enlouqueceram com eles, pedindo que tocassem outra e mais outra. Eles tocaram mais algumas músicas. Ficaram no palco cerca de uma hora. Quando pareceu que os integrantes da banda da polícia começavam a se irritar, o Oracles 74 tocou o último número e lhes cedeu o palco.

As músicas que o Oracles 74 vinha ensaiando eram as músicas do momento, aquelas que ouvíamos nas estações de rádio voltadas para ouvintes mais jovens. As músicas que a banda da polícia tocou eram da geração anterior. Os alunos, agora totalmente aquecidos e dispostos a aproveitar ao máximo a noite de sábado, não se empolgaram. Não hesitaram em exprimir seu desprazer, chamando várias vezes o Oracles 74. A banda da polícia foi forçada a sair do palco. Para alegria dos alunos, o Oracles 74 voltou e continuou a apresentação.

Da noite para o dia, os meninos do grupo se tornaram os garotos mais populares de Tamasco. Os outros meninos queriam ser os seus melhores amigos, as meninas os paqueravam e os professores lhes concediam privilégios especiais. A notícia da sua fama chegou até Ghanasco, minha escola.

Quando somos adolescentes, a música é como uma abertura, antes não descoberta, que lança luz sobre nosso mundo interior. Ela permite explorar os espaços cavernosos daquele mundo em que nunca tínhamos ousado nos aventurar. A música fala a nós e por nós. É um meio de envolvimento e uma forma de rebelião. Ela nos ensina a ter esperança.

Quando se apresentavam, os integrantes do Oracles 74 se exprimiam de maneiras que iam além da música. Usavam capas de chuva roxas e capacetes cinza férreo, calções azuis justos com meias nas cores do arco-íris, um vestido verde comprido com óculos imensos tipo máscara de mergulho, sapatos marrons com quinze centímetros de plataforma e camisa branca estilo pirata. Um dos integrantes da banda usava perpetuamente uma boina de vendedor de jornais. Chamávamos a boina de Cooley High, nome de um filme americano que passara em quase todos os cinemas. Todos os personagens do filme usavam aquele tipo de boina. Joyce Tamakloe, nossa madrasta da época, tinha uma butique em Tamale onde o grupo costumava comprar várias roupas extravagantes.

Além das vestimentas ecléticas, os integrantes da banda adotaram pseudônimos. Eram "Chikinchi" na guitarra, "Tony Marvis" na bateria, "Bob Miracles" nas congas e, comandando os vocais, estava meu irmão Alfred, "Frisky Papa".

O Oracles 74 pode ter sido inigualável, ainda mais em Tamale, onde não havia nenhum outro grupo musical escolar, mas os adolescentes de Gana inteira se tornavam obcecados por música. Havia tantos grupos brotando nas escolas, que fizeram uma competição chamada Pop Chain. O evento aconteceu no Centro de Artes de Acra, nas férias de verão. Havia pelo menos vinte e dois grupos participando. Tinham nomes fascinantes como Corpus Christi, Slim Jims, Horns e Matthew Chapter 5. Os alunos faziam longas viagens para torcer pelo grupo da sua escola. Quando a escola não tinha grupo, eles iam assim mesmo, para escutar os talentos que seriam mostrados. Quando um grupo fazia uma apresentação especialmente boa, todo o lugar explodia em aplausos, vivas e gritos.

Os grupos concorrentes tinham de tocar uma canção ganense tradicional, outra estrangeira e uma composição original. Em geral, todos eram excelentes com as músicas ganenses. Com as estrangeiras, eram imprevisíveis. Tocavam uma canção popular norte-americana ou uma das músicas do *afrobeat* de Fela Kuti. As composições originais podiam ser surpreendentemente boas. As canções poderiam facilmente tocar no rádio, mas o mais provável era ouvir arranjos horríveis.

O Oracles 74 era o único grupo escolar do norte. Nem as renomadas escolas das regiões Brong-Ahafo e Axânti tinham grupos. Isso deixou o Oracles 74 ainda mais decidido a vencer o Pop Chain. Eu acompanhava meus irmãos quando iam a Acra competir. Ficava tão orgulhoso de Peter e Alfred, que mal conseguia me conter. Quando entravam no palco, o orgulho se transformava em nervosismo. Enquanto os escutava tocar, rezava para não cometerem nenhum erro, para as vozes permanecerem afinadas. Rezava para vencerem. Nunca conseguiram, embora em certo ano tenham feito sua melhor apresentação e ficado em quarto lugar. Eu só desejava que Salifu pudesse estar ali para vê-los, mas ele ficara em casa, em Tamale.

Sumaila queria desesperadamente participar do grupo. Experimentou todos os instrumentos — bateria, contrabaixo, teclados — mas descobriu, como acontecera quando aprendíamos a tocar violão, que lhe faltava talento, coordenação motora ou os dois. Cantar estava fora de questão. Era uma tentativa sem esperanças, mas, por alguma razão, Sumaila nunca desistiu. Nunca se deixou derrotar. Agarrou-se com força ao sonho. Se um instrumento não dava certo, passava para o próximo e ficava nele até que não havia como negar que também não conseguiria.

Se participar do grupo não era uma possibilidade, Sumaila quis ao menos ficar por perto. Havia alguns outros garotos que também pensavam assim. Ofereceram-se como ajudantes voluntários. Assistiam a todos os ensaios e apresentações. Quando um membro do grupo precisava de um copo d'água ou uma toalha para limpar o suor da testa, um dos ajudantes ia buscar. Eram eles os responsáveis por montar e guardar o equipamento.

Às vezes, quando o espetáculo acabava, as luzes do palco se apagavam e os membros do grupo recebiam os elogios da multidão, Sumaila e os outros garotos ficavam no palco e pegavam os instrumentos. Não tocavam, só ficavam lá segurando alguns minutos enquanto fitavam as cadeiras vazias da plateia. Deixavam a energia dos seus sonhos passar pelas mãos até o instrumento, como se fosse uma Bíblia ou um Corão. Talvez um dia, rezavam, seu sonho se realizasse. Finalmente, os outros meninos se cansaram de ficar tão perto de algo que queriam mas sabiam que não poderiam ter. Pararam de frequentar ensaios e espetáculos. Não Sumaila. Ele continuou a sonhar e acreditar.

Os membros do grupo ainda eram os garotos mais populares de Tamasco, mas depois que a novidade passou todos começaram a questionar a escolha dos nomes. *Que tipo de nome era aquele? Estariam insinuando que eram oráculos? Será que estavam envolvidos com o ocultismo? Era por isso que se vestiam daquela maneira?*

Os membros do grupo não gostaram do que ouviram. Fizeram uma reunião e decidiram que era hora de mudar. Alguns, como Peter, logo se formariam. Seria preciso recrutar novos integrantes durante as férias de verão, antes de retornar a Tamasco. Seria a hora perfeita de escolher um nome novo para estrear quando voltassem à escola.

O nome que escolheram foi Frozen Fire, fogo congelado. Era esquisito, mas fácil de lembrar, um paradoxo.

— Como o fogo pode ser congelado? — perguntei a Alfred quando ele me disse qual seria o novo nome do grupo. Ele deu de ombros.

— Ah, Dramani — disse Salifu, balançando a cabeça. — Você tem de aprender a pensar além do literal. O fogo se congela o tempo todo, em pessoas e lugares. Pergunte a quem é casado. Ou apenas olhe em volta. Vivemos num fogo congelado. Gana é um fogo congelado. A África é um fogo congelado. Hum...

Salifu balançou a cabeça de novo, depois pegou o violão que Peter e Alfred lhe devolveram quando Tamasco comprou instrumentos para o grupo e começou a dedilhar.

— É só questão de tempo — disse, enquanto dedilhava. — Só questão de tempo. — Então, começou a cantar. — Todo dia a situação piora.

Eu precisaria do ponto de vista da idade adulta para ver, olhando para trás, que Salifu estava certo. Durante a década de 1970, nós, em Gana, vivíamos num fogo que fora congelado. A maioria da África também. Todo o continente estava preso num estado de animação suspensa. A chama acesa com a independência de Gana que depois fizera arder um rastilho de liberdade pelo continente realmente se congelara. Não fazíamos mais nenhum progresso. A única razão para o fogo ainda não ter se extinguido era a presença da esperança. Essa era a única coisa que o mantinha vivo, a única coisa que nos mantinha vivos, a esperança de que a situação melhoraria. Era a esperança que ardia dentro de nós, dentro das músicas que cantávamos.

A perseverança de Sumaila deu resultado. Um dos membros do grupo tocava xequerê, um tipo de maraca da África Ocidental. Ao contrário das maracas de outras partes do mundo, essa não tem contas nem sementes dentro. Essas maracas têm uma rede tecida com contas que envolve frouxamente o exterior de uma cabaça.

Embora o grupo o considerasse parte fundamental do conjunto, em termos de popularidade junto ao público o xequerê era um instrumento discreto. Quem o tocava não tinha a mesma fama nem o reconhecimento facial dos outros integrantes. Quando se apresentavam e as meninas gritavam o nome dos integrantes de que mais gostavam, o dele não era chamado.

Aos poucos, o tocador de xequerê começou a perder o interesse pelo grupo. Às vezes faltava aos ensaios e, mesmo quando comparecia, ficava evidente que seu coração não estava mais lá. Havia outras atividades que queria tentar e outros interesses que achava mais gratificantes.

Certo dia, quando o Frozen Fire tinha uma apresentação marcada, o tocador de xequerê não apareceu. Esperaram, esperaram e ele não foi. O grupo não sabia o que fazer. Não havia substituto porque ninguém estava muito interessado em tocar xequerê. Não o consideravam um instrumento capaz de estrelato.

Quando o grupo estava prestes a subir no palco, perguntaram a Sumaila se ele substituiria o tocador de xequerê. Temiam pôr Sumaila no palco. Todos sabiam que a música não era seu talento, mas não havia opção. Sumaila estava com eles desde o princípio. Conhecia todo o repertório, todas as notas de todas as músicas. Só precisavam fazer aquele espetáculo e depois procurar um novo tocador de xequerê em quem pudessem confiar.

O que os integrantes do grupo não sabiam era que Sumaila vira a oportunidade se aproximar e estava mais do que preparado para aproveitá-la. Quando notou a insatisfação crescente do tocador de xequerê com seu papel, Sumaila aproveitou a deixa e começou a aprender a tocar.

O Frozen Fire sempre começava a primeira música apresentando os instrumentos um de cada vez. O primeiro músico fazia um solo por algum tempo até que o cantor principal erguia a mão direita, estalava os dedos e chamava outro instrumento para tocar. Eles tocavam juntos algum tempo e então o cantor chamava o próximo instrumento.

O cantor olhou Sumaila para que ele soubesse que sua vez se aproximava; então ergueu o braço, estalou os dedos e disse: "Marac". Sumaila começou a tocar e todos se espantaram. Não só tocava no ritmo perfeito do grupo como elaborara um estilo próprio para acompanhar a música. Jogava o instrumento de uma mão para a outra, lançava-o para o ar e batia palmas no ritmo antes de pegá-lo e continuar tocando. O público explodiu em aplausos trovejantes.

Depois do espetáculo, enquanto a nova safra de ajudantes embalava os instrumentos, os membros do grupo pediram a Sumaila para entrar oficialmente no Frozen Fire. É claro que ele aceitou. Sumaila ficou felicíssimo porque finalmente todos tinham reconhecido e vivenciado o que ele sabia desde sempre: havia talento dentro dele, havia música dentro dele. Era apenas uma questão de descobrir o jeito certo de deixá-lo aparecer. Fora exatamente o que fizera, e agora o sonho de Sumaila se tornava realidade. Deram-lhe um pseudônimo, Joe Mara, e foi assim que todos passaram a chamá-lo daquele dia em diante. O tocador de xequerê anterior sumiu na poeira, mas Joe Mara se fundiu ao grupo com perfeição. Continuou a participar do Frozen Fire até se formar em Tamasco.

Nas férias e feriados, Joe Mara ainda ia à nossa casa. Quando Peter estava por lá, ele, Alfred e Joe tocavam. Salifu e eu nos sentávamos para assistir e ficávamos muito alegres com o concerto particular.

— Com quem eles se parecem? — perguntou Salifu certa vez enquanto os garotos tocavam. Tenho certeza de que pensava em algum grupo musical, talvez algum de quem nos falara ou cujas músicas tocara no violão. Enquanto olhava aqueles três amigos praticamente inseparáveis desde que tinham se conhecido tocarem tão bem juntos, só me veio à mente uma única coisa, e foi a resposta que dei.

— Taka, Tika e Gangale.

LOUVOR AOS PODEROSOS

Yentua! Essa é uma palavra *akan* que significa "Não pagaremos". Quando o coronel Ignatius Kutu Acheampong chegou ao poder com um golpe de Estado em 1972, foi essa a sua resposta à pergunta do que fazer com a imensa dívida interna e externa assumida por governos anteriores.

O coronel I. K. Acheampong, como costumava ser chamado, era o quinto chefe de Estado de Gana e o seu terceiro governante militar. Quando se tornou chefe de Estado, Acheampong criou um órgão governamental chamado Conselho de Redenção Nacional, do qual era o líder. A constituição foi suspensa, toda atividade política proibida e os que Acheampong considerou ameaça ao Estado foram detidos.

Gana se viu de volta onde estava tantos anos antes, com os militares interrompendo o mandato de um líder eleito em vez de permitir que a democracia seguisse seu curso. Acheampong se considerava nacionalista, algo como um revolucionário cultural. Sua meta era redimir o país, vê-lo conquistar a autossuficiência e obter a unidade nacional. Começou a criar programas para atingir essa meta. Um dos primeiros foi a Operação Alimente-se, que teve um impacto tão direto e positivo sobre meu pai quando ele começou a se dedicar ao negócio da agricultura.

A vida política fora turbulenta e agora o que meu pai mais desejava era uma vida em família, tranquila e sem problemas. O tempo que passara preso, tendo de viver cada hora de cada dia num pequeno espaço confinado, dera-lhe mais apreço pela luxuriante extensão da terra onde crescera no norte. Ele queria espaço. Espaço e liberdade.

Ele construíra nossa casa usando um acre inteiro de terra e comprara o terreno bem ao lado para assegurar que nada nem ninguém o engaiolasse. Todo dia, enquanto moramos em Tamale, papai inspirava fundo ao sair para trabalhar. Sugava todo o ar que os pulmões conseguiam conter. Quando exalava, era como um suspiro de alívio, uma expressão de gratidão.

Com exceção dos mais novos que ainda não estavam preparados, todos os garotos que moravam com papai frequentavam o internato. Quando estávamos em casa, perambulávamos o dia inteiro, trabalhávamos na usina de arroz, ficávamos com Salifu, o vigia, ouvíamos música, saíamos para dançar ou jogar futebol com os amigos. Nossa vida era descomplicada, a melhor definição de normal que conhecíamos.

O terreno do outro lado do nosso era ocupado pelo gerente do Banco Comercial de Gana. Os funcionários públicos de Gana têm residência oficial. Isso fazia sentido porque estavam sujeitos a transferências. Com base no nosso sistema de rodízio, os funcionários públicos trabalhavam um determinado número de anos num lugar e depois eram designados para outro lugar. Durante o período que morei em Tamale, vi pelo menos três ou quatro gerentes do Banco Comercial de Gana chegarem e irem embora. Embora os cargos não fossem permanentes, eram de longo prazo e duravam até uns três anos, de modo que os gerentes iam com a família.

A casa ao lado, aquela onde morava o gerente do Banco Comercial de Gana, tinha um muro em torno da propriedade. Não era muito alto. Por cima dele, podíamos ver o quintal, mas na verdade nunca havia muitas razões para olhar. Os gerentes costumavam ser homens barrigudos de meia-idade com as esposas. Quando havia, os filhos costumavam estar na universidade ou eram adultos e moravam sozinhos.

Quando eu tinha dezesseis anos e estava no terceiro ano de Ghanasco, uma nova família se mudou para lá. Achamos que era como todas as outras, mas certo dia, quando eu e meus irmãos jogávamos futebol com os amigos, olhamos por cima do muro e vimos um menino mais ou menos da nossa idade. Estava no quintal, chutando uma bola sem muito objetivo. Nós o convidamos para jogar conosco.

Jogávamos havia uma ou duas horas quando a irmã dele veio chamá-lo. Lembro-me de estar inteiramente absorto no jogo, os olhos atentos na bola. Ergui os olhos um instante, quase por instinto, e vi aquela menina. Era linda, esguia, a pele escura. Tudo nela brilhava, como se andasse com um refletor próprio.

Tentei voltar minha atenção para o jogo, mas não consegui. Eu me sentia engraçado, como se estivesse debaixo d'água, me movendo, mas sem precisão. Quando meu irmão me chutou a bola, corri para recebê-la, mas não consegui chegar a tempo. Acabei tropeçando e caindo, cedendo a posse da bola a alguém do outro time.

— Ah, mas qual é o seu problema? — perguntou Alfred. — Foi um passe perfeito. A bola era sua.

— Thomas — disse a menina, me resgatando da ira do meu irmão. — Mamãe disse que você tem de ir para casa agora.

— Oi — disse eu quando ela passou por mim para buscar o irmão.

— Ah, oi — respondeu ela, me olhando. Observei-a cruzar nosso quintal, que tínhamos transformado num campo improvisado. Senti que alguma coisa, uma força poderosa, tomava conta do meu corpo e me puxava ainda mais para o fundo. O coração batia depressa. Os outros garotos a ignoraram. Trataram-na como a invasora que era. Até o irmão resmungou com a presença dela. Ele se despediu de nós e saiu chutando a terra na volta para casa.

Thomas e eu ficamos amigos, em parte por termos a mesma idade e ele ser boa companhia e em parte porque estar com ele me dava a oportunidade de rever a irmã. O nome dela era Alice e eu nunca me sentira do jeito que ficava quando ela estava por perto. Já vira e conhecera muitas meninas bonitas quando eu e meus irmãos íamos à discoteca, mas isso era diferente. Ela era diferente. Nunca tínhamos nos dito nada além do "oi" e do "olá" trocados quando nossos caminhos se cruzavam por causa de Thomas, mas bastava. Bastava para me fazer pensar nela o dia inteiro e sonhar com ela quando dormia à noite.

Quando meu pai foi solto da detenção, seu patrimônio ficou indisponível. Embora conseguisse comprar as terras necessárias para construir a casa e começar a cultivar devido ao sistema de posse de terras do norte, que estava nas mãos dos chefes, erguer do chão a usina de beneficiamento de arroz era bem diferente. Ele precisava de capital, e a única maneira de consegui-lo era obter um empréstimo no banco.

Papai abriu uma empresa por cotas de responsabilidade limitada. Pediu a dois amigos que o ajudassem assinando os formulários exigidos. Eram homens que tinham ocupação e vida próprias. Não tinham interesse no negócio de papai. Foi papai que apresentou todas as garantias e tudo o que era necessário para a aprovação do empréstimo e o início do negócio. Ele cuidava da administração cotidiana e de tudo o que era necessário para a empresa funcionar. Para todos os efeitos e propósitos, os amigos, os outros dois acionistas, eram fantasmas, nomes numa folha de papel.

Durante uma das visitas ao norte, Acheampong impôs a proibição à importação de arroz para dar oportunidade aos agricultores locais. Ele pediu ao Banco de Gana que fizesse empréstimos mercantis diretos às usinas de beneficiamento para que elas comprassem arroz dos agricultores locais. Como meu pai cultivava arroz e também possuía uma usina de beneficiamento, a proibição e o programa da Operação Alimente-se foram extremamente benéficos para ele. Como o Estado basicamente financiou a compra de matéria-prima, a indústria rizícola de Gana revitalizou-se totalmente.

A visão de Acheampong se tornava realidade. No que dizia respeito aos alimentos, em curto período Gana se tornara autossuficiente e, agora, começava a entrar no mercado de exportação para vender os excedentes a outras nações africanas.

Sempre que viajava para o norte, o coronel Acheampong ia à nossa casa cumprimentar pessoalmente meu pai. Os dois não eram amigos íntimos, mas tinham um relacionamento cordial, baseado em respeito e necessidade. Devido à Operação Alimente-se, a usina de arroz do meu pai tinha interesse estratégico para o Estado.

Para sua própria surpresa, meu pai gostou de Acheampong. O coronel era um militar golpista e bastaria isso para afastá-lo das suas boas graças. Mas papai acreditava que o coronel Acheampong, apesar do modo como chegara ao cargo, tinha no coração o bem de Gana. Implantava melhoras, efetuava mudanças.

Acheampong mudara as medidas do sistema imperial britânico usado em Gana para o sistema métrico. Em 1974, por meio de outro programa seu, a Operação Mantenha à Direita, os motoristas de Gana passaram a dirigir no lado direito da estrada, em vez do lado esquerdo. Talvez tenha sido a campanha publicitária em rádio e televisão mais bem-sucedida da história da nação. Um motorista de táxi buzinava quatro vezes para um colega — *biip, biip, biip, biip*. Depois, punha o corpo para fora da janela e dizia o *slogan*: "*Nifa, nifa, naa nyin*". Em *akan*, isso significa "Direita, direita, é isso aí".

Os estádios de Gana foram reconstruídos de acordo com os padrões internacionais para que o país pudesse receber eventos esportivos com times estrangeiros. Houve o lançamento do programa de reconstrução nacional, que visava à promoção do emprego e ao ensino de ofícios práticos. A iluminação pública das principais áreas urbanas foi recuperada e construíram-se moradias de baixo custo em todas as regiões do país.

Meu pai costumava nos falar das realizações de Acheampong. Estava impressionado, não havia como negar. Certo dia, decidiu escrever a Acheampong, que recentemente se promovera de coronel a general. Papai acreditava em elogiar os outros por um trabalho benfeito. Era um hábito que desenvolvera quando ainda era rapaz e trabalhava como professor. Era um hábito do qual nós, seus filhos, nos beneficiamos. E. A. Mahama nunca poupou elogios. Distribuía-os livremente quando achava devido.

Embora escrevesse sua carta ao general Acheampong apenas como cidadão, ele decidiu oferecer um pouco do que aprendera nos seus anos de político. Na carta, papai disse ao general Acheampong que, até então, fizera um serviço admirável como chefe de Estado e que mostrara ser valioso para o país. Lembrou ao general Acheampong que, na política, frequentemente chega uma época em que o pêndulo começa a balançar para o outro lado. Seria prudente, aconselhou meu pai, que o chefe de Estado, dada a sua popularidade e o sucesso dos seus vários programas, começasse a pensar em quando suspenderia a proibição de partidos políticos e quando começaria a transição do país de volta ao governo constitucional. Se planejasse de forma adequada e escolhesse a hora oportuna de sair da política, continuou meu pai, sem dúvida o general Acheampong seria lembrado como um dos líderes mais eficientes de Gana.

Papai escreveu: "Lembre-se de partir quando o aplauso for mais alto".

Enquanto papai escrevia sua carta ao general Acheampong, eu escrevia uma carta minha. Era para Alice, a menina que morava ao lado. Depois de várias semanas jogando futebol juntos quase toda tarde, eu e Thomas tínhamos ficado amigos. Eu era um ou dois anos mais velho do que ele, que me respeitava e sempre ficava contente de estar na minha companhia. Peter, Alfred e nosso amigo Joe Mara se juntavam a nós para o futebol, mas fora do campo ignoravam Thomas. Depois das partidas, saíam para cuidar da vida e nós saíamos para cuidar da nossa.

Certa tarde, enquanto conversávamos sentados na varanda, confessei a Thomas que achava a irmã dele a menina mais bonita que eu já vira. Ele me olhou estranhamente, como se de repente eu começasse a falar numa língua que ele não entendia. Deve ter me achado bobo. Afinal de contas, era a irmã mais velha dele. Provavelmente nunca lhe passara pela cabeça que alguém pudesse vê-la daquela maneira. Se um dos meus amigos me dissesse que achava bonita uma das minhas irmãs, eu teria de parar e reconsiderar sua sanidade mental.

Mas Alice me hipnotizava. Toda vez que a via, minha mente saía do corpo. Eu tropeçava nos próprios pés ou andava pela sebe adentro. Só queria olhá-la. A pele era lisa; as bochechas, altas e destacadas, principalmente quando sorria. Eu inventava razões para visitar Thomas só para me colocar no caminho de Alice. Dizer a Thomas como me sentia em relação a ela foi um enorme alívio.

Com exceção daquele olhar "você não pode estar falando sério", Thomas não reagiu ao que confessei. Alguns dias depois, do nada, ele disse:

—Você devia contar a Alice.

Minha reação foi visceral. Meu coração deu um pulo bem alto e foi parar na garganta. Balancei a cabeça com tanta violência, que é de espantar que ela não tenha caído. Eu? Ficar na frente de Alice e realmente dizer alguma coisa? E não qualquer coisa, mas que a acho bonita?

— Não — ofeguei. — Não.

— Então faço isso por você — respondeu Thomas. Quando ele disse isso, achei que cairia morto naquele mesmo instante. O que esse menino tentava fazer comigo? Eu sequer queria pensar em como Alice reagiria. Uma menina tão linda só podia já ter namorado. Lembrei-me de quando eu e Alfred costumávamos ir ao Simpa, a dança da lua cheia, em Damongo, e Alfred e os meninos da aldeia que tinham a idade dele começaram a gostar das meninas. Quando a dança começava, cada um escolhia a menina que achava mais bonita e se fixava nela.

Fitavam-na e sonhavam e aí, inevitavelmente, a menina escolhia um parceiro para a noite que não era um deles. A rejeição feria tão profundamente os meninos, que eles deixavam a dor cobrir o rosto, sem entender direito por que se sentiam daquele jeito. Eu não queria conhecer aquele tipo de rejeição e, definitivamente, não queria andar por aí com aquela cara de dor colada no rosto.

— Não — disse novamente a Thomas. — Não. Não. Não.

Pensava em como me arrependia de ter lhe contado quando ele disse:

— Acho que ela gosta de você também.

— Hã? Ela gosta?

Talvez pareça que essa notícia me deixou em êxtase, mas na verdade ela me apavorou. Nenhuma garota jamais gostara de mim — pelo menos, não que eu soubesse. O que aconteceria depois? Nisso de conhecer meninas, meu irmão Peter era profissional. Fiquei pensando se deveria lhe pedir conselhos.

— Escreva uma carta a ela — disse Thomas. A princípio, recusei, mas, enquanto o dia se passava, quanto mais pensava na ideia mais decidia que talvez não fosse tão ruim assim. Escrever uma carta não era como falar com alguém frente a frente. Nisso de falar com meninas, Peter não tinha medo. Eu não era assim. Nas cartas, a gente podia dizer aos outros o que queria e eles interpretariam aquilo no seu tempo e ao seu modo. Decidi que sim, que escreveria uma carta a Alice.

Estávamos em casa, sentados na sala assistindo à televisão, quando os militares vieram buscar meu pai. Tinham instruções de levá-lo ao quartel Kamina para um interrogatório cujo objetivo era determinar se ele devia ser considerado ameaça ao Estado. Parece que trechos da carta de elogio ao general Acheampong tinham despertado certos temores.

Papai acompanhou os militares até o quartel Kamina, onde foi interrogado durante horas. Os homens esmiuçaram a carta que papai escrevera palavra por palavra, frase por frase. Pediram a papai que desse uma explicação para cada declaração que fizera. Ele respondeu às perguntas com sinceridade, nunca fugindo dos cumprimentos que fizera ao general Acheampong nem modificando as sugestões de que o chefe de Estado deveria "partir quando o aplauso for mais alto".

— Foi conselho — asseverou papai —, não ameaça. — Ele lhes recordou que não estava mais envolvido na política. Era empresário e ia bastante bem como resultado direto das políticas e programas do general Acheampong. Por que faria alguma coisa para atrapalhar a própria boa sorte?

Os militares que o interrogavam conseguiram acompanhar sua lógica e, para eles, fazia sentido, mas a decisão de libertar ou não meu pai não era deles. Tinham recebido ordens do Castelo, a sede oficial do governo. Teriam de redigir um relatório e mandá-lo a Acra. Lá, seria apresentado ao general Acheampong, que então decidiria o que fazer com meu pai, se seria preso ou libertado.

Nosso pai ficou vários dias no quartel Kamina enquanto aguardava para conhecer seu destino, que estava nas mãos de um homem que, agora, papai via que não era diferente de nenhum outro golpista.

Querida Alice,
Como vai?
Acho você muito bonita e gosto de você 99,9%.
Cuide-se bem.
— John

Era mais um bilhete do que uma carta. Thomas e eu nos esgueiramos no quarto da minha madrasta Joyce, onde ela guardava as roupas, as joias e os perfumes. Experimentamos o cheiro de todas as garrafas até encontrarmos um que achamos que Alice gostaria. Tinha aroma de limão, manga muito madura e mel. Encharcamos o papel de perfume, agitando-o no ar depois de cada borrifada para que a tinta das palavras não escorresse nem manchasse. Quando secou, dobramos a folha de papel uma, duas e três vezes e a pusemos num envelope. Borrifamos um pouco de perfume no envelope também.

Thomas levou a carta para Alice. A noite toda meu estômago mais parecia uma sopa, mexendo de ansiedade, esperança, oração, medo e desejo. No dia seguinte, nem Thomas nem Alice saíram de casa. Fiquei desolado. Levei para o lado pessoal. Ela detestara a carta, eu tinha certeza. Provavelmente me detestava também, e Thomas estava com vergonha demais para vir me dizer. Decidi que não poria mais a cara na rua durante o resto das férias de verão. Não queria correr o risco de ver nenhum deles.

No dia seguinte, Thomas veio pedir desculpas. Tinham saído de casa bem cedinho com os pais para comparecer a um funeral em Kumasi e só voltado tarde da noite. Ele me entregou um envelope parecido com o que eu dera a ele para entregar a Alice. Peguei-o, achando que ela devolvera minha carta sem abrir nem ler. Então, vi meu nome escrito no envelope, numa letra que não reconheci. Agora também conseguia sentir o perfume que fora borrifado no envelope. Não era do mesmo tipo que eu e Thomas usáramos. Esse aroma era doce como caramelo, baunilha e calda de açúcar. Rasguei o envelope, retirei o papel e comecei a ler.

Caro John,
Estou bem. E você, como está?
Acho você bonitinho e também gosto de você.
99,9%.
— Alice

Fiquei extasiado. Ela gostava mesmo de mim. Thomas não dissera aquilo apenas para que eu me sentisse bem nem para implicar comigo porque ela era sua irmã. Depois que Thomas foi embora, me estiquei na cama e li a carta várias vezes. Deitei-a sobre meu rosto e inalei. Olhei a letra de Alice, que era regular e feminina, cheia de voltas e linhas onduladas. Olhei os vincos da carta, onde ela dobrara o papel. Imaginei-a passando o polegar de leve sobre as dobras para firmá-las e deixar o papel plano.

No dia seguinte, vesti roupas boas, sem buracos nem manchas de terra. Antes de sair de casa, parei na frente do espelho e examinei o rosto para ver se não havia remela no canto dos olhos, nada no nariz, nenhum resto de comida entre os dentes. Andei até a casa de Thomas e Alice, ao lado da minha. Quando Thomas atendeu, cumprimentei-o antes de pedir para ver Alice. Ele ficou visivelmente desapontado de a visita não ser para ele, mas foi chamá-la até a porta. Quando Alice se aproximou da soleira, meu coração começou a bater com força outra vez.

— Olá — cumprimentei. Ela respondeu com o mesmo cumprimento. Nenhum de nós tinha mais nada a dizer. Ficamos ali em silêncio, sorrindo um para o outro. Finalmente, ela perguntou se eu podia voltar mais tarde.

— Podemos nos sentar no jardim e conversar — disse Alice. Concordei.

Era noite quando voltei. O jardim no quintal da casa de Alice e Thomas tinha muitas flores iguais às do nosso, inclusive a minha favorita, miosótis brancos com o olho amarelo no meio.

Alice e eu nos sentamos, quase sempre em silêncio, fitando a lua. Não estávamos sentados juntos. Provavelmente havia uns trinta centímetros entre nós, e cada um deles parecia um quilômetro. Estar tão perto dela me emocionava. As minhas mãos ficaram úmidas e uma sensação de calor passou por trás das orelhas até a nuca.

Alice me pediu que lhe falasse do inspetor do meu dormitório. Era típico de alunos de internato falarem sobre os inspetores de dormitório. Eram eles que impunham a disciplina nas escolas. As histórias mais divertidas e humorísticas que se podia contar sobre a vida no internato costumavam envolver o inspetor de dormitório.

Havia várias histórias para escolher. Eu e os meus amigos de Ghanasco sempre nos metíamos em situações que chamavam a atenção do olho vigilante do inspetor. Escolhi as mais calmas para contar a Alice. Não queria que ela pensasse que eu era indisciplinado, algum tipo de criador de encrencas. Ela riu educadamente das minhas histórias, pondo a mão na frente da boca.

Quando começou a ficar tarde, levei-a pelos vinte passos até a porta dos fundos.

—Você voltará amanhã? — perguntou ela antes de entrar.

—Volto — respondi. —Volto, sim. — Na noite seguinte, ficamos sentados de novo, juntos ao luar. Dessa vez, foi Alice que contou histórias da inspetora do seu dormitório. Alice estava num internato no sul. Como a família se mudava com frequência, os pais não tinham se dado ao trabalho de trocar os filhos de escola.

Tenho certeza de que ela só escolheu as histórias mais calmas para me contar, aquelas que ainda a deixavam sob uma luz respeitosa e bem-educada. Ri das histórias dela, como ela rira das minhas, muitas vezes e com educação, mesmo quando não eram muito engraçadas. Não me importava sobre o que falávamos. Estar com ela era o que eu queria. Para mim, não fazia diferença o que fazíamos quando juntos, se falávamos ou ficávamos calados.

Nossos encontros noturnos continuaram durante o resto das férias de verão. Quando nos preparávamos para voltar à escola, Alice e eu tínhamos eliminado a brecha de trinta centímetros entre nós e nos sentávamos lado a lado, com os cotovelos e ombros se tocando. Dávamos as mãos e ficávamos horas sentados, agora tranquilos com os sentimentos que tínhamos um pelo outro.

Thomas e eu continuamos a jogar futebol à tarde. Não tenho certeza de como ele via meu relacionamento com a irmã. Ele nunca mencionava o nome dela quando estávamos juntos e ficava dentro de casa sempre que eu e Alice estávamos no jardim. Acho que deve ter sentido que, embora tivesse feito seu papel para nos reunir, agora não queria ter mais nada a ver conosco como casal.

Todos prometemos manter contato enquanto estivéssemos na escola. Thomas e Alice disseram que me escreveriam. Prometi escrever de volta. Cheguei a furtar o perfume da minha madrasta para borrifar nas cartas que mandasse a Alice.

Durante o ano letivo, nunca recebi notícias de Thomas. Provavelmente, estava ocupado demais com os outros amigos da escola, e não era comum que meninos escrevessem a meninos, a menos que fossem irmãos. Alice me escreveu várias cartas. Não chegavam com nenhuma regularidade previsível, mas tratei cada uma delas como tratara a primeira. Deitava-me na cama e a lia do início ao fim. Depois, a punha sobre o rosto e inspirava o aroma. Depois, estudava a letra. Às vezes até traçava as curvas das letras com o dedo. Imaginava-a escrevendo, sentada à escrivaninha, pensando em coisas para pôr no papel, pensando em mim.

Não é insensato acreditar que se pode comandar o país melhor do que o indivíduo no poder que, na maioria dos casos, é uma autoridade eleita. Esse é o propósito do processo eleitoral, a razão pela qual, no final do mandato de cada autoridade, há a oportunidade de questioná-la. É por isso que há uma plataforma para os candidatos defenderem, para explicarem aos eleitores seus pontos fortes e sua capacidade de liderança, além da sua visão de futuro.

No entanto, é preciso um tipo específico de personalidade para acreditar que se pode fazer melhor e depois contornar o processo eleitoral por meio da tomada do poder à força, negando ao povo o direito de escolher seu líder. Esse tipo de autoengrandecimento fica cada vez mais visível quando os que deram o golpe, depois de já ter tomado o poder político, tentam se elevar ainda mais.

Vários anos depois do seu golpe de 1965 na República Democrática do Congo, Joseph-Désiré Mobutu, militar na juventude, mudou o nome para Mobutu Sese Seko Nkuku Ngbendu wa Za Banga, que, traduzido, significa "o guerreiro todo-poderoso que, devido à sua resistência e vontade inflexível de vencer, irá de conquista em conquista deixando fogo em sua esteira". Mobutu também pôs sua imagem nos selos e no dinheiro do país.

Em 1969, depois do golpe na Líbia, o coronel Muamar al-Kadafi declarou que era "o líder dos líderes árabes, o rei dos reis da África e o imã dos muçulmanos". Rejeitou os títulos de chefe de Estado ou presidente e adotou o título oficial de "Irmão Líder, Guia da Grande Revolução Socialista Popular de Primeiro de Setembro da Jamahiriya Árabe Líbia Socialista e Popular Muamar al-Kadafi".

Em 1971, depois do golpe em Uganda, o então general de brigada Idi Amin Dada se promoveu a marechal de campo. Depois, assumiu o título de "Sua Excelência Presidente Vitalício e Marechal de Campo Al Hadji Doutor Idi Amin Dada". Então, o líder militar de Uganda começou a conferir a si mesmo numerosos títulos e condecorações imerecidos, como CBE (Conqueror of the British Empire, ou Conquistador do Império Britânico), VC (Victoria Cross, a Cruz da Vitória), DSO

(Distinguished Service Order, ou Ordem de Distinção em Serviço) e MC (Military Cross, a Cruz Militar). No final do mandato, o título completo que dava a si mesmo se tornara "Sua Excelência Presidente Vitalício e Marechal de Campo Al Hadji Doutor Idi Amin Dada, VC, DSO, MC, Senhor de Todos os Animais da Terra e Peixes do Mar e Conquistador do Império Britânico na África em Geral e em Uganda em Particular".

Em vários aspectos, parecia que Acheampong ia na mesma direção, sendo sua autopromoção de coronel a general apenas um dos exemplos.

O problema de chegar ao poder pela força é produzir um tipo específico de paranoia. Os ditadores e governantes militares acham difícil confiar nos outros; temem pela sua segurança, acreditando, talvez com razão, que, assim como removeram outros do poder à força, deve haver quem gostaria de vê-los removidos à força.

A meio caminho do seu período como governante militar de Gana, o general Acheampong dissolveu o órgão governante que criara, o Conselho de Redenção Nacional, e o substituiu pelo Supremo Conselho Militar, formado unicamente por alguns militares da sua confiança. Os cidadãos viram essas mudanças como manobras astutas de Acheampong para aumentar o controle do país e tornar-se presidente vitalício. Nosso pai, que Acheampong decidira libertar do quartel Kamina, também era dessa opinião.

O empréstimo que o general Acheampong autorizara o Banco de Gana a conceder às usinas de beneficiamento de arroz levara um grande fluxo de dinheiro à empresa de papai.

Sabe-se que o dinheiro é um grande destruidor de relacionamentos. Os amigos do meu pai, os acionistas antes desinteressados e não envolvidos, de repente se interessaram e ficaram ansiosos para se envolver. Para ganhar mais controle sobre a empresa e o patrimônio, levaram meu pai aos tribunais.

Meu pai pediu ajuda ao general Acheampong. Embora tivesse escolhido não prender meu pai, o general não o considerava mais um aliado. Os apelos do meu pai não foram atendidos. Finalmente, a empresa que meu pai construíra foi arrancada do seu controle.

Quando o ano letivo terminou, eu me acostumara a estar apaixonado e ter uma namorada. Eu e Alice vínhamos trocando cartas. Nos feriados, nos sentávamos no jardim dos fundos da casa dela, mas também fazíamos longos passeios e dividíamos ideias e pensamentos. Aquele jorro de adrenalina que costumava sentir quando a conheci nunca sumiu. Meu coração ainda batia num ritmo acelerado de bem-aventurança. Nunca me cansava de olhá-la nem de escutá-la falar. Planejava passar com ela todas as minhas férias de verão. Fiz uma lista dos lugares aonde queria levá-la, lugares que conhecera andando de bicicleta até Savelugu, a quase dezoito quilômetros de Tamale.

Quando voltei para casa, descobri que Alice, Thomas e os pais estavam de mudança. O Banco Comercial de Gana transferia o pai dela para a região do Volta. Outro gerente assumiria o cargo em Tamale e, como parte do pacote, se mudaria para a casa ao lado da nossa. Fiquei desesperado.

Mal tivemos tempo de nos despedir. Quando conversamos, nós dois raciocinamos que, na verdade, não seria muito diferente de quando estávamos longe, na escola. Continuaríamos a nos escrever e, de vez em quando, daríamos um jeito de nos encontrar. Parecia um plano sensato e me manteve estoico a ponto de oferecer toda a ajuda possível para Alice se preparar para a partida.

Depois que eles se foram, eu disse a mim mesmo que o plano nunca daria certo. Talvez por algum tempo ela me escrevesse. Mais tarde, as cartas ficariam mais espaçadas até pararem. Talvez até déssemos um jeito de nos ver uma ou duas vezes, mas não seria a mesma coisa. Não seríamos vizinhos. Não teríamos o banco de jardim ao luar. Seríamos estranhos outra vez.

Durante semanas, o sofrimento me envolveu como uma segunda pele. Eu quase não tinha apetite. Ia para a cama e me cercava com as cartas de Alice. Não conseguia me obrigar a lê-las.

— Vai melhorar, Romeu — dizia Peter, sempre que ele e Alfred entravam no quarto e me pegavam folheando envelopes ou segurando um deles junto ao nariz para sentir o perfume. — Você vai se apaixonar outra vez.

— E outra, e outra — acrescentava Alfred.

Eles tinham razão. Conheci outras garotas, não naquelas férias de verão, mas com o passar dos anos. Mas mesmo quando me apaixonava por uma nova moça que roubava meu coração e me inspirava a escrever cartas de amor outra vez, sempre que me sentava na varanda e via aquelas pétalas branquíssimas dos miosótis com os seus brilhantes olhos amarelos, eu pensava em Alice. Sempre pensaria nela.

GOVERNO DE UNIÃO

Meu professor de literatura em Ghanasco era um socialista dedicado. Chamava-se sr. Wentum e era um dos professores mais afáveis e objetivos da escola. Todos os garotos o adoravam. Era um homem de fala mansa, alto e desengonçado, com cabelo levemente crespo e cor de chá. Era o tipo de pessoa que não se destacaria numa multidão. Vestia-se simplesmente, com calças compridas e a camisa quase sempre para fora. Também gostava de *batakaris*, os blusões de tecido de algodão pesado usado pelos homens no norte.

Como professor, o sr. Wentum era profissional e respeitador das regras. Seguia estritamente o currículo. Líamos obras de autores como Chinua Achebe, William Shakespeare, Leão Tolstoi e D. H. Lawrence. Ele me deu aula no nível O, e fiquei admirado com sua genialidade. Todos ficamos. Ele era um verdadeiro intelectual, amante das palavras e do pensamento crítico.

Fora da sala de aula, o sr. Wentum era um amigo. Não traçava aquela linha de separação estrita entre aluno e professor que é comum na nossa cultura, ainda mais em 1977. Ele nos considerava amigos mais novos e era assim que nos tratava. Afetuosamente, o chamávamos de irmão Wentum. Ele andava conosco, ia ao nosso dormitório; conversava sobre tudo e qualquer coisa, inclusive suas crenças. A maioria dessas discussões ocorria no apartamento do sr. Wentum. Ele dava ao seu grupo de jovens amigos acesso livre ao seu apartamento. Podíamos ir até lá e ficar à toa quando terminávamos as aulas. Ali passou a ser nosso ponto de encontro.

As acomodações do corpo docente dentro do *campus* eram limitadas e a escola alugara para o sr. Wentum um apartamento na cidade, a cerca de um quilômetro de distância. Eu e Sulley, meu melhor amigo, costumávamos andar até lá várias vezes por semana e ficar durante horas. Sulley mal começara a frequentar Ghanasco. Ele morava em Wa. Nascera em Gana, mas os pais eram da Nigéria. Tinham emigrado para Gana quando esta ainda era a colônia da Costa do Ouro.

Sulley era um dos garotos mais talentosos e versáteis que conheci. Tinha a mente ágil e um senso de humor inteligente. Sabia costurar, habilidade que aprendera com o pai alfaiate, e era hábil com as mãos de um jeito que eu e seus outros amigos livrescos invejávamos.

O prédio onde o sr. Wentum morava era adequadamente comum. O apartamento em si também era bastante ordinário. Era pouco mobiliado, com um sofá, algumas cadeiras e dois ou três tamboretes. Não havia belos objetos decorativos, nenhum quadro na parede, nenhuma escultura. A única coisa no lugar todo que dava alguma pista do histórico e da personalidade do sr. Wentum eram os seus livros. Ele possuía dezenas e dezenas de livros, que permitia que eu, Sulley e os outros garotos pegássemos emprestado ou lêssemos enquanto estávamos lá.

O sr. Wentum gostava de dividir conosco sua visão de mundo. "A história de toda sociedade humana é a história da luta de classes", explicava enquanto preparava uma das suas deliciosas refeições. "Os seres humanos existem em classes sociais, e as classes estão em luta constante pelo controle do poder e dos recursos."

Quando terminava de cozinhar, o sr. Wentum nos servia a todos um prato do que tinha preparado e continuava a falar sobre a importância da classe operária, que era o verdadeiro instrumento da revolução. Enquanto comíamos, o escutávamos falar que o socialismo triunfaria até se tornar a ideologia do mundo inteiro.

O sr. Wentum nos contou que, em breve, o socialismo se espalharia até os cantos mais distantes da Terra, dos Estados Unidos até Israel e Austrália, e até o Alto Volta, país que, em 1984, foi rebatizado como Burquina Fasso.

— Alto Volta? — perguntou Sulley, incrédulo. Desde que conseguira a independência, o país fora incapaz de se estabilizar. Passara por uma série de golpes e governantes militares. Na tentativa de fazer a transição para o governo civil, uma nova constituição acabara de ser redigida e aprovada e havia eleições abertas marcadas para o ano seguinte.

— Por que não? — perguntou o sr. Wentum em resposta.
— Eles estão se encaminhando para a democracia, e Karl Marx escreveu que "a democracia é o caminho para o socialismo". — Ele citava com frequência as obras de Karl Marx e Friedrich Engels. Também insistia para que as lêssemos. Sempre que eu saía do apartamento do sr. Wentum, minha cabeça

ficava cheia de palavras como *proletariado*, *burguês*, *camponês* e *opressor*.

A paixão do sr. Wentum pelo socialismo era contagiosa. Depois de semanas ouvindo-o falar de igualdade e sociedade sem classes, da criação de uma nação onde haveria pleno emprego e todos levariam uma vida decente, conseguia sentir que, aos poucos, eu me convertia, mas não sem minhas dúvidas e perguntas.

Meu pai era empresário e, pela definição do sr. Wentum, isso significava que também era capitalista e opressor. Para mim, isso criava um bom volume de dissonância intelectual e emocional.

O sr. Wentum nos contou que Engels escrevera: "Alguns dias na fábrica do meu pai bastaram para me deixar cara a cara com essa animalidade que eu preferiria não ter visto". Quando ele disse isso, fiquei arrasado de culpa. Pensei nas vezes em que trabalhara na fábrica de beneficiamento de arroz do meu pai, indo de setor em setor. Era trabalho duro, mas eu sentia ter recebido um salário justo. Fiquei me perguntando se os operários permanentes também sentiam que recebiam um salário justo ou se sentiam que eram explorados.

Sabia que meu pai era um homem do povo. Era essa a razão para ele ter entrado na política. Também era a razão para ter se filiado ao Convention People's Party (CPP), o Partido da Convenção Popular, fundado e encabeçado pelo dr. Nkrumah.

O CPP se alinhava com algumas filosofias socialistas, principalmente no que dizia respeito à educação e bem-estar social. O dr. Nkrumah acreditava que a educação de qualidade era um direito do povo e que era dever do Estado dar acesso a ela. Do mesmo modo, acreditava que, para ter uma população produtiva e saudável, os cidadãos deveriam ter acesso à assistência médica gratuita oferecida pelo Estado.

As ideias do sr. Wentum iam muito além do tipo de socialismo adotado pelo CPP. A meta final do sr. Wentum era uma revolução da classe operária, nas mesmas linhas da Grande Revolução de Outubro, e a criação de um Estado comunista como a União Soviética, que ele considerava uma utopia.

Minha reação à política sempre fora pessoal, devido ao envolvimento do meu pai. Ele era meu pai. O que o afetava me afetava, e, automaticamente, eu ficava do lado dele. Embora, de um modo ou de outro, todos os acontecimentos da minha vida tivessem sido configurados ou influenciados pela política, eu nunca levara em conta nem definira minha tendência política. Agora eu começava a fazer isso.

Os ganenses estavam fartos da liderança do general Acheampong. Ele enfrentava uma pressão intensa para renunciar e devolver o país ao sistema político multipartidário com governo constitucional. Depois que Acheampong dissolveu o Conselho de Redenção Nacional e instituiu o Supremo Conselho Militar (SMC, na sigla em inglês), os militares se meteram em todas as facetas da vida ganense, principalmente na vida econômica do país.

A violência e as violações dos direitos humanos aumentaram quando os soldados levaram os códigos de conduta dos quartéis para a vida civil. Como os ganenses não viviam sob um governo constitucional, os soldados agiam com impunidade, e chegaram a levar à vida civil a punição sumária. Se alguém desrespeitasse a lei em algo tão pequeno como uma infração de trânsito, não era raro que um soldado puxasse o infeliz para fora do veículo e o surrasse. Não havia leis para prevenir nem punir esse tipo de comportamento delinquente.

Os militares controlavam tudo. Eram eles os diretores que administravam a Empresa Estatal de Habitação. Controlavam a Empresa Estatal de Transporte e todas as outras estatais, que eram muitas. Os soldados ocupavam o nível ministerial e também o nível dos governos locais, ou seja, controlavam todos os cargos em que o Estado tinha mais influência no país sobre os meios de produção e a distribuição de mercadorias.

Nossa economia era planejada e controlada, e isso dava aos soldados tremendo poder e acesso. De repente, os militares se dedicavam ao tipo de corrupção de que tinham acusado o governo civil anterior. Soldados começaram a construir mansões luxuosas e a comprar carros caros e bonitos.

Enquanto isso, a sobrevivência cotidiana ficava cada vez mais difícil para os civis. As importações eram restritas a menos que o indivíduo ou empresa tivesse uma licença de importação, praticamente impossível de conseguir para pessoas comuns. Em consequência, havia escassez de tudo. Vivíamos sob um sistema de cupons. Para comprar as mercadorias consideradas essenciais, como sabão, leite em pó, peixe enlatado, carne em conserva e açúcar, os civis precisavam de cupons oficiais. Os cupons eram levados a armazéns do governo e trocados pelos itens.

Os comerciantes esperavam nos portões dos armazéns estatais que as pessoas chegassem com seus cupons. Era comum comprarem os cupons pelo preço do mercado negro, entrar, receber os itens e vendê-los a outros comerciantes, que por sua vez os vendiam no mercado quase dez vezes mais caros.

Essas práticas provocaram escassez, que levou ao açambarcamento. Quando tinham a oportunidade, todos compravam muito mais do que precisavam e guardavam o excesso para usar depois ou para revender no mercado negro a preços exorbitantes. Os ganenses cunharam uma palavra para isso: *kalabule*.

Os vendedores acumulavam as mercadorias e as armazenavam em depósitos. Inventaram-se maneiras ardilosas de anunciar discretamente os itens à venda e as negociações entre vendedores e fregueses aconteciam em código. Por exemplo, podia-se encontrar uma mulher sentada numa barraca na feira com apenas algumas vassouras atrás, com a palha de cada vassoura amarrada com uma tira de pano. Não eram as vassouras que estavam à venda, mas o pano. Os tecidos, principalmente os importados estampados em batique, tinham enorme valor para os ganenses, mas, como tudo o mais, eram escassos.

Tudo tinha enlouquecido, um declínio geral ocorrera e, na sociedade civil, todos começaram a se irritar. Estavam cansados de viver em estado de carestia, numa sociedade sem leis. Queriam estabilidade. Queriam prestação de contas.

Em resposta à agitação pública, o general Acheampong e o SMC criaram um conceito chamado Governo de União. A democracia, explicaram, era uma criação ocidental. O novo sistema de governo se basearia numa forma nativa de democracia.

Argumentaram que, no sistema de governo tradicional de Gana, os líderes não eram eleitos, mas ainda assim representavam o povo. As decisões tomadas pelos governantes tradicionais não eram arbitrárias; havia o conselho de anciãos com quem o governante se reunia para discutir as questões.

O general Acheampong e o SMC sustentavam que essa forma de governo era verdadeiramente inclusiva porque, de acordo com a tradição, todo segmento da sociedade tem um chefe que ocupa seu lugar na corte do governante. Esses chefes, em essência, eram os representantes da sociedade. Aconselhavam o governante, que então era capaz de tomar decisões por consenso, decisões para o bem de toda a sociedade.

Esse resumo do Governo de União (ou UniGov, como o povo começou a chamá-lo) era nebuloso. O governo envidou todos os esforços para vender essa ideia ao povo. Chegaram a publicar um livro delineando seus benefícios. O que deixaram de fornecer foram os detalhes de como exatamente funcionaria, como seria organizado, quem seria encarregado de escolher os representantes, se eram permanentes ou estariam sujeitos à substituição e quem decidiria se ou quando os representantes seriam substituídos.

Com ou sem livro, o conceito do Governo de União não foi bem recebido. O povo achou que era um plano do general Acheampong para se manter no poder porque sabia que, se houvesse o retorno total ao sistema multipartidário, ele teria de renunciar.

O governo afirmou que deixaria nas mãos do povo a decisão de criar ou não o UniGov. Marcaram um plebiscito para março de 1978. Nessa ocasião, os cidadãos teriam de votar sim, se fossem a favor do UniGov ou não, caso não fossem. O governo lançou uma campanha em grande escala para conquistar o voto sim para o UniGov. Houve numerosos anúncios nos meios de comunicação estatais para promover o UniGov; os líderes de opinião receberam dinheiro e novos veículos para tentar influenciar o voto.

Os estudantes e os profissionais liberais eram agressivamente contrários ao conceito do Governo de União e lançaram uma grande campanha própria. Houve imensas manifestações em *campi* do país inteiro. A polícia e os soldados apareciam e surravam os manifestantes. Muitas universidades foram forçadas a fechar devido aos protestos e à consequente violência.

Quando voltaram para casa para aguardar a reabertura das universidades, os estudantes levaram panfletos escritos e publicados pela União Nacional de Estudantes Ganenses para detalhar as razões pelas quais o UniGov não deveria ser aprovado, sendo a mais importante o fato de que asseguraria que Gana continuasse a ser um Estado apartidário nas mãos do mesmo governante sedento de poder. Os estudantes distribuíram esses panfletos rudimentares entre as feirantes, as cabeleireiras, os alfaiates e outros trabalhadores da comunidade. Também os distribuíram entre os alunos das escolas secundárias.

Com o sr. Wentum e Boniface, os alunos de Ghanasco tinham se radicalizado totalmente. Éramos firmemente contrários ao UniGov e estávamos dispostos a desempenhar nosso papel no dia do plebiscito.

Boniface era um estudante universitário que frequentara Ghanasco recentemente. Ainda tinha amigos lá e fazia visitas com frequência. Como o sr. Wentum, que fora ativista estudantil quando frequentara a Universidade de Cape Coast, Boniface era um socialista empenhado. Ao contrário do suave sr. Wentum, Boniface era vociferante e confrontador. Na época em que sua universidade foi forçada a fechar devido aos choques sangrentos entre manifestantes e soldados, Boniface foi a Ghanasco para consolidar nosso apoio.

Ele era baixo, magro e mais parecido com estudante primário do que universitário. Nós o encontrávamos no apartamento do sr. Wentum, aonde ele levava punhados de panfletos "Não ao UniGov" e nos contava histórias detalhadas sobre os fatos que aconteciam em Acra, onde ficava sua universidade.

Nós nos contraímos de medo quando soubemos da força excessiva com que os soldados tratavam os estudantes. Os manifestantes eram chutados e estapeados, surrados com bastões e cassetetes; davam-se tiros no ar e na multidão. Depois de ver o que vira, Boniface tinha certeza de que não havia como os militares permitirem que o resultado do plebiscito refletisse a verdadeira vontade do povo.

— Se não nos permitem sequer manifestações contrárias, por que permitiriam que votássemos contra? — perguntava.

Os alunos de Ghanasco não participariam do plebiscito porque não tínhamos direito a voto; éramos novos demais. No entanto, a escola seria usada como local de votação porque a maioria da população estudantil estaria de folga. Nós, alunos do sexto ano, teríamos de permanecer no *campus* para nos preparar para os exames vestibulares. Boniface e o sr. Wentum fizeram um plano, um modo de protegermos a urna de votação.

Toda noite, nos encontrávamos no apartamento do sr. Wentum para esmiuçar os detalhes do plano. Nós nos reuníamos na sala e Boniface falava conosco enquanto o sr. Wentum cozinhava. Ele nos contava a vida na universidade e como era diferente da vida na escola secundária.

— É o mundo real — dizia. — Não podemos mais nos esconder atrás da infância.

Boniface também respondia às nossas perguntas sobre o socialismo.

— Todos os capitalistas são opressores? — perguntei, pensando no meu pai. Boniface foi enfático na resposta.

— São. Têm de ser. Essa é natureza do sistema onde estão. Quando a revolução acontecer, todos terão de ir. — Ir? Ir para onde? Estava pronto a perguntar a Boniface quando ele começou a falar de novo.

— Marx disse: "O último capitalista que enforcarmos será aquele que nos vendeu a corda". — Todos riram, menos eu e Sulley, que me deu um olhar de consolo e balançou a cabeça de leve, como se dissesse: *Nada vai acontecer com seu pai*.

A sessão de estratégia começava depois que o sr. Wentum servia a todos um prato de comida fumegante. O plano era ficarmos do lado de fora, onde as urnas estavam à vista, e garantir que ninguém entrasse para enchê-las. Não devíamos formar grupos, mas nos dispersar e ser discretos para não assustar quem fosse votar.

No caso improvável de sermos questionados por algum soldado ou policial, devíamos gritar para pedir ajuda. Os outros, então, acorreriam para nos socorrer.

— Eles não ousariam machucar crianças — nos assegurou o sr. Wentum.

— Não ousariam? — questionou Boniface.

Revisávamos os planos a cada reunião para garantir que todos soubessem que urna vigiavam, onde deveriam ficar, como reagir se fossem questionados verbalmente por um soldado e como escapar se fossem fisicamente ameaçados ou abordados antes que a ajuda chegasse.

Faltei a uma das reuniões na casa do sr. Wentum. Houve alguma coisa que eu tinha de fazer ligada a uma prova próxima que me impediu de ir. Sulley e os outros garotos foram sem mim, mas prometeram me contar todos os detalhes quando voltassem ao dormitório.

A universidade de Boniface reabrira e ele voltara para Acra, de modo que também não estava na reunião. O sr. Wentum serviu o jantar aos garotos e depois começou a contar a todo mundo as últimas notícias sobre os tumultos e protestos mais recentes e sobre manifestantes mortos ou feridos e escolas que tinham fechado. O plebiscito aconteceria dali a poucos dias e ele queria ter certeza de que todos ainda estavam comprometidos com a missão e sabiam o que deveriam fazer.

Sulley decidiu encher o copo d'água antes que o sr. Wentum passasse à conferência das listas do que fazer e não fazer durante nossa missão. Levantou-se e entrou na cozinha, que ficava junto à sala. Abriu a geladeira para pegar a água.

O sr. Wentum, que era solteiro, preparava a própria comida. Como geralmente acabava nos alimentando também, a geladeira costumava estar bem fornida. Dessa vez, devia estar cheiíssima, porque assim que Sulley abriu a porta algo caiu no chão. Era algum alimento mal embrulhado. Havia pacotes parecidos na prateleira junto de onde estivera, só que o resto fora mais bem-arrumado. Sulley se abaixou para pegar. Para seu horror, ao tocá-lo o embrulho se abriu de leve e revelou uma mão.

— John, era peluda — me disse Sulley mais tarde, naquela noite. — E tinha cinco dedos. Um deles era um polegar! E a palma era muito preta, com linhas como as nossas. — Sulley soou surpreendentemente calmo ao descrever essa mão. Se eu estivesse no lugar dele, teria saído correndo da cozinha.

— O que você fez? — perguntei ao meu amigo.

— Eu a peguei do chão — disse Sulley, como se fosse a única coisa que pudesse fazer —, mas por baixo, onde o papel ainda estava intacto.

Sulley, que nesse momento decidiu que não estava mais com sede, voltou à sala e ficou em pé diante do sr. Wentum, estendendo a mão da geladeira. Os outros meninos ficaram de boca aberta, arregalando os olhos ou simplesmente se afastando, como se o apêndice no pacote aberto estivesse vivo e pudesse atacá-los.

— O que é isso? — perguntou Sulley ao sr. Wentum.

— O que acha que é? — perguntou o sr. Wentum em resposta.

— Um macaco — respondeu Sulley, com voz de nojo.

— Ora — disse o sr. Wentum, sorrindo —, o que pensam que andaram comendo todo esse tempo?

Ao ouvir isso, alguns garotos bateram a mão na boca e correram para vomitar no banheiro. Outro continuou a mastigar a carne que estava na boca, claramente sem se importar se era macaco, boi ou carneiro. Sulley disse que, a princípio, sentiu vontade de vomitar também, mas se lembrou de que as refeições tinham sido boas. Não havia razão para fingir que não, agora que sabia o que comera. O que fora feito estava feito.

O sr. Wentum pegou de Sulley a mão de macaco e refez cuidadosamente o embrulho. A caminho da cozinha para devolvê-la à geladeira, disse aos garotos que acreditava que tudo o que Deus pôs nesta terra era para ser comido. Não entendia por que havia pessoas com tabus tão estranhos na hora de comer.

— Se alguém pode comer peixe e outro alguém pode comer coelho, caramujo ou antílope, então por que não podemos comer macaco também?

No dia do plebiscito, assumimos posição e vigiamos as urnas, como planejado. Na época, as urnas eram de aço e pintadas de preto para ninguém ver o que havia dentro. Os votantes entravam e se inscreviam com o funcionário eleitoral; depois, punham o voto na urna e saíam. Ficamos lá a manhã inteira. O comparecimento foi pequeno.

Alguns professores nossos, o sr. Wentum e os colegas que pensavam como ele, se uniram a nós na nossa missão, que se mostrava muito tranquila. Seja como for, não tínhamos nada que fazer ali. Éramos alunos do curso secundário, garotos de dezoito e dezenove anos, não policiais voluntários. Tínhamos passado tanto tempo lendo livros e trocando ideias e pensamentos sobre a luta de classes e a revolução, que começáramos a imaginar que Gana estava à beira das duas. Karl Marx escreveu: "Essa revolução, portanto, é necessária, não só porque a classe dominante não pode ser derrubada de nenhum outro modo como também porque só numa revolução a classe que a derruba consegue livrar-se de toda a podridão dos séculos e tornar-se capaz de refundar a sociedade". Acreditávamos nisso.

Queríamos que Gana se tornasse uma sociedade nova, sem fome, sem desemprego crescente nem grande separação entre as classes. Se isso significava vigiar urnas para salvaguardar o voto, então que fosse. Estávamos dispostos a sacrificar nosso tempo de estudo. Nunca passou pela nossa cabeça, mesmo com tudo o que tínhamos ouvido sobre manifestantes e soldados, que também poderíamos sacrificar a vida.

No início da tarde, quando estávamos convencidos de que as urnas do plebiscito em Ghanasco não seriam submetidas a nenhum golpe sujo, chegou um rapaz de aparência suspeita. Ele nos abordou e nos disse para irmos embora. Nós nos recusamos e, ao contrário das instruções que o sr. Wentum nos dera nas várias reuniões de planejamento, discutimos verbalmente com ele.

Ele ameaçou nos bater. Zombamos da ameaça. Não havia como ele bater em todos os garotos do nosso grupo. Sequer teríamos de pedir ajuda aos outros. O homem viu que estava em desvantagem numérica. Virou-se e começou a ir embora.

—Voltaremos — disse ele —, e vocês verão. Não fazíamos ideia do que ele quisera dizer com "nós", mas não importava. Estávamos cheios de orgulho. Observamos o homem andar de volta até o carro, um Peugeot novo em folha, do tipo que o governo distribuía para atrair quem quisesse se tornar porta-voz da criação do Governo de União. Isso nos deu um sentimento de vitória ainda maior: o nosso Davi e o Golias deles.

Uma hora e meia depois, chegou uma picape. Um toldo cobria a caçamba traseira e não sabíamos o que havia lá. Achamos que fossem cédulas de votação e que as pessoas da picape tinham vindo encher as urnas. Observamos, curiosos, para descobrir o que pretendiam. Chegou outra picape, seguida por um Peugeot como o que tínhamos visto antes.

Os veículos frearam com barulho, um atrás do outro. Antes que os motoristas desligassem o motor, começou a pular gente dos veículos com porretes e facões. Eram talvez uns vinte deles. Começaram a se aproximar de nós. Notamos que um deles era o homem com quem discutíramos, aquele que nos prometera que voltaria. Agora entendíamos por que dissera "nós".

— Quem está provocando confusão aqui? — perguntou um dos homens.

— São vocês que estão atrapalhando as eleições? — perguntou outro. Quase rimos. Nós? Provocando confusão? Atrapalhando eleições? Dissemos que não.

— Então o que estão fazendo aqui? — quis saber o primeiro homem. Nisso, todos os outros envolvidos na nossa missão vieram correndo até onde estávamos.

— Resistam — disse o sr. Wentum. Alguns garotos seguiram a orientação. Travaram os joelhos, endireitaram a coluna e firmaram os braços ao lado do corpo, como se imitassem soldados. Os homens continuavam andando na nossa direção. A próxima coisa que soubemos foi que um porrete bateu na cabeça de alguém.

Sulley e eu nos entreolhamos e saímos correndo. Um dos professores também saiu correndo. Não foi tão rápido quanto nós. Podíamos ouvi-lo bufando e ofegando para manter o ritmo. Enquanto corríamos, escutamos passos indo em outras direções do *campus*. Ouvimos pessoas gritando ao serem surradas. Continuamos correndo até chegar ao nosso dormitório, escondidos em segurança num lugar onde ninguém conseguiria nos achar.

No dia seguinte, Sulley e eu fomos ao apartamento do sr. Wentum para ver como ele estava. Havia outros garotos lá também. Alguns tinham galos na cabeça por terem sido golpeados e hematomas no rosto por levarem muitos tapas. Parecia que o sr. Wentum apanhara muito, mas ainda conseguia andar. Ele se sentou e conversou conosco sobre a necessidade de ir adiante e continuar a luta. Procurei livros na sua estante. Puxei alguns sobre capitalismo e revolução que pareciam informativos e perguntei ao sr. Wentum se podia levá-los emprestados.

— É claro — concordou ele. Disse que estava com fome e nos disse que preparara comida mais cedo. — Estão servidos? — perguntou, mancando rumo à cozinha. Na mesma hora, Sulley e eu seguimos para a porta, usando a desculpa de que tínhamos de estudar para irmos embora. Alguns garotos vieram logo atrás, nos nossos calcanhares. Só um menino continuou sentado, aquele que, aparentemente, não tinha nenhum tabu estranho quanto à comida.

Segurei com firmeza os livros que tomara emprestados ao voltar a pé para o *campus* com Sulley e os outros garotos. Os meus dias de comer no apartamento do sr. Wentum podiam ter acabado, mas meu fascínio pela ideologia socialista mal começara.

A VERDADE PERMANECE

Os mapas-múndi da minha juventude eram sempre planisférios. Representavam uma terra esticada e distorcida, sem topografia, sem relevo sombreado. As únicas marcas eram nomes de oceanos e continentes, nomes de países e capitais, nomes de rios e serras.

De acordo com aqueles mapas, os lugares que eu conhecia não existiam. Eram faixas de espaço de cor clara, sem definição, sem nada que mostrasse as vastas florestas ou planícies, a enorme escarpa que eu e meu irmão Alfred costumávamos escalar quando crianças para caçar. Eu olhava as outras áreas não rotuladas do mapa e me perguntava o que e quem existia naquele espaço.

Sempre houve algo na Terra que me seduziu. Eu costumava estudar os mapas pendurados nas paredes das salas de aula e impressos nas páginas do atlas que meu pai tinha no escritório. Mal conseguia começar a decorar os nomes e formatos dos países quando o mapa que usava ficava obsoleto. Era depressa assim que o mundo mudava. As fronteiras eram redesenhadas; países eram formados e reformados, e alguns adotavam nomes novos.

O que continuava igual o tempo todo era o contorno de cada continente, como a curva da África Ocidental e a ponta afilada da América do Sul. Notei que as massas de terra, embora separadas por enormes corpos de água, se encaixavam perfeitamente, como se pudessem ser uma só, ou talvez já tivessem sido. Isso foi antes de eu aprender sobre Pangeia, o supercontinente que se acredita ter existido antes que a deriva dos continentes acabasse levando à configuração que conhecemos hoje.

No sexto ano, escolhi geografia como um dos meus temas de estudo. As informações que aprendi expandiram meu conhecimento da Terra e me inspiraram uma sensação de ligação com outros países e continentes que eu não tinha antes. Passei a ter um amplo sentimento de parentesco com os outros povos do mundo, povos que percebi que nunca encontraria nem conheceria.

Quando cheguei à Universidade de Gana como calouro, estava embebido de desapontamento. Não tinha conseguido os cursos que indicara como primeira e segunda opções. Pretendera estudar administração de empresas; fora a minha primeira opção. Escolhera esse curso porque era o mais popular da universidade, pois diziam que possíveis empregadores o procuravam. Fora isso, eu sabia pouquíssimo sobre administração de empresas e tinha pouquíssimo interesse por ela.

A segunda opção foi direito. Não era algo pelo qual eu alimentasse uma paixão ardente, mas era prático. A universidade era hora de estudo sério, hora de se preparar para a vida. Eu não fazia ideia do que queria na vida, mas, pelo que me disseram, o diploma de direito era uma base forte para quase todas as profissões.

História, que era a minha terceira opção, aquela que me fora designada, não era discutida com a mesma seriedade. Eu sempre gostara de estudar história. Na escola primária, recebera um prêmio em história e, ao lado de geografia e economia, fora minha outra matéria optativa no sexto ano. Mas diziam que um diploma universitário em história limitava as opções de carreira. Era específico demais e não oferecia conhecimentos nem habilidades que pudessem ser aplicados de imediato na força de trabalho fora da sala de aula.

Acabei por considerar minha designação para história como uma bênção disfarçada e reconheci que o conhecimento que obteria com seu estudo me levaria muito além da sala de aula e da vida rotineira. No entanto, naquelas primeiras semanas de universidade senti que tinha sido fraudado e roubado das coisas que queria.

Meu desapontamento e aquela sensação geral de ter sido enganado também derivavam do fato de que, além de não conseguir matrícula nas primeiras opções de curso, também não me concederam as primeiras opções de residência.

Na época, havia cinco residências estudantis na Universidade de Gana: Commonwealth Hall, Akuafo Hall, Legon Hall, Mensah Sarbah Hall e Volta Hall. Volta era a residência feminina. Mensah Sarbah era uma residência mista; as mulheres ocupavam uma ala do prédio e o resto era todo masculino.

Legon Hall fora a minha primeira opção porque tinham me dito que era tranquila e silenciosa, uma residência de cavalheiros. Minha segunda opção foi Mensah Sarbah, que tinham me dito que era bonita. Os moradores daquela residência eram chamados de viquingues e dizia-se que eram excelentes nos esportes. A terceira foi Akuafo, dedicada aos agricultores de Gana. Minha quarta e última opção era Commonwealth, e foi para lá que me mandaram.

Commonwealth Hall tinha fama controvertida. Os moradores eram chamados de "VANDALs", "vândalos". A sigla VANDAL significa *"Vivacious, Affable, Neighbourly, Devoted/ Dedicated, Altruistic, and Loyal"* — vivaz, afável, amistoso, dedicado, altruísta e leal. Na verdade, dizia-se que os rapazes da Commonwealth Hall eram indisciplinados, brigões, ofensivos e provocadores. Desfilavam pelo *campus* praticamente seminus e tinham na residência um santuário de Baco, o deus grego do vinho. Basta dizer que eu não queria morar lá.

Sem que eu soubesse, Commonwealth era, historicamente, uma das residências mais radicais. Boa parte da efervescência política, do ativismo e da rebelião que surgiam no *campus* era criada pelos moradores de Commonwealth. Por causa disso, as autoridades da universidade criaram a regra tácita de equilibrar os tipos de personalidade e temperamento dos estudantes daquela residência.

Supunha-se que os moradores cuja primeira opção era a Commonwealth fossem do mesmo tipo, e, automaticamente, eram designados para uma residência mais tranquila. Enquanto isso, os alunos como eu, que resistiam a ir para a

Commonwealth e a punham em último lugar na lista de opções, é que iam para lá.

A Universidade de Gana fora construída num morro. Há um espelho-d'água retangular e comprido diante da entrada. Em pé ali, olhando para a frente, dá para ver até o alto do morro. Ao atravessar os portões principais, abre-se uma avenida larga que sobe a ladeira íngreme. A avenida termina nos degraus da Commonwealth, bifurcando-se em duas ruas que contornam o enorme prédio e depois continuam subindo até os escritórios da administração.

Os calouros chegavam uma semana antes do resto da população estudantil para passar pela orientação. Vários alunos do último ano também estavam no *campus*, trabalhando nas suas teses e dissertações.

No meu primeiro dia, fiquei na base da escadaria de concreto. Havia alguns alunos do último ano por ali, cantando. Usavam roupas estranhas. Alguns tinham folhas em torno do pescoço. Um deles usava sutiã e calcinha. Outros estavam com uma das pernas da calça comprida enrolada ou cortada como se fosse um *short*. Estavam lá como comitê de recepção dos calouros, para nos ajudar a levar as malas pela escada até a portaria, onde deveríamos nos registrar.

Depois que subimos a escada e chegamos à entrada da Commonwealth Hall, notei que havia um escudo fixado no alto do arco do portal. Gravadas no escudo havia as palavras *Truth Stands*, "a verdade permanece", que é o lema da residência.

Para mim, esse foi um momento fundamental. Fiquei ali, mal chegado a essa importante universidade ganense, olhando o escudo e o lema da casa, "a verdade permanece". Senti-me humilde; senti-me cheio de propósito. Ocorreu-me que as centenas de pessoas que entraram pelas portas daquela residência tinham descoberto a verdade da sua vida. Estava decidido a fazer o mesmo.

Mais tarde, soube que o lema "a verdade permanece" da Commonwealth Hall foi tirado do poema "Satire III", do poeta inglês John Donne. Para mim, isso tornou o lema ainda mais profundo.

To stand inquiring right, is not to stray;
To sleep, or run wrong, is. On a huge hill,
Cragged and steep, Truth stands, and he that will
Reach her, about must and about must go,
And what the hill's suddenness resists, win so.

[Perguntar corretamente não é se desviar; / Dormir ou errar, é. Numa imensa montanha / Escarpada e íngreme, a Verdade permanece, e aquele que / a alcançar, por ali tem e tem de ir, / e o que à subitaneidade da montanha resistir, assim vencer.]

Quando entrei na Universidade de Gana, já aprofundara minha pesquisa da ideologia socialista. Ainda estava profundamente envolvido com suas metas de uma sociedade sem classes que atendesse às necessidades e direitos mais básicos, que defendesse o valor da educação.

A violência a que assistira e da qual escapara por pouco no dia do plebiscito do Governo de União me deixara abalado. Ela reforçara a crueldade e a motivação egoísta, características da paisagem política da maior parte da África. Se nosso país queria progredir, era preciso haver mudanças. Tínhamos de romper o ciclo de golpes e domínio militar e voltar à democracia, que, finalmente, nos levaria ao socialismo.

O sr. Wentum, meu ex-professor do secundário, me pusera em contato com professores da Universidade de Gana que lideravam células socialistas. Entrei numa delas. Nós nos reuníamos uma vez por semana durante algumas horas para nos familiarizar melhor com as obras de Karl Marx, Friedrich Engels e Vladimir Lenin. Justapúnhamos as condições que levaram à Grande Revolução de Outubro às da sociedade e posição de Gana na época, debatíamos a direção em que achávamos que o país precisara avançar e imaginávamos que papel teríamos para ajudá-lo a chegar lá.

Fora anunciado que o resultado do plebiscito do Governo de União era uma votação acachapante no sim, mas não foi possível enganar o público. Até o anúncio do resultado se atolou em controvérsias. Havia agitação demais para a situação continuar como estava. O general Acheampong foi forçado a renunciar pelo seu próprio Supremo Conselho Militar, um golpe militar contra um golpista militar.

Em julho de 1978, o general de divisão Fred Akuffo, que fora o número dois do SMC sob o comando do general Acheampong, assumiu como chefe de Estado. Com exceção do nome dos governantes, nada mudou muito. Ninguém conseguia comprar mercadorias essenciais. A prática do *kalabule* persistia, de modo que a nação funcionava com base numa economia artificial impulsionada por um próspero mercado negro.

Em 1979, houve outro golpe, dado por um jovem capitão piloto chamado Jerry John Rawlings, que criou um governo provisório, o Conselho Revolucionário das Forças Armadas (AFRC, na sigla em inglês). O capitão Rawlings disse ao povo de Gana que sua meta era fazer um exercício de "faxina doméstica" e então devolver prontamente o país ao governo civil. A política partidária foi então permitida.

Depois do golpe de 1966, meu pai foi proibido de participar da política e de ocupar cargos públicos durante dez anos. Esse período já terminara, mas quando escreveu a carta que deveria ser de elogio ao general Acheampong, então chefe de Estado, e viu-se de novo diante da possibilidade de detenção, ele se tornou avesso à política.

Mas essa era uma nova época, com novas possibilidades. O Partido da Convenção Popular fora reformado e agora era o Partido Nacional do Povo (PNP). Meu pai, como membro importante do partido original, foi convencido a ajudá-los a encontrar um porta-estandarte adequado, capaz de vencer a eleição. Incapaz de resistir a um pedido de ajuda, ainda mais se dissesse respeito ao progresso da nação, meu pai voltou à vida política, mas só como assessor.

O dr. Hilla Limann, funcionário público de carreira, foi escolhido para ser o candidato presidencial do partido. Limann era praticamente desconhecido, tanto que, quando meu pai e os outros membros importantes do grupo se reuniram e o nome dele foi citado, alguém perguntou: "Li quem?" Foi uma pergunta feita muitas outras vezes no decorrer do breve período entre o golpe e a eleição. Ainda assim, o dr. Limann venceu e se tornou presidente da terceira República de Gana.

Ao mesmo tempo em que meu pai voltava à vida política, eu me iniciava nela, embora no nível estudantil. Naquela época, o conjunto dos estudantes era um dos mais ativos órgãos políticos não oficiais. Tínhamos muita consciência do que acontecia em Gana e no resto do mundo e participávamos de todo tipo de manifestação.

Havia protestos contra armas nucleares na África; havia protestos a favor de Cuba e contra o *apartheid*. Nós, estudantes de Gana, nos levantamos em solidariedade aos nossos irmãos e irmãs da Coreia do Sul que tinham encenado um levante contra sua ditadura, assim como aos nossos irmãos e irmãs do Irã que tinham se revoltado contra o xá. Erguemos cartazes e levantamos a voz em apoio à Palestina. E é claro que fizemos greves, passeatas e todo o possível para chamar atenção para as nossas causas próprias em Gana, fosse uma questão interna do sistema universitário, fosse nosso descontentamento com a política governamental.

Morar na Commonwealth, que passei a considerar a melhor residência do *campus*, convenceu o ativista natural que havia em mim a se revelar. Havia uma meticulosidade de torre de marfim e uma noção de ordem que acompanhavam a vida universitária. Elas perpetuavam o *status quo*. A vida dentro da Commonwealth era o extremo oposto: estimulava a formação de opiniões e a expressão da individualidade.

Sem dúvida, isso se manifestava em comportamentos esquisitos. A qualquer hora do dia e da noite, havia quem andasse cantando com voz rouca e vestido de forma estranha. Eles se sentiam livres para deixar o cabelo crescer e simplesmente ser quem eram. Na hora de defender direitos seus ou dos outros, os rapazes da Commonwealth Hall estavam à altura do desafio. Levavam a sério seu lema e defendiam tudo aquilo que resolutamente acreditavam ser verdade. Eu nunca fora realmente expressivo. Tinha opiniões firmes, mas em geral guardava para mim meus pensamentos. Morar na Commonwealth Hall me ajudou a começar a me manifestar porque me sentia bastante à vontade para ser quem era.

A ideologia socialista que eu adotava já me criava muito conflito interno, porque meu pai fora um empresário de sucesso e minha família vivera com relativo conforto. Não gostava de ver meu pai como capitalista opressor que explorava o trabalho e os recursos humanos dos outros. Também não acreditava que as linhas de definição tivessem de ser tão inflexíveis e riscadas com tamanho rigor, sem espaço para exceções e explicações.

Às vezes meu ativismo e minhas opiniões políticas nascentes se chocavam com os pontos de vista do meu pai, principalmente quando se tratava de questões do governo. Como membro importante do partido, papai achava que, dada a confusão que tínhamos herdado, o governo seguia na direção certa, tomando decisões sólidas a longo prazo.

A política *Yentua!* de Acheampong abalara a posição econômica de Gana no mundo e suas relações com os órgãos de auxílio internacional. O governo do dr. Limann vinha mantendo conversas prolongadas com o Fundo Monetário Internacional e o Banco Mundial para entrar num programa que melhorasse o financiamento orçamentário e injetasse capital novo no sistema para recuperar a infraestrutura deteriorada.

Do nosso ponto de vista de estudantes, a mudança não acontecia com rapidez suficiente, e pressionávamos o governo com passeatas e manifestações em todas as oportunidades. Minha participação nessas atividades provocou discussões entre mim e papai. Quando eu voltava para casa nas férias e em feriados, ele perguntava: "Que diabos vocês, garotos, acham que vão conseguir com aquela manifestação?" Eu me lançava numa arenga apaixonada sobre os erros do governo. Meu pai só balançava a cabeça.

— Nada acontece da noite para o dia — explicava. — Algumas dessas políticas já estão sendo implantadas, mas pode levar algum tempo para o resultado aparecer.

— Mudanças a longo prazo são boas — eu argumentava —, mas precisamos de mudanças imediatas, também. Algo que ponha dinheiro no bolso do povo, para que se possa comer e viver. — Discutíamos muito tempo até ele se cansar de explicar o que, como ele percebia, meu fervor juvenil e minha ingenuidade política me impediam de compreender. Por mais distanciados que ficássemos na política e na ideologia, eu e meu pai continuamos íntimos no nosso relacionamento. Não havia nada que eu não pudesse lhe pedir, nada que ele não fizesse para me ajudar ou me apoiar. Seu amor e sua presença eram inabaláveis.

Eu já tivera um papel de liderança como monitor, mas esse cargo era ocupado por nomeação e não por eleição. Todas as residências da universidade tinham uma JCR — *junior common room*, ou sala comunitária dos alunos. Toda JCR tinha executivos que serviam de liderança daquela residência. Todas as outras residências faziam eleições anuais para a JCR. Como a Commonwealth Hall era a Commonwealth Hall, seus moradores faziam eleições para a JCR três vezes por ano, ao fim de cada trimestre. Era a sua forma de democracia. Eles acreditavam que eleger um executivo que servisse o ano inteiro era opressão. Desse modo, se o executivo não cumprisse bem suas funções, os moradores não teriam de aguentar a má liderança durante muito tempo.

Decidi concorrer a vice-presidente da JCR. Enfrentei um adversário difícil. Ele era um rematado VANDAL, envolvido no coral e em todas as atividades da Commonwealth Hall que se pode imaginar. Todos o conheciam bem. Consideravam-no um deles, capaz de compreender suas preocupações. Embora eu pertencesse à comunidade de Commonwealth Hall, não participava de muitas atividades, principalmente não do coral, porque seus integrantes eram meio doidos e o repertório era cheio de canções irreverentes.

O modo de fazer campanha era ir às bases, passar de quarto em quarto encontrando as pessoas, apresentando-se e dizendo o que pretendia fazer se fosse eleito e depois pedir o voto. Muitos me disseram abertamente que não votariam em mim e chegaram a explicar por quê: eu não estava suficientemente envolvido na vida da Commonwealth Hall. Perdi a eleição, mas foi um ótimo aprendizado. Eu me concentrara diretamente nas minhas metas e pontos de vista próprios como candidato. Depois da derrota, passei a entender que, nesse tipo de disputa, o mais importante é o conhecimento que o candidato tem do eleitorado e das suas expectativas ao escolher um líder. Levei esse conhecimento comigo na próxima vez que decidi concorrer a um cargo. No meu segundo ano na universidade, concorri ao cargo de secretário do Conselho Representativo Estudantil. E, dessa vez, venci.

Enquanto as minhas façanhas fora da sala de aula me atraíam impetuosamente para um mundo que eu considerava todo novo, minha instrução dentro de sala me esclareceu sobre o fato de que aquele era um mundo baseado em erros e conquistas anteriores. A história que aprendi preencheu as lacunas dos mapas que estudara na juventude; deu definição e significado aos países que anteriormente não passavam de formas geométricas com nomes. Também me deu um contexto onde colocar meu país, um contexto muito maior do que eu jamais imaginara.

Estudamos Sócrates, Arquimedes e Galileu. Aprendemos sobre os núbios, os mouros, os incas, os astecas, os maias, os gregos e os romanos. Aprendemos sobre as dinastias chinesas e o Japão no período jomon. Aprendemos sobre a Mesopotâmia, entre o Tigre e o Eufrates, a ascensão e a queda dos sumérios, acadianos, babilônios, assírios e hititas construtores de carros.

Saber o que foram e onde ficavam Cartago, Trácia, Constantinopla, Cuzco, Tebas e Tombuctu é saber quem somos e onde estamos. Sem a compreensão inicial dos impérios de Songai, Mali, Gana, Kushita, Luba e Mwene Mutapa e sem pesquisar a corrida imperialista pela África e a divisão e a devastação que causou, eu nunca seria capaz de chegar à compreensão de Gana e das lutas que meu país enfrentava. A história acendeu dentro de mim uma consciência da linha contínua na qual todos nós existimos.

Na verdade, os mapas da minha juventude eram bastante simbólicos da minha visão de mundo, que, na época, também era plana e esticada, distorcida pela ignorância e sem definição.

Eu não estava mais tão preocupado com o modo como o meu tempo e os meus estudos na universidade se traduziriam em possibilidades concretas de emprego. Estava mais empolgado com as teorias que formulava e debatia com meus camaradas socialistas, os relacionamentos e a capacidade de liderança que desenvolvia na Commonwealth Hall e as verdades que aprendia nos meus cursos de história. E sabia, sem que ninguém precisasse me dizer, que finalmente tudo isso permaneceria e sustentaria algo que valeria a pena.

TRAVESSIAS PERIGOSAS

Parecíamos ter atravessado a linha. Gana descera até um lugar de onde não parecia haver volta. Era como uma dança política das cadeiras. Acheampong se fora; Akuffo se fora. Durante o exercício de "faxina doméstica" do capitão piloto Rawlings e do AFRC, os ex-chefes de Estado militares, juntamente com mais cinco líderes militares importantes, foram executados. Outros integrantes das forças armadas considerados envolvidos em corrupção foram detidos. Civis envolvidos em atos de açambarcamento foram presos.

Em termos gerais, os ganenses apoiaram o golpe e as providências subsequentes tomadas pelo AFRC para livrar o país da corrupção e das práticas negativas que o tinham puxado para baixo. Os sentimentos de fúria e amargura que a sociedade vinha sufocando se manifestaram, criando um clima de vingança e alimentando o desejo de retaliação. O sentimento geral era de que precisava correr sangue e que alguém tinha de pagar pelo sofrimento que os ganenses tinham suportado. Era um clima malévolo e perigoso.

Quando o AFRC passou o poder para o dr. Hilla Limann, candidato à presidência pelo Partido Nacional do Povo, fora com a condição de que, se o seu governo não conseguisse restaurar a estabilidade e promover o crescimento econômico, os militares voltariam para depô-lo.

Embora a princípio meu pai hesitasse em voltar à política, com o passar do tempo ele se envolveu genuinamente. Sentia que o governo do dr. Limann era uma oportunidade de recomeço para Gana. Nem todos concordavam com ele. Havia incerteza a respeito da liderança do dr. Limann, mesmo dentro do partido. Embora diferissem muito as opiniões de que o governo estava ou não no rumo certo para provocar o tipo de retomada que o país necessitava, os cidadãos se consolavam com o fato de que Gana agora voltara ao governo constitucional. Se por acaso o dr. Limann e seu governo não atendessem às expectativas, havia sempre a opção de tirá-los do poder pelo voto.

Depois de passar pouco mais de dois anos observando o governo afundar enquanto tentava encontrar onde pôr os pés, em 31 de dezembro de 1981 o capitão piloto Rawlings encenou um golpe e tomou o poder do governo Limann. Dessa vez, a reação do público foi confusa. A porta giratória da liderança estava tornando os ganenses inquietos e incertos quanto ao futuro.

No final da década de 1980, na época do golpe, eu estava no meio do meu serviço nacional obrigatório. Como forma de retribuição à sociedade, depois de se formar na universidade os alunos beneficiados com a educação gratuita oferecida pelo governo são obrigados a trabalhar durante certo período como um ato de serviço à nação. Na época, a exigência era de dois anos. O pessoal do serviço nacional podia ser despachado para qualquer região ou setor produtivo no qual seus talentos e serviços fossem necessários. Pagava-se um pequeno estipêndio para cobrir as despesas de sobrevivência; fora isso, o pessoal do serviço nacional não recebia salário.

Como me formara em história na Universidade de Gana, fui mandado para ensinar a matéria a alunos dos níveis ordinário e avançado de Ghanasco, a escola secundária que frequentara em Tamale. Meu amigo William, que eu conhecera na universidade, também foi enviado a Ghanasco para cumprir o serviço nacional obrigatório. Ele se formara em ciência política e também morara na Commonwealth Hall. Era turbulento, bem-humorado e adorava se divertir.

William e eu fomos acomodados num dos bangalôs de professores. Eram casas de baixo custo construídas pelo governo Acheampong. A nossa tinha três quartos, uma sala grande e uma cozinha. Havia até uma varandinha onde eu e William costumávamos nos sentar para tomar *pito* e assistir ao pôr do sol. Os bangalôs ficaram à beira do *campus*, a certa distância dos dormitórios e das salas de aula principais.

A maioria dos administradores e professores que eu conhecera durante os meus anos em Ghanasco, como o sr. Wentum, não estava mais lá. A revolução que o sr. Wentum esperava com tanta ansiedade viera na forma do golpe de 31 de dezembro. Agora ele e os outros seguidores de Karl Marx e Friedrich Engels estavam ocupados com a tarefa de descobrir como formar uma sociedade sem classes.

Meu irmão Eben era aluno do quinto ano em Ghanasco na época em que cheguei para começar meu serviço nacional. Eben, parte da ninhada mais jovem dos Mahama, era jovial e bonito como um querubim. O fato de morarmos juntos no *campus* de Ghanasco deu a mim e Eben a oportunidade de interagir mais e nos conhecer melhor.

Eu e William aproveitamos ao máximo nossos anos de serviço nacional. Éramos universitários formados, rapazes sem compromisso. Tínhamos chegado à maioridade, vivíamos por conta própria e testávamos os limites e privilégios dessa recém-descoberta capacidade de agir. No final de cada mês, quando recebíamos nosso estipêndio, separávamos imediatamente a quantia que tínhamos de dar à inspetora da escola para receber as refeições do mês seguinte. O resto do dinheiro era nosso para gastar no que quiséssemos, e é claro que o gastávamos à toa, nos divertindo.

Toda semana, William e eu íamos à discoteca. O país estava sob estado de sítio, com toque de recolher às oito da noite, estritamente imposto pelos militares. Isso significava que as discotecas abriam e fechavam mais cedo. Terminávamos as aulas e corríamos para uma das discotecas da cidade. A maioria abria bem antes das quatro da tarde. Às seis, quando todos terminavam o serviço e se dispunham a relaxar, as discotecas ficavam lotadas. Às sete e meia, todo mundo saía correndo para pagar a conta, recolher seus pertences e ir embora para chegar ao destino antes do toque de recolher.

Havia escassez de cerveja no país, e as discotecas eram o único lugar onde se podia conseguir um copo bem gelado. A entrada que os fregueses pagavam na discoteca incluía uma garrafa de cerveja. Quem quisesse outra, não poderia simplesmente comprá-la; teria de sair e pagar outra entrada, que lhe daria direito a outra cerveja.

Eu e William gastávamos a maior parte do nosso estipêndio frequentando discotecas e restaurantes. Raramente conseguíamos fazer o dinheiro durar mais do que uma ou duas semanas. Em geral, na segunda metade do mês estávamos falidos, sentados no nosso bangalô lendo ou conversando.

Seria pouco dizer que o povo lutava para fechar as contas do mês. O ganense médio lutava para apenas sobreviver. Era uma época de carestia. Havia escassez de quase tudo, o que forçava o povo a ser inventivo, a transformar a sobrevivência em arte.

Era difícil conseguir alimentos, principalmente nas áreas urbanas onde não eram cultivados. Mesmo quem tinha dinheiro, o que muitos ganenses não tinham, podia não encontrar nada para comprar. Todos racionavam as porções, comendo apenas o suficiente para arranhar a fome. As mulheres começaram a improvisar, cozinhando com novas verduras que antes não eram usadas. A carne e o peixe, antes indesejáveis, de repente passaram a ser procurados devido à acessibilidade. A merluza seca ao sol, chamada popularmente de *kpanla*, importada principalmente da América do Sul e considerada uma iguaria na Nigéria, mas não muito apreciada em Gana, era um deles.

Em consequência da fome e da falta geral de acesso à comida, um grande número de pessoas ficou tão emaciado, que as clavículas se destacavam sob a pele. Os ganenses, com o seu senso de humor inimitável mesmo nas piores circunstâncias, começaram a chamar essa característica de "corrente de Rawlings" ou "colar de Rawlings".

Havia problemas com todos os meios de transporte, inclusive a caminhada. Não havia sapatos no mercado, e todos foram obrigados a fazê-los com pneus usados. Também não havia veículos no mercado, fossem novos, fossem de segunda mão. Quando o veículo de alguém enguiçava, era quase impossível encontrar peças para consertá-lo.

Como o governo também não tinha condições de manter seus veículos, todos iam a pé para o trabalho ou passavam horas em longas filas à espera dos ônibus do transporte público, que quebravam com frequência. As ruas e estradas não tinham manutenção. Ficavam empoeiradas e cheias de buracos.

Os fatos internacionais também contribuíam para a gravidade dos problemas de Gana. Uma grande crise do petróleo deixara em pânico e provocara açambarcamento até entre os habitantes dos países mais desenvolvidos. Nos Estados Unidos, as filas nos postos de gasolina tinham quarteirões de comprimento. Em Gana, o combustível foi racionado. Os motoristas de táxi desciam os morros na banguela para poupar cada gota que tivessem no tanque. Quando o nível de combustível era baixo demais para fazer o veículo subir a ladeira, não hesitavam em pedir que os passageiros descessem e empurrassem.

Além disso, em protesto contra o golpe em Gana, o governo de Shehu Shagari na Nigéria impusera sanções, uma das quais foi a suspensão do fornecimento de óleo cru. O efeito da escassez de combustível foi provocar também o racionamento de eletricidade. Havia falta de luz constante que, por sua vez, afetava o fornecimento de água, porque sem eletricidade as bombas não funcionavam. Saía água das torneiras durante algum tempo e depois elas secavam durante uma ou duas semanas.

Todo recipiente que pudesse guardar água era enchido e guardado para a época em que as torneiras secassem. Depois que usávamos cada gota guardada nesses recipientes, procurávamos água onde quer que fosse possível. Às vezes, passávamos um ou dois dias sem achar água para tomar banho e lavar roupa.

A casa do meu pai ficava numa área de Tamale chamada Agric Ridge, na proximidade de uma empresa de fornecimento de água. Lá, as torneiras funcionavam com mais regularidade. Em Ghanasco, papai me permitira que usasse um dos carros dele que ainda funcionavam. Quando não havia água no *campus* e a que guardáramos acabava, se houvesse combustível eu e William íamos de carro até a casa dele para tomar banho e lavar roupa. Empilhávamos no carro todos os recipientes vazios para enchê-los na casa de papai. Se o carro não tivesse combustível, percorríamos os oito quilômetros a pé para que, pelo menos, pudéssemos tomar banho.

Agora tudo isso parece o pior dos pesadelos, o tipo do qual a gente acorda apreciando ainda mais a segurança e o conforto da realidade. Mas aquela era nossa realidade e, como não tínhamos alternativa, fizemos a única coisa possível: vivemos.

Os militares agiam em estado de anarquia, escrevendo as próprias regras, às vezes ao acaso, e prendendo quem as desrespeitasse. As punições que impunham aos civis eram cruéis, às vezes até fatais. Em vários aspectos, a situação estava até pior do que antes, quando Acheampong e Akuffo ocupavam o poder.

A violência militar talvez fosse pior em Tamale do que no resto do país devido à presença de tantas guarnições, principalmente em relação ao tamanho da população civil. Tínhamos o quartel Bawah, onde ficavam as tropas aerotransportadas; o quartel Kamina, base do sexto batalhão de infantaria; o quartel Kaladan, outra instalação militar; e o Centro de Instrução de Recrutas das Forças Armadas, aonde soldados recém-conscritos eram levados para treinamento.

Os soldados de Tamale andavam arrogantes em carros blindados Pinzgauer, inebriados pelo poder que tinham sobre os outros. Podiam parar qualquer um a qualquer momento por qualquer razão. As suas razões só eram guiadas pelo próprio arbítrio. Em alguns, essa licença deflagrou os impulsos mais brutais e desumanos.

Um grupo de soldados ficou famoso pelos atos bárbaros. Passaram a ser chamados de "Sete Gladiadores". Bastava vê-los para gelar o coração. Eles penduravam cartucheiras carregadas nos ombros, como se fossem guerrilheiros numa guerra na selva. As histórias de horror sobre suas atrocidades circulavam pela cidade. Havia uma história específica que fazia todo mundo temer o som inconfundível de um Pinzgauer se aproximando.

Alguém denunciara uma mulher aos militares. Acusaram-na de açambarcar tecido. Os Sete Gladiadores foram até a casa da mulher para prendê-la. Revistaram a casa e acharam alguns cortes de tecido estampado com batique. Ela lhes explicou que aqueles não eram para venda comercial; era a sua coleção pessoal.

Muitos grupos étnicos ganenses mantêm a tradição de pagar um dote no casamento. Na nossa cultura, o mais frequente é que esses dotes sejam presentes dados pelo noivo e pela sua família à noiva e à sua família. A lista de itens exigidos ou recomendados no dote varia entre os grupos étnicos, mas o item que aparece em todos é pano.

Também é possível herdar cortes de tecido, passados da avó para a mãe e para a filha. A mulher disse aos Sete Gladiadores que todo o pano que possuía eram várias peças do seu dote combinadas a peças que a mãe lhe passara e algumas que ela comprara com o passar dos anos.

Os Sete Gladiadores não acreditaram nela ou não ligaram para o que ela dizia. Prenderam o casal, levaram-no sob a mira das armas para o Pinzgauer e se foram, ostensivamente para o quartel. Em certo ponto do caminho, pararam o Pinzgauer. Disseram à mulher que iam libertá-la e ordenaram-lhe que sumisse.

— Corra — disse-lhe um dos Sete Gladiadores. — Desapareça antes que mudemos de ideia. — A mulher se virou e começou a correr de volta para casa. Os Sete Gladiadores a observaram durante alguns minutos. Assim que a mulher estava realmente sumindo à distância, um deles atirou nela. Começaram a ir embora. O marido da mulher ficou traumatizado. Passou a gritar histericamente. A princípio os Sete Gladiadores o ignoraram, mas como os gritos não diminuíam, decidiram dar um jeito nele.

— Ah, você quer salvar sua mulher? — implicou um dos Sete Gladiadores. Reagindo à deixa, o Gladiador que dirigia parou o Pinzgauer.

— Desça — disse-lhe o primeiro Gladiador. — Vá salvar sua mulher. — Hesitante, o homem desceu do veículo. Com medo de lhe acontecer o mesmo que tinham feito à mulher, começou a andar de costas, tropeçando.

— O quê? Você não vai? — perguntou-lhe o Gladiador. De repente, o homem teve medo de que atirassem nele se não corresse, e correu. Correu e correu até ouvir o tiro e sentir-se cair no chão.

Por sorte, um passante que corria para estar em casa antes do toque de recolher avistou-o caído numa poça do próprio sangue. O passante freou, pegou o homem ferido e o pôs no carro. Mais adiante, encontraram a mulher também caída numa poça de sangue. O passante parou, recolheu-a também e levou o casal para o Hospital de Tamale. O homem sobreviveu; a esposa, não. Quando chegaram ao hospital, ela estava morta.

A história da mulher acusada de açambarcar tecido era ainda mais chocante em razão da falta de sentido da sua morte. Finalmente, foi preciso a intervenção do presidente do

PNDC — o Provisional National Defence Council, conselho provisório de defesa nacional — para desarmar os Sete Gladiadores. Mas encontros desagradáveis com integrantes das forças armadas eram comuns e todos tinham o potencial de serem fatais. Certa noite, no *campus* de Ghanasco, eu e meu amigo William, juntamente com um grupo de alunos, tivemos nosso encontro desagradável com os militares.

O Ministério da Educação pedira a Ghanasco que organizasse um simpósio ligado ao Dia das Nações Unidas. A direção da escola pedira que eu e os outros que estavam em serviço nacional supervisionássemos o evento. Convidamos palestrantes; alguns de nós até atuamos como palestrantes e falamos aos alunos sobre a história e o papel das Nações Unidas.

O simpósio terminou pouco depois das oito, e os alunos saíram andando de volta aos dormitórios. Eu e William andávamos com vários alunos quando escutamos o som de um Pinzgauer e, segundos depois, uma ordem de parar. Obedecemos à ordem. Dois soldados desceram do veículo e se aproximaram de nós. Havia um terceiro soldado, mas ele permaneceu no veículo. Queriam saber o que estávamos fazendo fora de casa depois do toque de recolher.

Com cautela, eu e William citamos o fato de que estávamos num ambiente protegido, no qual tínhamos o dever de seguir as instruções das autoridades escolares. Explicamos que tínhamos sido instruídos a organizar e realizar um simpósio e que o evento mal terminara.

— Os senhores podem ver os alunos voltando aos dormitórios — disse William.

— E temos de nos assegurar de que cheguem lá — acrescentei — antes que possamos ir para casa.

Os soldados se recusaram a entender. Continuaram a insistir que tínhamos desobedecido ao toque de recolher; eles teriam de nos levar para o quartel.

Eis o que acontecia com quem desobedecesse ao toque de recolher: era levado para o quartel. Lá, podia-se ser surrado e libertado ou permanecer preso. Tínhamos ouvido falar de pessoas levadas às fazendas das forças armadas e obrigadas a trabalhar. Sumiam durante até uma semana, sem que a família tivesse nenhuma ideia de onde estavam nem do que lhes acontecera.

Os soldados nos mandaram sentar no chão. Obedecemos. De repente, o soldado que estava no carro disse:

— O que eles disseram faz sentido. Soltem eles. — Falava com uma autoridade que indicava ser superior aos outros soldados, um tenente.

— Tudo bem — respondeu um dos soldados.

— Mas não podemos deixá-los ir embora assim — argumentou o outro. — Temos de lhes dar uma pequena punição. — O tenente nada disse.

A ideia de pequena punição dos soldados foi dar uma coronhada em cada um. Começaram com uma das alunas, uma menina. Um dos soldados segurou o fuzil na vertical acima da cabeça dela, com o cano apontando para o céu, e deixou-o cair com força. O outro soldado avançou para fazer o mesmo com o aluno seguinte. Antes que ele batesse no aluno, eu e William começamos a protestar. Não podíamos ficar ali e assistir em silêncio. Tínhamos de defender nossos alunos. Começamos a explicar de novo o simpósio, lembrando-lhes que estávamos no terreno da escola. O soldado andou até mim e apontou o fuzil para o meu rosto.

— Cale-se! — gritou. Eu tive certeza de que ele não hesitaria em puxar o gatilho se fosse questionado ou provocado. Parei de falar na mesma hora, assim como William. Meu medo foi físico e provocou uma dor fantasma no ombro direito, onde levara um tiro alguns anos antes.

Depois de darem uma coronhada de fuzil em cada um de nós, os soldados nos disseram que contariam até cinco e que deveríamos sumir antes que abrissem os olhos, senão... Não precisamos de mais estímulo. Todos saímos correndo. Quando abriram os olhos, os soldados devem ter notado que eu e William corríamos em direção diferente dos alunos. Eles nos mandaram voltar. Voltamos e lembramos a eles que éramos pessoal do serviço nacional; não morávamos nos dormitórios. Não me surpreende que os soldados não acreditassem em nós. Eu e William éramos jovens. Poderíamos facilmente ter passado por alunos de Ghanasco.

Os soldados nos mandaram entrar no Pinzgauer. Queriam verificar se o que dizíamos era verdade. Como pretendiam fazer isso, não sei.

— Soltem os dois — ordenou o tenente. Dessa vez, a voz dele era mais autoritária. Não deixava espaço para argumentos. Observamos os dois soldados se reunirem ao tenente no veículo, evidentemente irritados porque sua diversão fora interrompida. William e eu ficamos parados. Queríamos que o Pinzgauer sumisse completamente antes de dar mais algum passo. Assim que tivemos certeza de que os soldados tinham ido embora, começamos a andar de volta para o nosso bangalô.

Estávamos quase em casa quando eu e William vimos duas luzes se moverem à distância, possivelmente o brilho de lampiões de querosene. Quando não tinham luz para as sessões de estudo noturno, o que era frequente devido ao racionamento de eletricidade, os alunos usavam lampiões de querosene.

Observamos as luzes se moverem mais para dentro do *campus*, na direção dos dormitórios. O Pinzgauer se aproximou das duas luzes. Por alguns instantes, as luzes pararam, tremulando lado a lado perto do Pinzgauer. Os lampiões não iluminavam o lugar o bastante para vermos direito o que acontecia. No entanto, quando as luzes entraram no Pinzgauer e o veículo começou a se afastar, não foi difícil imaginar o que acontecera.

William observou que, provavelmente, os soldados tinham achado alguns alunos inocentes para importunar. Dei minha opinião sobre o assunto.

— Parece que foram presos.

— Pobres garotos — suspirou William.

Em outras circunstâncias, teríamos corrido para ajudá-los, mas só ficamos lá parados, olhando, silenciados pela sensação de impotência.

O Pinzgauer andou menos de cinco minutos antes de parar. As luzes saíram do veículo e mais uma vez ficaram paradas. Eu e William não conseguimos nos forçar a entrar no bangalô. Sentíamos que tínhamos de assistir ao resultado desse confronto. Os lampiões de querosene voltariam a se mover, seguindo mais uma vez na direção do dormitório dos alunos?

Ou os soldados apagariam os lampiões e prenderiam os indivíduos que os levavam?

Sem que eu soubesse, um dos alunos inocentes que os soldados tinham detido era meu irmão Eben. Ele e o amigo Fatawo tinham acabado de sair do nosso bangalô com os lampiões recém-enchidos. Às vezes Eben ia até lá com Fatawo ou algum outro amigo para lavar roupa quando havia água ou para fugir da vida do *campus* por algumas horas. Também se servia de um pouco do estoque interminável de querosene que a escola dava ao pessoal do serviço nacional. Essa era uma das vantagens de ter um irmão mais velho trabalhando e morando na escola.

Eben e Fatawo tinham perdido a noção do tempo e corriam de volta para o dormitório. Os soldados os avistaram e os fizeram entrar no Pinzgauer. Iam levar para o quartel dois garotos de dezesseis anos que andavam de uma ponta a outra do terreno do internato. O tenente intercedeu. Disse aos soldados que soltassem os meninos. Eben e Fatawo desceram do veículo, mas não tiveram permissão de ir embora. Os dois soldados também desceram. Mandaram os meninos porem os lampiões no chão. Eben e Fatawo obedeceram, morrendo de medo de levar um tiro assim que soltassem a alça do lampião.

—Você — disse um dos soldados, apontando a ponta do fuzil para Eben. — Dê um tapa nele. — Então, com o fuzil, apontou Fatawo, a pessoa que Eben deveria estapear. Eben não se mexeu. Estava perplexo com a natureza maluca da ordem. Tinha de fazer o quê? Estapear o amigo?

—Vamos! — gritou o soldado. Eben ergueu a mão e deu um tapa rápido no rosto de Fatawo. O soldado não ficou satisfeito.

— Isso não foi um tapa — disse, rindo. — Isso é um tapa. — O soldado atingiu meu irmão no rosto com tanta força, que Eben quase caiu.

— Agora dê um tapa nele de novo — ordenou o soldado a Eben. — E direito desta vez.

Eben endureceu a palma e os dedos. Inspirou fundo e depois bateu no melhor amigo com toda a força.

O outro soldado se inclinou na direção de Fatawo e disse:

— Agora devolva o tapa.

Fatawo não queria que lhe mostrassem como era um tapa de verdade; franziu os olhos até fechá-los e usou toda sua força para bater em Eben. O tapa foi forte e barulhento. O primeiro soldado ordenou que Eben desse outro tapa em Fatawo, com mais força. Ele deu. Então, Fatawo recebeu ordem de bater em Eben. De um lado para o outro, de um lado para o outro, as mãos e braços voaram até os meninos trocarem mais de uma dúzia de tapas. Foi sádico.

— Chega — ordenou finalmente o tenente. — Soltem eles. — Os soldados, que riam orgulhosos do espetáculo que tinham encenado, mandaram Eben e Fatawo embora. Os meninos pegaram os lampiões de querosene e correram para o dormitório. Os dois eram amigos íntimos. Tinham passado por muita coisa juntos. Agora podiam acrescentar à lista uma humilhação diferente: sabiam o que aqueles soldados lhes tinham feito e o que foram forçados a fazer um ao outro.

Assim que William e eu chegamos em casa, fui direto para a cama. Os fatos daquela noite tinham me deixado exausto. Enrolei-me no colchão com a mão esquerda segurando o ombro direito. Não demorou muito, tive um sonho sobre o dia em que levei um tiro.

Foi em 1978, nas férias de verão depois que terminei de redigir os meus trabalhos do nível A. Meu pai adorava armas. Era ótimo atirador. Guardava armas de fogo de todo tipo no armário. Havia pistolas, revólveres, espingardas de cano único, espingardas de dois canos lado a lado, espingardas de dois canos um sobre o outro. Se você pensar em algum tipo de arma, saiba que meu pai tinha.

Muitas vezes, na fazenda, eu, Peter e Alfred pegávamos as espingardas e matávamos coelhos e aves selvagens, geralmente pardais e galinhas-d'Angola, e os levávamos para preparar uma bela refeição em casa. Na hora de atirar, Peter era melhor do que todos nós. Naquelas férias, papai e vários irmãos nossos estavam em casa, em Acra, e Peter cuidava da fazenda em Tamale. Quando as aulas terminaram, fiquei em Tamale para esperar o resultado do nível A e para ajudar Peter.

Papai tinha uma espingarda que era a sua predileta para caçar. Era uma semiautomática calibre .22 com mira e cartucho de vinte e quatro tiros. Não sei como, a mira caiu e o retículo se quebrou. Papai encomendou uma mira nova de uma empresa no exterior, mas partiu para Acra antes que chegasse. Como Peter cuidava da fazenda enquanto papai viajava, aquela espingarda estava em seu poder. Ele a usava, mesmo sem mira, quando ia caçar.

A nova mira chegou por encomenda expressa pouco depois de eu voltar de Ghanasco. Peter queria alinhar a nova mira no cano do rifle e precisou da minha ajuda. Geralmente, isso é feito num estande de tiro. Como não havia ninguém na vizinhança, resolvemos improvisar. Pegamos um pedaço de papel, desenhamos um alvo redondo com sua mosca e a prendemos num pedaço de pau que pusemos num apoio. Peter arranjou outro apoio para a espingarda e a colocou a uma distância de uns noventa metros do alvo. Então começamos a calibrar a mira.

A espingarda tinha controles de elevação e inclinação para facilitar o processo de calibragem e ajudar a obter um tiro mais preciso. Eu era responsável por marcar o alvo e ler as instruções para Peter. Teria de ficar diretamente atrás da árvore que estava diretamente atrás do pedaço de madeira no qual tínhamos prendido o alvo. Sempre que Peter desse um tiro, eu ia para o posto designado atrás da árvore.

Depois que Peter dava o tiro, eu lhe fazia um sinal para me assegurar de que estava seguro antes de, obediente, andar até o alvo para observar onde a bala entrara. Eu apontava o lugar com o dedo. Peter usava a localização do meu dedo e mosca do alvo para determinar em que direção tinha de ajustar a mira. Quando terminava, eu usava uma caneta para riscar o buraco de bala, de modo que, quando ele atirasse de novo, eu fosse capaz de distinguir o novo furo dos anteriores. Esse era o meu papel.

Peter já dera talvez uns cinco ou seis tiros. Estava prestes a dar outro. Eu ia andando para o meu posto atrás da árvore quando me lembrei de que não riscara o último buraco de bala. Se eu não o riscasse, não conseguiríamos saber a diferença entre o tiro anterior e o que ele estava prestes a dar. Voltei correndo para riscar o furo.

Enquanto estava curvado sobre o alvo, senti alguma coisa passar pelo meu rosto, no pequeno espaço entre o olho e o nariz. Achei que fosse um grilo ou um inseto. Instintivamente, larguei a caneta para enxotá-lo. Acho que foi então que o som do tiro se registrou na minha mente, ao mesmo tempo em que eu tocava o rosto e percebia que a carne parecia diferente sob a ponta dos dedos. Estava estranhamente áspera. Afastei a mão e olhei os dedos, esperando talvez encontrar um inseto. Não havia nada.

A pele ainda parecia desconfortável, e esfreguei a bochecha de novo. Dessa vez, quando removi a mão havia sangue. Tudo acontecera em questão de segundos. Eu não fizera a ligação entre o sangue no meu rosto e o som do tiro que ouvira. Só fiquei esfregando a bochecha, e quanto mais esfregava, mais sangue saía.

Depois que a arma atirou e Peter me viu lá no alvo esfregando o rosto, com sangue correndo pela bochecha, ele gritou e veio correndo na minha direção.

— John, está ferido? — perguntou. — Está ferido? — Foi então que dois mais dois viraram quatro e concluí que tinha sido atingido.

— Não sei — respondi. Até aquele momento, tudo o que eu já vira levar um tiro, na fazenda ou na televisão, morrera. Na minha cabeça, eu acreditava que quem levava um tiro morria. Achei que estava no meio de morrer ou já morto, mas conseguia ouvir Peter falando comigo. A voz dele parecia distante, como a onda final de um eco. Ainda assim, conseguia escutar. Isso seria possível se eu estivesse morto?

— Vamos, vamos, vamos, vamos — gritou Peter, enquanto me arrastava para o carro. Quando entramos no carro, ele tirou a camisa e me deu para estancar o fluxo de sangue. Apertei a camisa no rosto. Eu me lembro de ter me beliscado várias vezes, tentando descobrir se estava vivo ou morto, porque não conseguia conciliar o fato de levar um tiro com o fato de estar vivo.

Peter, que estava em pânico, dirigiu feito louco pelas ruas de Tamale, costurando o tráfego. Foi a viagem de carro mais maluca que já vi na vida. Fiquei com medo de batermos e morrermos. Foi esse medo que me convenceu que tinha de estar vivo. Se eu já estivesse morto, por que teria tanto medo de morrer?

— Vá mais devagar, Peter — disse eu. — Estou bem. Vou ficar bem. É só você se acalmar.

No consultório do Hospital de Tamale, Peter e eu contamos ao médico o que acontecera. Ele era alguém que nossa família conhecia bastante, e nos consideramos afortunados de ser ele quem estava de plantão quando chegamos. O médico desinfetou a ferida e pôs um curativo temporário enquanto esperava que as enfermeiras preparassem a sala de operação.

Lá, o médico juntou as bordas da ferida. Cortou o excesso de carne, costurou e cobriu a lesão com uma massa. Quando terminou e tentei me levantar da mesa de cirurgia, de repente meu braço direito se transformou numa tonelada de chumbo. Não conseguia levantá-lo, por mais que tentasse. Contei ao médico. Ele disse que queria examinar meu braço. Quando andou na minha direção, notou um buraco nas costas do ombro da minha camisa. Deu a volta para examinar a frente da camisa e viu que ali também havia um buraco.

O médico pediu que eu tirasse a camisa. Quando o fiz, confirmou-se a teoria que ele formulara ao ver os buracos. O das costas era a entrada e o da frente, a saída. A bala penetrara pelas costas no meu ombro. Passara direto e, como eu estava curvado, arranhara a bochecha ao completar a trajetória. O médico pediu uma radiografia do ombro.

O buraco da bala era visível na radiografia. O médico me mostrou enquanto estudava os filmes para determinar o tipo de dano que eu sofrera.

— John Mahama — disse o médico quando terminou de examinar os filmes —, Deus estava do seu lado. Você teve sorte. — Os dois principais ossos do ombro são o úmero e a escápula, também chamada de omoplata. Esses dois ossos são ligados por uma articulação em esfera e soquete. Os ossos e a articulação são totalmente cercados de ligamentos, tendões e músculos.

A bala que me atingiu passou direto pelo tecido muscular. Se atingisse a escápula, provavelmente a esfacelaria. Meu úmero, sem dúvida, seria fraturado. Se a bala tivesse entrado no ombro de outra maneira, poderia ter passado pelo tendão do bíceps ou pelo manguito rotador, provocando lesão permanente.

Depois que as feridas sararam, recuperei o uso perfeito do ombro. Ainda tenho uma marca no rosto onde o metal quente da bala fez contato com a bochecha. Todos supõem automaticamente que é um sinal de nascença ou uma marca tribal e nunca me perguntam nada sobre ela. Raramente penso ou falo sobre aquele dia em que levei um tiro, não mais, mas durante aqueles anos em que as forças armadas estavam fora de controle, me lembrava frequentemente dele. Bastava a ideia de levar outro tiro para provocar uma dor no ombro parecida com a que sentira na mesa de cirurgia. Ela me levava diretamente de volta àqueles minutos demorados e insuportáveis de pavor em que achei que estava morrendo ou já morto.

Depois de cada golpe, o parlamento é prontamente dissolvido, a constituição, suspensa e os partidos políticos, fechados. Os parlamentares e ministros de Estado recebem ordens de se apresentar à delegacia de polícia mais próxima "para a própria segurança". É sempre assim que dizem: "para a própria segurança". No golpe de 31 de dezembro de 1981, assim como no golpe de 4 de junho de 1979, os vários cargos foram anunciados pelo rádio — parlamentares, ministros, autoridades partidárias — e, em alguns casos, anunciaram também o nome das pessoas. A ordem era comparecer ao quartel Gondar, com efeito imediato.

Papai estava em Acra na época do golpe de 1981. Peter, Alfred e o nosso amigo Joe Mara tinham uma empresa de transporte. Os três tinham ido a Takoradi verificar uma carga que fora despachada. Quando o golpe foi anunciado no rádio, eles pensaram em papai e temeram pela sua segurança. Além de membro importante do partido que acabara de ser derrubado, ele estava no comitê diretor. Peter, Alfred e Joe Mara largaram tudo o que estavam fazendo e voltaram a Acra na manhã seguinte, 1º de janeiro de 1982.

Quando chegaram a Acra, ainda havia muito tiroteio na cidade. A situação nas ruas estava confusa, mas quem estivesse dentro da casa de papai jamais saberia. Peter, Alfred e Joe Mara entraram e o encontraram tranquilo, lendo no escritório, como um homem sem nenhuma preocupação no mundo. Explicaram a papai que não se sentiam à vontade com ele ali, sentado em Acra, ainda mais do modo como a situação se desenrolava. Parecia que os soldados já tinham começado a visitar a casa dos políticos para prendê-los.

—Vamos levá-lo para a fazenda — disse Peter a papai.

Era o final da temporada de Natal. Houvera algumas festas e reuniões na casa de papai. Nosso pai não bebia e deixara as bebidas alcoólicas que tinham sobrado numa mesa perto da cozinha. Alfred notou a pequena coleção de garrafas meio vazias. Foi até lá e pegou a que continha mais bebida. Era um garrafão de cinco litros de uísque, mais de três quartos cheio. Quando entraram no carro, Alfred enfiou a garrafa no espaço plano entre os descansos de cabeça do banco de trás e o para-brisa traseiro, parecido com uma prateleira, onde ficavam os alto-falantes.

Até hoje, quase todos os pontos de entrada em Acra têm barreiras policiais. Havia uma barreira no portão do Achimota, na rua que saía de Acra. Os militares tinham armado uma barraca lá. Os soldados estavam de capacete e farda camuflada, portando as armas, com cara muito feroz. Havia um blindado estacionado junto ao portão. Eles revistavam todos os carros que saíam da cidade. Durante essas revistas, os soldados pediam primeiro que se abrisse o porta-malas do carro. Davam a volta e olhavam lá dentro para ver o que estava sendo transportado. No caminho de volta ao posto, espiavam pelas janelas para ver quem ou o que estava a bordo. Se tudo o que encontrassem fosse aprovado, mandavam o carro andar e o deixavam passar pela barreira.

— Ei — observou um dos soldados quando foi até a traseira do carro. —Vocês aí andaram festejando o Natal. — O soldado apontou para os camaradas a garrafa de uísque, visível pelo lado de fora do carro.

— Isso foi o que sobrou? — perguntou outro soldado. — Dê para nós.

Alfred, que tivera a presença de espírito de criar um plano para distrair e agradar os soldados, sorriu e disse:

— Ah, podem ficar com ele. — Ele puxou o garrafão de bebida e o entregou aos soldados pela janela aberta.

— Eeeeiiiiiii — todos deram vivas. — Pessoal, hoje temos uísque! — Eles ficaram ocupados demais se alegrando para se preocupar com o resto. Mandaram o carro avançar sem dar uma olhada atenta em quem estava lá dentro. Peter, sem perder um segundo, pisou no acelerador e passou pela barreira.

Os meus irmãos tinham ligado para mim antes de partirem de Acra. Fui de Tamale a Yapei para encontrá-los na fazenda. Enquanto dirigia em Tamale, observei a pesada presença militar, que me deixou nervoso. Não estava convencido de que Yapei fosse o lugar ideal para papai ficar. Quando discuti isso com meus irmãos e Joe Mara, eles concordaram. Havia claramente guarnições militares demais, perto demais. Além disso, nos lembrávamos de como todos tinham ficado odiosos depois dos golpes anteriores, inventando informações e denunciando os vizinhos às autoridades. Se os militares começassem a procurar papai, não seria muito difícil achá-lo na fazenda de Yapei.

Decidimos levá-lo para Bole, sua cidade natal. Era pequena, e a maioria dos aldeões eram gente em quem papai podia confiar. Eram leais. Um bom número deles pertencia à família dele. Bole tinha uma pequena delegacia. Não havia mais de dez policiais na cidade inteira e nenhuma guarnição militar. Peter, Alfred e Joe Mara levaram papai para Bole enquanto eu aguardava na casa da fazenda.

A tarde já ia avançada quando meus irmãos e Joe Mara voltaram a Yapei. Nós quatro estávamos prestes a nos sentar para comer quando ouvimos um anúncio no rádio convocando todos os membros importantes do PNP a se apresentar no quartel Gondar com efeito imediato. Era um anúncio que todos já tínhamos ouvido, mas dessa vez foi seguido por uma lista de nomes, um dos quais de papai.

Escutávamos o anunciante chamar cada nome, mas continuando a fazer o que estávamos fazendo. Assim que ele disse "E. A. Mahama", todos paramos, viramos a cabeça e fitamos o rádio. O som do seu nome pendia no ar. Peter, Alfred e eu nos entreolhamos. Pela cara dos meus irmãos, pude ver que todos pensávamos a mesma coisa. Papai não estava mais seguro em Gana.

Conseguíamos nos lembrar do homem que nosso pai se tornou quando foi solto da prisão. Passava horas sentado, perdido em pensamentos sobre os horrores ou indignidades que sofrera lá.

— Nunca voltarei à prisão — nos disse papai incontáveis vezes. — Nunca mais. Sempre serei um homem livre. — Ele dizia que, se voltasse à prisão, morreria. Nós quatro corremos para o carro, embarcamos e seguimos para Bole.

A cena que encontramos na casa de Bole era muito característica do nosso pai, homem cuja personalidade só podia ser descrita como magnética. Ele atendia a uma corte, cercado por um grande grupo de amigos e parentes que foram cumprimentá-lo quando souberam que estava na cidade. Papai terminara de jantar e agora atendia aos convidados. Ficou surpreso ao nos ver.

— Ah, vocês voltaram — disse. Por quê?

— Temos de ir — disse Peter. Não precisamos explicar mais nada. Papai entendeu o que lhe dizíamos.

— É assim? — perguntou. Dissemos que era.

— Tudo bem — concordou, levantando-se. Foi até o quarto, pegou a mala e o rádio portátil. Voltou à sala e disse: — Está certo, vamos. — Não se moveu nem falou com nenhum medo ou sensação de urgência perceptível. Estava bem composto ao se despedir dos amigos e parentes na casa. Disse-lhes simplesmente que tinha de ir a Tamale e logo voltaria.

Fomos de Bole a Sawla, uma distância de dezoito quilômetros. Era lá que morava o primo Al-Hassan. A caminho de Bole, vindos de Yapei, tínhamos parado na casa de Al-Hassan para avisá-lo que íamos buscar papai e precisávamos levá-lo para o outro lado da fronteira. Al-Hassan disse que começaria os preparativos para tudo estar pronto quando voltássemos com papai.

Quando chegamos à casa de Al-Hassan, ele nos disse que tinha mandado alguém de motocicleta na frente para nos abrir caminho. Al-Hassan entrou no carro conosco e fomos pela estrada rumo à fronteira da Costa do Marfim. A noite caíra e tivemos de avançar com os faróis apagados boa parte do caminho, para não sermos vistos. A pequena distância de Kalba, minúscula aldeia fluvial na fronteira de Gana com a Costa do Marfim, encontramos o emissário que Al-Hassan mandara à frente e ouvimos o relatório. O homem nos informou que, para entrar em Kalba, teríamos de passar por um posto de guarda com funcionários da alfândega.

A fronteira fora traçada pelos ex-colonialistas sem dar atenção a grupos étnicos, tribos, línguas nativas ou famílias. Portanto, a maioria das fronteiras divide coisas que deveriam ter ficado unidas. Tínhamos um parente em Kalba chamado Bukari. Era contrabandista. Naquela época, devido à escassez enfrentada por Gana, o contrabando era uma profissão lucrativa. As pessoas iam aos três países francófonos que fazem fronteira com Gana para comprar sabão, enlatados e outros artigos de necessidade. Levavam essas mercadorias ilegalmente para Gana com a intenção de revendê-las.

Por cerca de 250 quilômetros, o rio Volta Negro é a fronteira oficial entre Gana e Costa do Marfim. Bukari tinha uma canoa. Usava-a para fazer viagens regulares de ida e volta entre Kalba e a Costa do Marfim. Conhecia cada centímetro de terra e cada gota d'água entre os dois lugares. Fora avisado da nossa missão. O papel dele era o mais importante. Deveria abrigar papai durante a noite e, ao amanhecer, usar a canoa para contrabandeá-lo para a Costa do Marfim.

Nossa família também se espalhava pela Costa do Marfim. Nosso tio Alhaji Daudu, o "francês", morava lá, e o plano era levar papai para o "outro lado", onde estaria em segurança e seria calorosamente recebido por Alhaji Daudu e o resto dos nossos familiares marfinenses.

O emissário nos instruiu a contar aos guardas alfandegários do posto que tínhamos acabado de receber a notícia de uma morte na família do "outro lado". Devíamos explicar que íamos apresentar formalmente as nossas condolências e também levar presentes e dinheiro para os nossos parentes de Kalba realizarem o funeral em nosso nome.

Chegamos prontos a contar a nossa triste história, mas o posto de guarda estava vazio. Não havia ninguém lá. Nem sequer era um posto de guarda de verdade. Fora construído às pressas, quase como uma ideia de última hora: duas grossas forquilhas de madeira que, visivelmente, fazia pouco tempo que tinham sido fixadas no chão dos dois lados da estreita estrada de terra. A barra de madeira que deveria se apoiar nas forquilhas tinha sumido. Se não tivéssemos sido avisados da sua presença, sequer perceberíamos que havia um posto de guarda e teríamos sido pegos desprevenidos pelos guardas alfandegários. Mas estávamos preparados, e não havia ninguém à vista. Como a cancela estava aberta, passamos.

Bukari aguardava por nós. Deixamos papai com ele, nos despedimos e voltamos. Não queríamos nos demorar. Era uma aldeia pequena, e a nossa presença na casa de Bukari poderia atrair atenção indesejada. Avançamos sem dizer palavra. Conhecíamos a gravidade da situação, mas acho que nenhum de nós pensara além de Kalba. Não tínhamos cogitado um futuro com nosso pai distante, em algum outro país. Agora que a partida de papai não era mais um plano de ação mas uma realidade na nossa vida, lentamente sua ausência tomava forma na cabeça e no coração.

Estranhamente, quando chegamos ao posto de guarda, a barra de madeira estava no lugar e os guardas alfandegários nos seus postos. Quiseram saber quem éramos e como entráramos em Kalba sem passar pelo posto de guarda.

— Ora, mas não havia ninguém aqui — disse Alfred. — E essa coisa estava aberta. Como saberíamos? — Os guardas continuaram a nos interrogar. Queriam saber o que fôramos fazer em Kalba. Alfred e eu nos revezamos para contar a triste história.

— Por isso viemos, cumprimos nosso dever e agora queremos ir para casa — disse Alfred, dando fim à história. Ele tinha talento natural para essas coisas. Possuía uma sinceridade despretensiosa que fazia todo mundo acreditar no que dizia. Falava de um modo simples, não ameaçador e verossímil.

— Como se chama o seu parente? — quiseram saber os guardas.

— Mummuni — disse Alfred, inventando um nome na hora. — Mora perto da margem do rio, junto de um pé de carité. — A cidade inteira ficava perto da margem do rio e havia centenas de pés de carité.

Os guardas nos mandaram avançar. Passamos pelo posto, satisfeitos com o nosso desempenho. Mal sabíamos que esse desempenho despertara suspeitas. Depois que fomos embora, os guardas entraram na aldeia em busca da casa que tínhamos visitado.

Papai, do seu jeito de sempre, se instalava confortavelmente na casa de Bukari. Os dois tiveram uma conversa amistosa tomando uma xícara de chá com pão. Bukari mostrara a papai onde dormiria e lhe pedira que descansasse porque partiriam de madrugada, bem antes do amanhecer. Bukari então pediu licença. Teria de ir à aldeia tomar algumas providências para a travessia de madrugada.

Enquanto estava no lado de fora, Bukari viu os guardas da alfândega baterem à porta de alguém. Ele prosseguiu sem se preocupar até ver que saíam daquela casa e batiam à porta da casa ao lado. Ele arranjou um cantinho onde se esconder e observou-os indo de porta em porta. Depois que os guardas se afastaram um pouco, Bukari foi às primeiras casas onde eles tinham entrado.

— O que eles queriam? — perguntou aos vizinhos.

— Queriam saber quem era o homem importante que aquele veículo veio trazer.

Bukari voltou correndo à sua casa. Queria já ter partido quando os guardas alfandegários chegassem à sua porta. Acordou papai e disse:

— Temos de ir. Temos de ir agora. — Papai pegou a mala e o rádio portátil e seguiu Bukari até o lado de fora.

A casa de Bukari ficava a menos de um quilômetro da margem do rio, mas eles não tinham tempo a perder. Pularam na motocicleta e foram até lá. Bukari ajudou meu pai a embarcar na canoa. Depois, ergueu a motocicleta e também a pôs lá dentro. Empurrou a canoa para a água, embarcou e começou a remar. Remou com o máximo de força e velocidade que podia, pelo negrume da água e da noite.

Papai e Bukari estavam a meio caminho rio abaixo quando os guardas alfandegários apareceram e começaram a correr rumo à margem. Ele conseguiu ver as silhuetas e ouvir os passos. Continuou remando, com força, sem parar. Os guardas da alfândega gritavam a plenos pulmões.

— Parem, estou dizendo, parem! Voltem... Voltem!

Bukari remava e remava. Os guardas, ao ver que ele não lhes dava atenção, deram alguns tiros de aviso para o ar. Bukari olhou em volta. Para olhos não iniciados, todos os setores da margem do rio naquela área pareciam idênticos, mas Bukari sabia exatamente onde estava, e os guardas alfandegários também. Ele enterrou os remos e deu mais três impulsos fortes. Um. Dois. Os guardas deram outro tiro de aviso. Três. No final da terceira remada, tinham entrado na Costa do Marfim.

Não havia mais nada que os guardas alfandegários, os militares ou qualquer um no lado de Gana pudesse fazer. E. A. Mahama continuaria livre.

GANA TEM DE PARTIR

A viagem de ônibus de Acra a Lagos era sacolejante e lentíssima, cheia de paradas e recomeços desnecessários de todos os tipos. Nosso motorista nos avisara para que nos preparássemos para tudo aquilo.

— Tem gendarme demais — dissera depois que os passageiros embarcaram e se sentaram. — A gente vai parar em todas as barreira.

Isso fez todo mundo resmungar, ainda que soubéssemos que o motorista não tinha opção. Se queríamos ver a luz do dia dentro da Nigéria, o ônibus teria de parar para cada gendarme e o motorista teria de fazer uma oferta monetária para que nos permitissem passar. Não havia outro jeito.

Nosso motorista era um homem corpulento que parecia ter cinquenta e poucos anos. Era tão largo quanto um hipopótamo, mas a cabeça era muito pequena em comparação com o resto do corpo, pequena demais. Parecia pertencer ao corpo de um homem mais magro. Era de disposição alegre, o que achei incomum para um motorista de ônibus.

Todos os motoristas de ônibus que encontrara eram mal-humorados e grosseiros. Não tinham paciência nenhuma.

Comportavam-se como se detestassem o emprego e estivessem zangados com a vida por tê-los consignado àquele destino, e estavam decididos a dividir sua infelicidade com todos que encontrassem.

Esse motorista nos disse que o chamássemos de Wofa Leonardo. *Wofa* significa "tio" na língua *akan*. Tio Leonardo. Ele era um moderador habilidoso. Quando embarcamos, eu o observei acalmar as queixas de vários passageiros que reclamavam da taxa de serviço que nos cobraram além da passagem. Era uma quantia espantosa, quase 50% do preço da passagem.

Os passageiros mais experientes, que faziam aquela viagem regularmente, começaram a conversar sobre a rapidez com que essas taxas estavam aumentando. Trocaram suspeitas e acusações. Alguns acreditavam que os motoristas de ônibus estavam mancomunados com os gendarmes e que ficavam com parte da taxa para si. Se não fosse assim, por que, argumentavam, a taxa variava tanto de um motorista para outro, de uma viagem para outra?

— Sei que todo motorista bota dinheiro no bolso — disse um homem.

— Ah, ele pega e põe no bolso pra fazer o mesmo — observou alguém. Isso fez todo mundo rir. Wofa Leonardo, que obviamente ouvira o comentário, começou a rir também, embora o alvo da piada fosse ele.

— Eu juro que não é pra mim — insistiu, batendo as mãos no barrigão. — É pro gendarme.

Se era verdade ou não, parecia que ninguém mais ligava. A reação despreocupada de Wofa Leonardo transformara em afeição o que começara como antipatia. Todos continuamos rindo. Wofa Leonardo soltou o freio de mão, engrenou o ônibus e nossa aventura começou.

Depois que fugiu de Gana para a Costa do Marfim, papai passou vários meses em Bouna, uma das cidadezinhas perto da fronteira. Além do "francês", algumas irmãs de papai moravam lá. Era um lugar confortável para ele e, como ficava ali do outro lado, não muito longe de Gana, eu e meus irmãos podíamos visitá-lo com frequência.

Essa proximidade se transformou numa verdadeira bênção, porque era quase impossível falar com ele por telefone. Na África, as telecomunicações eram horríveis, ainda mais entre países francófonos e anglófonos. O lugar de onde ligávamos podia ficar a uma distância de apenas uma hora de carro e vinte minutos de barco, mas a chamada tinha primeiro de passar pela Europa para depois ser retransmitida para a África.

O serviço postal funcionava mais ou menos do mesmo jeito. Em geral, era mais rápido ir de carro de um país da África Ocidental a outro do que mandar uma carta para lá. Se a correspondência ia de um país anglófono para outro francófono, era frequente que fosse processada na Inglaterra e depois reencaminhada à França para mais processamento antes de seguir para o destino final na África. A correspondência de um país francófono para outro anglófono fazia o caminho inverso.

As viagens entre países da África Ocidental eram igualmente pouco práticas. Só duas empresas aéreas prestavam serviços entre países daquela sub-região, a Air Afrique e a Ghana Airways. Ambas sofriam de péssima administração. Os horários, rotineiramente, não mereciam confiança e os voos costumavam ter forte *overbooking*. Os voos podiam atrasar horas ou dias, quando não semanas. Mas também acontecia de um voo partir uma ou duas horas mais cedo sem que ninguém se desse ao trabalho de avisar aos pobres passageiros que ainda faziam o *check in* antes que o avião alcançasse a altitude de cruzeiro.

Várias empresas aéreas internacionais claramente mais confiáveis, como Lufthansa, Pan Am, British Caledonian e Swissair, também ofereciam voos para locais importantes do continente. O que não ofereciam eram voos entre os países. Como no caso de cartas e telefonemas, era preciso ir à Europa primeiro para depois seguir caminho para onde se quisesse ir na África.

O problema é que parecia não haver muitos lugares na África aonde alguém quisesse ir. Quando africanos embarcavam nesses voos que iam para a Europa e a América do Norte, geralmente o retorno não estava no itinerário. Eles partiam em busca de uma vida melhor, livre das dificuldades e temores indevidos que agora tinham se generalizado em quase todos os países do continente.

A experiência pós-colonial de nacionalidade fracassava redondamente. Muitos países africanos eram dominados pelas forças armadas. Profissionais liberais, artesãos, educadores e trabalhadores especializados faziam as malas e iam embora. Era o começo do fenômeno amplamente conhecido como "fuga de cérebros". Em curto período, o continente perdeu os seus recursos humanos mais importantes, todos desesperadamente necessários para promover o crescimento e o desenvolvimento da África.

Gana não foi exceção. O país viveu uma emigração lenta, mas relativamente constante de cidadãos durante o governo do general Acheampong. Conforme os anos se passaram e os golpes continuaram, o número só aumentou. Depois do golpe de 31 de dezembro, os ganenses começaram a partir em massa. Os afortunados que conseguiam visto de países estrangeiros enfiavam na mala o que fosse possível e deixavam o resto para trás. Os maridos diziam adeus às esposas; os pais confiavam os filhos a familiares.

Outros que não conseguiam visto por meios legítimos atravessavam as fronteiras clandestinamente, protegidos pela escuridão ou sob qualquer disfarce verossímil que conseguissem inventar. As circunstâncias tinham forçado nosso pai a fazer parte desse movimento que levou os ganenses a abandonar o único lugar onde tinham vivido e que chamavam de lar.

A época que papai passou na Costa do Marfim foi nômade. Ele passou de parente em parente em Bouna; depois, se mudou para Abidjã, na época a capital, e ficou com parentes que tínhamos lá. Papai passou vários meses em Abidjã até finalmente decidir que não era na Costa do Marfim que queria ficar. Migrou para a Nigéria, onde também tínhamos vários parentes.

Os nigerianos e os ganenses têm muito em comum, principalmente o fato de serem dois dos poucos países de língua inglesa da África Ocidental. Esse deve ter sido um dos fatores na decisão de papai de se mudar para lá. Fosse qual fosse o caso, a Nigéria se parecia mais com o lar que já tivera, um lugar onde achava que conseguiria se instalar e recomeçar.

Peter, Alfred e eu viajávamos às vezes para visitar papai na Nigéria. Durante uma dessas visitas, ele contou como sentia saudades nossas e fantasiou em voz alta que seria maravilhoso se um de nós fosse morar com ele lá. Eu lhe disse que estaria disposto a isso; estaria disposto a me mudar para a Nigéria.

Quando continuamos discutindo a possibilidade, percebemos que podia ser uma solução perfeita para nós dois. Os meus dois anos de serviço nacional obrigatório tinham sido cumpridos e eu não sabia o que fazer em seguida. Não chegara ao estágio em que me sentia pronto a assumir um emprego. O que eu realmente queria era voltar à universidade e fazer um programa de pós-graduação, de preferência em história; mas me faltava patrocínio. A educação ainda era gratuita em Gana, mas sem papai eu não sabia como pagar as minhas despesas de sobrevivência enquanto frequentasse a faculdade em horário integral.

Papai teve uma ideia que tornou a Nigéria ainda mais atraente para mim. Ele sugeriu que eu frequentasse Ahmadu Bello, a maior universidade do país, localizada em Zaria, cidade do estado de Kaduna, no norte do país. Era tarde demais para me matricular naquele ano acadêmico, mas havia muito a fazer antes que chegasse o próximo período de matrícula. Eu podia cuidar dos detalhes da migração, conhecer o novo ambiente e matar as saudades de papai, que recentemente só conseguira ver em visitas curtas.

Partir de Gana não foi tão difícil quanto eu tinha imaginado. O país chegara ao fundo do poço. Com exceção dos meus irmãos e de alguns amigos, nada me segurava lá. Não havia razão para ficar, ainda mais quando a possibilidade de uma vida melhor me acenava.

São 167 quilômetros de Acra a Aflao, cidade ganense na fronteira entre Gana e Togo. Quando a estrada tem manutenção adequada, é uma viagem tranquila de três horas. Quando a estrada está em mau estado, como estava na época em que emigrei, a viagem parece interminável, quilômetros e quilômetros de buracos.

Havia hortas dos dois lados da estrada. Às vezes, quando o ônibus passava por uma aldeia, os ambulantes vinham correndo até a janela dos passageiros na esperança de vender alguma coisa. Wofa Leonardo desacelerava de propósito para que pudéssemos nos inclinar para fora da janela, entregar o dinheiro aos vendedores e recolher as bananas, amendoins ou milho cozido na palha que comprávamos.

Aflao é um centro comercial que vive do intenso comércio entre Gana e Togo. Todo dia, os comerciantes atravessavam a fronteira até Lomé, a cidade do lado de Togo e capital do país, e compravam mercadorias para vender em Gana. Havia pouco que se pudesse comprar em Lomé que não estivesse à venda em Aflao, embora, dependendo do que faltasse em Gana, os preços pudessem ser absurdamente altos. Ainda assim, todos se dispunham a pagar esse preço para não ter de lidar com a trabalheira que era atravessar a fronteira.

Em 1975, quinze países da África Ocidental se reuniram para criar a Comunidade Econômica dos Estados da África Ocidental (CEDEAO). Assinaram um tratado para trabalhar rumo à criação de uma área de livre-comércio na sub-região. Vários protocolos foram ratificados pelos países participantes para, entre outras coisas, garantir o livre movimento de indivíduos e mercadorias. Apesar desses protocolos, viajar entre os países da CEDEAO era um inferno, como o que vivíamos viajando no ônibus de Wofa Leonardo.

Uma das realidades da colonização da África foi a demarcação de fronteiras arbitrárias. No continente quase todo, as fronteiras que distinguiam os estados-nações separaram grupos étnicos e até famílias. Em Gana, as fronteiras com os vizinhos Costa do Marfim, Burquina Fasso e Togo passavam por aldeias e comunidades.

Eis a história que Salifu, o homem que trabalhara como nosso vigia em Tamale, nos contou sobre uma casa que ficava diretamente em cima da fronteira entre Gana e Togo.

— A casa estava lá muito tempo antes de traçarem a fronteira — disse Salifu. As pessoas que moravam lá, a família Gali, sempre souberam o que eram. Eram euês, mas essa nova fronteira causou confusão na sua vida porque, de repente, viram-se dividindo dois lugares e duas identidades. A porta da frente, a sala de estar, a sala de refeições e a cozinha ficavam oficialmente em sono ganense. Os quartos, banheiros e a porta dos fundos, estavam todos em Togo.

Durante o dia, os Gali se consideravam ganenses. Eram ganenses os que encontravam quando saíam pela soleira da porta da frente. Eram colegas de escola, de trabalho e da igreja, e os Gali sentiam que pertenciam àquela terra e àquele povo.

À noite, quando passavam pela porta dos fundos para se unir aos vizinhos no pátio comunitário, os Gali se viam em outro país. Sempre que começavam a rir, beber e dançar com os vizinhos, sabiam com certeza que aquele era o seu país. Eram aquelas as pessoas cuja família era como a deles, as pessoas cujos sonhos configuravam os seus. Como os Gali poderiam não pertencer àquela terra e àquelas pessoas?

— Viram o problema que aqueles britânicos e franceses causaram e depois deixaram para resolvermos? — perguntava Salifu a mim e aos meus irmãos. — O que acontece quando nossa casa é dividida?

Para quem, como a família Gali, pertence à tribo euê, a linha entre os dois países é praticamente invisível, não muda nada — nem a paisagem, nem a comida nem a língua. Pode-se andar confortavelmente, como faziam os Gali, da cozinha ao banheiro e considerar os dois lugares como lar. É claro que o problema é que a linha não é invisível; é uma fronteira bem real e só se pode pertencer verdadeiramente a um dos lados.

Para quem não é euê e não fala a língua nativa, a fronteira entre Gana e Togo, traçada pela Inglaterra e pela França como duas crianças na praia riscando uma varinha na areia, fica imediatamente visível. Sabemos que estamos num país estrangeiro.

Quando não falam euê nem outra língua nativa, os togoleses falam francês, idioma oficial do país. As motocicletas não são muito comuns em Gana, mas nos países francófonos vizinhos elas parecem ser o principal meio de transporte. Vemos mulheres andando nelas com o bebê amarrado às costas ou uma comerciante na garupa equilibrando na cabeça uma bandeja de laranjas. Empresários de terno e gravata pulam nas motocicletas para ir trabalhar. Os pais usam a motocicleta da família para levar os filhos à escola; o pai se senta à frente, a mãe atrás e pode haver até duas ou três crianças espremidas entre eles. Em Gana, eu nunca vira nada assim.

A cultura dos gendarmes que extorquiam propinas com postos de revista improvisados nos países francófonos vizinhos também não passara para Gana.

Depois que terminavam as transações com os guardas alfandegários ganenses em Aflao, havia mais ou menos uns cem metros de terra de ninguém a percorrer antes de chegar a Lomé. Lá, há guardas alfandegários togoleses com quem também é preciso haver transações.

A distância entre Lomé e Aneho, a última cidade antes da fronteira entre Togo e Benim, é de quarenta e cinco quilômetros. Nosso ônibus poderia chegar lá em relativamente pouco tempo, mas a cada cinco quilômetros, mais ou menos, tínhamos de parar para um gendarme. Wofa Leonardo descia e cumprimentava os gendarmes. Os sorrisos fáceis e a conversa leve fazia com que parecesse um encontro entre velhos amigos e não uma negociação de propina.

Assim que se chegava a um acordo, Wofa Leonardo apertava novamente a mão do gendarme, passando-lhe o dinheiro escondido; depois, embarcava no ônibus e continuava a viagem. Wofa Leonardo tentava compensar o tempo perdido com o gendarme correndo. Dirigia como se estivéssemos numa autoestrada vazia, indo cada vez mais depressa até o cenário se transformar num borrão de rostos e folhagens, mas aí tinha de parar de novo, descer e aplacar o gendarme seguinte.

Continuamos dessa maneira até passarmos por Aneho, última cidade do Togo, e entrarmos em Benim. Em Hilla Conji, cidade que fica na fronteira entre Benim e Togo, Wofa Leonardo deixou todo mundo descer alguns minutos para esticar as pernas e, se quiséssemos, comprar algo de comer.

Depois que embarcamos e o ônibus partiu de novo, foi mais do mesmo, parada após parada após parada para gendarme após gendarme após gendarme. Ficamos aliviados quando Wofa Leonardo passou por Seme, cruzou a fronteira e chegou a Badagry. Finalmente, estávamos na Nigéria.

A vida em Lagos parecia dar certo para papai no pouco mais de um ano desde que chegara. Estava à vontade lá. Tinha parentes e fizera amigos. Começara até a plantar as sementes de um novo plano empresarial, para o qual já encontrara um possível investidor. Papai fora ao escritório do alto-comissário das Nações Unidas para refugiados e se registrara oficialmente, e assim estava protegido na Nigéria.

Minha presença em Lagos firmou papai ainda mais no novo lar. Melhorou seu humor. Ele e eu íamos juntos a toda parte. Admirávamos todas as diferenças entre Gana e Nigéria e como a vida era muito mais próspera e promissora lá. Enquanto Gana estava visivelmente marcada pela luta e pela adversidade, a Nigéria sorria com prosperidade e promessas.

Muitos dos mesmos fatores que empurraram Gana para o rápido declínio econômico criaram expansão na Nigéria. O país era rico em petróleo, que trouxe a sorte inesperada das vendas. Os nigerianos se refestelavam na riqueza recém-encontrada. Eram gente muito extravagante que não hesitava em exibir como iam bem. Os ricos distribuíam dinheiro como se fosse água. Todo fim de semana havia centenas de festas, de *outdoorings* a casamentos, aniversários e promoções. Qualquer desculpa servia para dar uma festa, e nessas comemorações o serviço era opulento.

Naquela época, no que dizia respeito a dinheiro e riqueza, os ganenses não eram tão impressionantes na sua exibição. Isso era assim mesmo antes dos golpes e dos infortúnios deles resultantes. Os ganenses tinham um certo recato, uma relutância a mostrar como eram ricos.

Todos os carros de Gana tinham virado calhambeques. A maioria dos carros da Nigéria eram novos em folha. A Peugeot abrira uma montadora lá e o seu modelo 504 se tornara um emblema da classe média. A infraestrutura do país também era bem mantida, e por todo lado havia obras em andamento. Construíam-se novos viadutos e arranha-céus. Havia longas pontes e passarelas.

As lojas nigerianas eram cheias de todas as mercadorias que passáramos a valorizar em Gana. Havia leite em pó, sardinha, carne enlatada, sabão em barra e em pó, papel higiênico. Tudo o que fora rotulado como "mercadorias essenciais" em Gana, coisas que tinham sido contrabandeadas para dentro do país e eram vendidas por quase dez vezes o preço original, estavam estocadas com abundância nas prateleiras das lojas nigerianas.

Muitos ganenses que tinham votado com os pés e partido do país agora moravam na Nigéria, e com eles foram os seus talentos. Havia professores, médicos, engenheiros; havia sapateiros, ferreiros e mecânicos de automóveis. O número estimado de imigrantes ganenses era de pouco mais de um milhão.

Era difícil dizer apenas olhando se alguém era ganense ou nigeriano; as características físicas eram muito semelhantes. O sotaque era a diferença que nos definia. Só ficava claro que alguém era ganense ou nigeriano quando abria a boca para falar.

Os imigrantes ganenses tendiam a morar juntos, formando pequenas réplicas das comunidades onde tinham vivido. Ao andar por certos bairros, sentia-se, por um instante, estar de volta a determinada região de Gana. A fala e os cheiros eram extremamente familiares.

Às vezes, papai e eu visitávamos a casa de outros ganenses. Com portas e janelas fechadas para os sons distintos de Lagos, poderíamos facilmente estar em Tamale ou Kumasi. Sentávamos e comíamos *tuo zaafi*, a sopa de amendoim com galinha-d'Angola, ou *fufu* com *aponkye nkrakra*, a sopa leve de carne de cabrito.

Durante reuniões desse tipo, só havia um tema de conversa: Gana e o que acontecia lá. Falava-se de Gana com amor; falava-se de Gana com irritação; contavam-se histórias de casa, histórias de casos passados e histórias de casos atuais que lhes tinham sido contados por algum amigo ou parente de visita. Eles mergulhavam em nostalgia e admitiam abertamente a saudade.

De certa forma, os nigerianos valorizavam os imigrantes ganenses. As escolas anunciavam ter "dez professores ganenses" na esperança de aumentar as matrículas. As oficinas mecânicas e de lanternagem faziam o mesmo, pondo cartazes que anunciavam "mecânicos ganenses". O nível de especialização e experiência levado pelos ganenses era respeitado e valorizado.

Ao mesmo tempo, os ganenses também provocaram uma corrente oculta de amargura na comunidade nigeriana. Não era simples xenofobia. Era um ressentimento profundo e complexo baseado na história comum dos dois países.

Durante a guerra civil, que durou de 1967 a 1970, os nigerianos tinham fugido para Gana, mais ou menos do mesmo modo que agora os ganenses fugiam para a Nigéria. Depois da aprovação da Ordem de Enquadramento de Estrangeiros, todos os nigerianos foram forçados a abandonar a vida que construíam em Gana e voltar a um país que ainda estava no meio do conflito. A hostilidade caminhava lado a lado com a hospitalidade. Muitas vezes, era difícil saber qual estava presente quando os moradores locais gritavam "omoghana", palavra que usavam para distinguir os ganenses.

Se havia um milhão de ganenses morando na Nigéria, o número dos que agora residiam na Europa, na América do Norte, na Ásia e em outros lugares era inimaginável. Todo mundo conhecia alguém que tinha se mudado para o exterior. Não havia um único país livre no mundo que não tivesse agora uma pequena população de ganenses, mesmo nos lugares mais remotos e improváveis. Tantos ganenses se instalaram em Papua Nova Guiné, chamada de PNG para abreviar, que surgiu a piada de que essas iniciais significavam Povo da Nova Gana.

Formamos nossa própria diáspora. Em boa parte, o que mantinha Gana na superfície eram as remessas enviadas por mães, pais, irmãs e irmãos que saíam em busca de melhor pasto.

Sempre que algum conhecido voltava a Gana para uma visita, organizavam-se pacotes de roupas, sapatos e envelopes com dólares ou libras para o viajante levar para os parentes em casa. Logo, isso se tornou parte importante da cultura, um meio de sobrevivência para os que ficavam.

Para nós, que morávamos na Nigéria, as remessas mais valiosas que podíamos mandar para a família eram pacotes de enlatados, sabão em barra e em pó e papel higiênico. Eles valiam muito mais do que qualquer quantidade de nairas, a moeda nigeriana, que conseguíssemos enfiar num envelope.

Assim que me instalei direito, comecei a viajar pela Nigéria. Queria conhecer o país não como turista, mas como morador. Tinha me tornado bastante adepto de viajar. Havia um bom número de motocicletas, chamadas de *okadas*, muito mais do que se vê em Gana, embora bem menos do que nos países francófonos.

Os quatro meios de transporte principais eram táxis, *damfos*, *moluwes* e os ônibus do transporte público administrado pela autoridade metropolitana. Os táxis eram amarelo vivo e pintados em toda a extensão com duas listras pretas longitudinais com cerca de cinco centímetros de largura. Eu raramente pegava táxis porque eram caros demais para o meu orçamento inflexível.

Os ônibus do transporte público eram ineficientes. Supostamente tinham horário, mas raramente passavam na hora marcada, e ninguém ficava esperando que passassem. A maioria embarcava no primeiro *damfo* que passasse. Os *damfos* eram bem parecidos com os *trotros* de Gana. Eram micro-ônibus particulares e não regulamentados que levavam passageiros de um lado a outro da cidade.

Os *moluwes* eram uma invenção fascinante. Eram cavalos e chassis de caminhões adaptados ao corpo de um ônibus. Muitas vezes, os bancos eram feitos de metal nu soldado à mão. Vi gente rasgar a roupa nas bordas afiadas desses bancos ou se cortar a ponto de sangrar. Eram feitos para levar trinta a quarenta passageiros, mas também havia lugar para pessoas em pé.

Os motoristas de *moluwe*, nenhum dos quais tão amistoso e sofisticado quanto Wofa Leonardo, admitiam o máximo possível de passageiros em pé, enfiando até sessenta pessoas num ônibus projetado para levar apenas trinta. Para onde quer que eu fosse explorar Lagos, costumava tomar um *damfo* ou *moluwe* e passar horas passeando, aprendendo o nome das ruas e olhando a paisagem.

Papai estava ocupado com os preparativos da nova empresa, uma fábrica de processamento de manteiga de carité para exportação. Ele vendera a ideia a um empresário que encarregara papai de realizar um estudo de viabilidade. Como papai estava ocupado com o projeto, decidi visitar um dos nossos parentes que morava na parte norte do país, numa cidade chamada Kano. A Universidade Ahmadu Bello em que eu planejava me matricular também fica localizada na parte norte da Nigéria, e achei que seria bom conhecer o território.

Em termos geográficos, Gana e Nigéria são basicamente iguais. Os países têm o mesmo clima, o mesmo padrão de chuvas durante os mesmos períodos e a mesma vegetação. A planície litorânea e a zona de floresta ficam na parte sul de ambos; a região nortista é de savana, que aos poucos dá lugar à zona do Sahel quanto mais se avança para o norte.

Outra semelhança entre os dois países é que a população muçulmana está mais concentrada no norte. No entanto, ao contrário de Gana, na Nigéria há profundas tensões entre muçulmanos e cristãos. Enquanto estive em Kano, irrompeu uma grande revolta religiosa, continuação dos confrontos de Maitatsine ocorridos em 1980. Aquela primeira onda de confrontos de Maitatsine, centrados principalmente em Kano, tinha resultado em mais de 4 mil mortes.

Malam Mohammed Marwa, conhecido pelo nome de Maitatsine, era líder da seita muçulmana do mesmo nome. Seus integrantes eram fundamentalistas que discordavam das influências seculares que, segundo achavam, destruíam a cultura e manchavam sua religião ao corromper a vida dos muçulmanos. Eles acreditavam que bares que servissem bebidas alcoólicas não deviam ser permitidos nas cidades do norte. Eram contra o uso de bicicletas, rádios, televisores e outros confortos ocidentais.

Embora Marwa, que era imigrante camaronense, tivesse sido morto em 1980 durante a primeira onda de confrontos de Maitatsine, a seita ainda existia, agora sob a liderança de Musa Makaniki, ex-mecânico de automóveis transformado em profeta. Os choques entre os muçulmanos de Maitatsine e a polícia eram violentos. A polícia tinha mão pesada nas tentativas de controlar os levantes. Atiravam na multidão de muçulmanos de Maitatsine quando saíam da mesquita depois das orações de sexta-feira. Por sua vez, os maitatsines ficavam mais agressivos na sua rebelião.

Fiquei me sentindo pouco à vontade numa comunidade que estava no meio de tanta violência em grande escala. Saí do norte e voltei a Lagos.

A hostilidade contra os ganenses crescia e se manifestava de várias maneiras, uma das quais teve impacto direto sobre mim e meus planos para o futuro. Na Nigéria, as mensalidades escolares eram nominais e iguais para todos os alunos, fosse qual fosse a origem nacional. Entre numerosos nigerianos, havia a sensação de que os ganenses tinham ido para seu país tomar os empregos e gozar de recursos que deveriam ser deles, nigerianos. Entraram em vigor políticas e programas para impedir que isso continuasse. Uma delas foi a criação de uma escala diferente de taxas escolares para estrangeiros. O aumento foi muito grande. Papai era um exilado com meios financeiros limitados. Não havia como pagar minha pós-graduação na Universidade Ahmadu Bello.

Com esse fato recente, eu não sabia mais qual o meu propósito na Nigéria. Estava lá para fazer companhia a papai, é verdade, mas também estava matando o tempo à espera de que chegasse a época da matrícula do próximo ano acadêmico. Agora não sabia mais o que fazer.

Papai também vinha alimentando certo descontentamento com a vida na Nigéria. Os planos de negócio não andavam tão depressa e solidamente quanto esperara. Ele também ficava sensível à xenofobia que se espalhava rapidamente e se enraizava. Sentia problemas, algo que vira e vivenciara vezes demais na vida.

A Nigéria era uma sociedade em que, por frustração com os sistemas de polícia e justiça, era comum os indivíduos tomarem a si a punição de supostos criminosos. Isso não era bom para os ganenses, responsabilizados em grande medida pelos crimes ocorridos no país, de assaltos à mão armada a pequenos furtos. Na época, a punição das ruas para roubos e furtos era o linchamento do acusado com um colar de pneu. Muitos inocentes perderam a vida desnecessariamente em consequência desse tipo de justiça com as próprias mãos.

Várias vezes, durante minha estada de um ano na Nigéria, enquanto andava pela cidade, ouvia gritos de "*Ole, ole, ole*". *Ole* é a palavra iorubá que significa "ladrão". Em geral, era à distância, longe da minha linha de visão. Depois desses gritos, eu ouvia berros e passos de gente correndo e sabia que uma multidão se reunia e logo haveria um linchamento. Sempre que isso acontecia, largava o que estava fazendo e ia para outro lugar, para me refugiar da confusão. Então, certo dia aconteceu enquanto eu estava num lugar de onde não havia como fugir.

Eu ia visitar meu primo que morava num lugar chamado Yaba, que fica em Surulere, um subúrbio de Lagos. Embarquei num *moluwe*. Como sempre, estava superlotado. Quando cheguei ao meu destino, desci. Nesse momento, outro *moluwe* passou. Ouvi muita comoção naquele ônibus e ergui os olhos.

Nesse instante, alguém pulou de uma das janelas e disparou a correr. Era um rapaz de vinte e poucos anos, vestido de *jeans* e chinelos.

O ônibus parou. Dava para ouvir gente berrando "*Ole, ole, ole*" lá dentro. A maioria dos passageiros saiu correndo e partiu no encalço do rapaz. Quem estava na rua tentou bloquear o caminho dele, que conseguiu se desviar de muitos, mas não foi longe. Foi derrubado quando um homem enorme e musculoso o deteve e depois lhe passou uma rasteira.

Vinha gente pelas ruas, andando na direção do rapaz, que agora se contorcia no chão, clamando inocência e implorando misericórdia. Quis me virar e ir embora, mas decidi que seria visível demais. Se fosse o único a me afastar do espetáculo, poderia despertar suspeitas. Tinha ouvido falar que quem tentava intervir ou fugir da cena era acusado de cúmplice e submetido ao mesmo tratamento do acusado, por isso me juntei à multidão e andei lentamente na direção do rapaz.

Quem chegava começava a bater nele e chutá-lo. Ele foi surrado e surrado até virar um monte de sangue. Foi uma coisa bárbara. Eu sabia o que vinha depois e quis gritar para que parassem, mas é claro que não gritei. O rapaz que surravam era ganense. Soube pelo sotaque. Se eu dissesse uma palavra que fosse, saberiam que eu também era ganense. Sem dúvida, seria um caso de culpa por associação.

Apareceu alguém com um pneu e uma lata de gasolina. Puseram o rapaz em pé, enfiaram o pneu no seu pescoço e derramaram por cima toda a lata de gasolina. Alguém acendeu um fósforo e jogou no pneu. Nunca me esquecerei dos berros do rapaz nem do cheiro da sua carne sendo queimada. Nunca me esquecerei da crueldade da multidão. Enquanto ele ardia, jogavam nele pedras e tudo em que conseguissem pôr as mãos.

Rezei para que alguém pegasse uma pedra bem grande, mirasse bem e atingisse o rapaz num lugar que provocasse morte instantânea. Isso seria o mais misericordioso, porque o tipo de tortura a que estava sendo submetido era desumana. Logo os gritos sumiram e o jovem parou de se mexer. Estava morto.

Jamais assistira ao assassinato de alguém. Foi devastador. Algumas pessoas da multidão se aproximaram do cadáver e removeram o conteúdo dos bolsos. Havia algumas notas de naira e poucas moedas, nada significativo. Fora isso, nada mais que pudesse servir de prova do crime.

— Então, o que ele fez? — perguntou alguém na multidão quando todos começamos a ir embora. Ninguém sabia qual fora o crime do rapaz e ninguém se apresentou como seu acusador. Tudo aquilo à toa.

Papai e eu decidimos partir da Nigéria. Ele queria ficar na África, mas percebia que, para onde fosse no continente, era provável que enfrentasse as mesmas dificuldades. Em vez disso, decidiu ir para Londres, onde, sob os auspícios da condição oficial de refugiado, seria capaz de se instalar. Vários antigos aliados políticos tinham buscado asilo no Reino Unido e ele teria uma rede de amigos lá. Também tínhamos parentes no Reino Unido.

Havia um membro da nossa família com quem papai estava especialmente interessado em reatar relações: seu filho Samuel. Quando Samuel tinha nove anos, papai permitiu que o diretor e a diretora da sua escola o levassem para a Inglaterra com eles. Eram um casal de meia-idade, missionários sem filhos de quem papai ficara íntimo. Gostavam muito de Samuel e queriam supervisionar o resto da sua educação primária em Londres. Papai, que sempre quisera assegurar a melhor educação para os filhos, concordou. Assim que chegou a Londres, o casal interrompeu o contato com papai, que nunca mais viu o filho Samuel.

Londres não era opção para mim. Ainda tinha esperança de fazer a pós-graduação e não via como isso seria possível em Londres. Dado o dilúvio de imigrantes recentes de Gana em Londres e outros países ocidentais, era inconcebível que o Alto Comissariado britânico me concedesse um visto. Eu não era mais menor de idade e não podia viajar com o visto de papai. Era um homem de vinte e cinco anos, formado na universidade, sem profissão nem obrigações domésticas. Mesmo que, por algum milagre, me permitissem entrar no Reino Unido, ainda havia a questão do custo da faculdade e de como pagar. Minha única opção parecia ser voltar a Gana, onde tentaria encontrar um jeito de fazer tudo funcionar.

Papai embarcou num voo para Londres. Nós nos despedimos. Foi uma partida emocionada. Por mais desconfortável ou inconveniente que fosse a viagem, podia-se chegar por terra à Costa do Marfim e à Nigéria. Meu pai agora estaria a meio continente e um oceano de distância. Não sabíamos quando nem se nos veríamos de novo.

Embarquei num ônibus para Acra. O motorista não era tão caloroso e envolvente quanto Wofa Leonardo. Mal falou a viagem inteira. A única hora em que voltava à vida era quando descia para interagir com os gendarmes. Assim que terminava a negociação, a cara feia que usava voltava ao seu rosto. Mas nos levou em segurança pela enxurrada de gendarmes estrategicamente posicionados no Benim e no Togo até Acra, onde os meus irmãos esperavam para me receber em casa.

Meu pai estava certo quando disse que sentia problemas no horizonte da Nigéria. Pouco depois de eu e papai partirmos, a Nigéria encenou sua versão da Ordem de Enquadramento de Estrangeiros. Deram aos imigrantes que moravam lá, dos quais um número significativo era ganense, duas semanas para fazer as malas e sair do país. Muita gente não recebeu salário pelo trabalho feito; crianças tiveram de largar a escola; famílias foram obrigadas a abandonar a casa que tinham comprado ou construído. Foi um cataclismo traumático.

Na pressa, os ganenses começaram a usar até sacos plásticos como bagagem. Era um tipo específico de sacola feita de plástico tecido e barato. A sacola era quadrada, tinha alças e um padrão axadrezado em vermelho e branco, preto e branco ou azul e branco. Os ganenses chamavam essa sacola de *efiewura me*, que se pode traduzir da língua *akan* como "me ajude a levar a minha sacola". Os nigerianos começaram a chamar as sacolas de "Gana tem de partir", nome que persistiu até hoje. O interessante é que a marca europeia Louis Vuitton adotou recentemente o padrão típico da sacola "Gana tem de partir" e o imprimiu em vários itens da sua linha de produtos.

Essa expulsão súbita de ganenses da Nigéria foi uma grandiosa retaliação, a desforra, proposital ou não, da expulsão súbita dos nigerianos de Gana em 1969.

O governo ganense tomou providências para repatriar seus cidadãos. Puseram veículos à disposição, mobilizaram equipes médicas para oferecer tratamento, arranjaram comida e abrigos temporários. Para muitos, esse retorno era apenas uma parada transitória. Nada mudara em Gana. As condições que forçaram aqueles indivíduos a partir ainda estavam presentes. Eles só ficaram em Gana o tempo necessário para organizar alguma coisa para fazer outra viagem para outro país. Alguns conseguiram vistos para a Europa e a América do Norte. Outros partiram de carro ou barco para Costa do Marfim, Togo e Burquina Fasso, e outros ainda foram a pé, caminhando pelo deserto do Saara até a Líbia.

A situação se resumia a isso: a sensação de que a vida em qualquer lugar, por mais que fosse perigoso lá chegar ou por mais difícil que fosse morar lá, era melhor do que a vida em Gana, o lar que já tínhamos amado e prezado e que, antes, nunca pensaríamos em abandonar.

PROVIDÊNCIA

Escrever se tornou a minha salvação. Isso foi algo que eu jamais conseguiria prever. Durante quase toda a vida, as palavras me faltaram. Eu era incapaz de me exprimir de forma significativa. A maioria dos fatos que vivenciara tinha me deixado sem fala, transbordante de emoções que não conseguia desnudar. Às vezes, recuava; viajava cada vez mais fundo no silêncio até que ele me envolvia completamente.

Não tinha dificuldade para falar em minha defesa ou em defesa dos outros; o desafio foi quando tive de encontrar um jeito de descrever meus sentimentos mais íntimos. O que dizer, aos sete anos, quando se descobre que o pai foi preso? No meu vocabulário, não havia palavras para o que senti, por isso guardei tudo lá dentro. Fui uma criança introspectiva que cresceu e se tornou um rapaz reservado.

Mas as palavras também sempre me fascinaram. Adorava ler e podia passar horas com o nariz enfiado num livro. Maravilhava-me com as palavras, com a clareza com que pintavam os quadros que os seus escritores queriam que eu visse. Conseguia vislumbrar os personagens com tanta exatidão, que começavam a parecer reais para mim, como pessoas em quem eu podia esbarrar na cidade. Quando lia os diálogos, conseguia praticamente ouvir a voz deles.

Toda vez que nosso vigia Salifu tocava violão e cantava para mim e para os meus irmãos, eu guardava cada palavra de cada letra como se fosse uma pedra preciosa. As palavras faziam mais do que exprimir dor, tristeza ou alegria; elas me puxavam para essas emoções, de modo que eu mesmo podia senti-las. Espantava-me com a capacidade dos escritores de fazer isso.

Foi quando me apaixonei pela primeira vez que comecei a aprender como pegar o que estava dentro de mim e lhe dar forma em palavras. Escrevia cartas de amor a Alice. Queria que ela soubesse o que eu sentia por ela e queria convidá-la a dividir comigo minha experiência do mundo particular onde vivia. Isso me forçou a pôr a caneta no papel e dar um jeito de usar as palavras para pintar um quadro daquele mundo.

Quando voltei da minha estada na Nigéria, comecei a escrever novamente — não cartas de amor, mas pensamentos, reações e ideias. Tinha um caderninho e, sempre que algo me impressionava, escrevia. Não me imaginava escritor, e as palavras que rabisquei naquele caderno nunca assumiram nenhuma forma. Não eram poemas, contos nem letras de música. Minha escrita era, meramente, um exercício de autoexpressão. Queria me tornar um comunicador melhor, e essa parecia ser a melhor maneira de conseguir.

Também escrevia cartas, mas só para meu pai, que agora morava em Londres. Andava até o correio e comprava um aerograma. Às vezes ficava horas fitando o papel azul-claro, perguntando o que escrever a papai além da saudação e poucas linhas para tranquilizá-lo, dizendo que eu e meus irmãos íamos bem. Queria dar a papai mais detalhes, mais informações. Queria lhe contar a verdade sobre o que acontecia em Gana, como ainda era difícil nossa vida, mas também queria que risse, que soubesse que encontrávamos humor na nossa adversidade. Assim, escrevia e escrevia. Quando acabava, dobrava o aerograma para que ele se tornasse seu próprio envelope, lambia os lados com cola, selava e enviava.

Papai sempre escrevia de volta na mesma hora. Sua letra era bonita, ordenada e legível. Também respondia em aerogramas. O papel não tinha linhas, mas as frases eram todas retas como régua, de um lado a outro. As palavras pareciam fluir, como se ele as despejasse todas de uma vez, sem hesitação. Mas as histórias que contava eram complexas e bem pensadas. Escrevia bastante sobre o tempo em Londres, se perguntando se algum dia se acostumaria com a neblina persistente. Sentia falta do sol de Gana. Escrevia sobre como passava os dias. Estava na companhia constante de parentes e reatara relações com um círculo de velhos amigos que também moravam no exílio.

Numa das primeiras cartas que recebi, papai me informou que a busca por Samuel, meu irmão que fora levado para Londres pelos Thompson, o casal missionário que dirigia a escola frequentada por ele, avançava. Papai descobrira o paradeiro dos Thompson e se preparava para fazer contato.

"Tenho todas as razões para acreditar", escreveu papai, "que logo verei Adam."

Samuel Adam Mahama é o terceiro dos quatro filhos que minha mãe e meu pai tiveram juntos. Meu pai deu a dois filhos o nome Adam, que é uma versão anglicizada do nome do pai dele, Adama. Ele passou o nome cristão que recebera, Emmanuel, ao mais velho dos dois Adams. O Adam mais jovem recebeu o nome cristão Samuel. Ninguém dava a mínima importância a esses nomes cristãos. Ambos os meninos eram chamados de Adam. Havia o Adam Grande e o Adam Pequeno.

Quando moravam em Gana, Edith e Harold Thompson dirigiam uma pequena escola residencial em Yendi. Quando Samuel fez quatro anos, mamãe transferiu a guarda dele para meu pai, como fizera com Alfred e eu, os meninos mais velhos. Papai matriculou Samuel na escola dos Thompson, considerada uma das melhores da região. Nosso primo Michael, que era uns seis anos mais velho do que Samuel, também frequentava a escola.

Na época, os Thompson tinham provavelmente trinta e muitos ou quarenta e poucos anos, mas não sei com certeza. Pareciam não ter idade. Tinham o tipo de rosto que ficava fixo e resistia a todo tipo de classificação cronológica. Podiam também ter vinte e muitos ou cinquenta e poucos.

Havia neles um conservadorismo que podia resultar da prática religiosa, mas também mostravam um leve traço boêmio. Tinham uma queda por motocicletas e viajavam nelas por Gana inteira enquanto espalhavam a palavra de Deus. Samuel e as outras crianças da escola andavam de motocicleta muito antes de aprenderem a pedalar numa bicicleta. Às vezes, quando os Thompson não prestavam atenção, os meninos pegavam a motocicleta e iam à cidade, muito embora fosse contra as regras. Eles adoravam a sensação de velocidade. Nada se comparava à emoção de sentir o vento correr contra o rosto e ouvi-lo passar pelas orelhas.

Papai era íntimo dos Thompson. Considerava-os bons amigos. Visitavam-se socialmente, tomavam chá juntos e perambulavam por vários tópicos no decorrer de uma conversa. Uma coisa que os três tinham em comum era o amor às crianças. Os Thompson não tinham filhos biológicos, mas consideravam todas as crianças da escola como suas e, com frequência, falavam delas assim.

— Abednego, nosso caçula — dizia Edith Thompson com seu sotaque britânico picotado —, é simplesmente impossível.

Em 1969, quando a Ordem de Enquadramento de Estrangeiros entrou em vigor e os imigrantes foram obrigados a sair de Gana, papai usou todos os contatos políticos que ainda tinha para isentar os Thompson da deportação. Mesmo assim, os Thompson podiam ver em que direção seguia o país. Previram que a situação pioraria antes de melhorar. Decidiram retornar a Londres.

Samuel era um dos melhores alunos da escola, e os Thompson gostavam muito dele, principalmente Edith. Perguntaram a papai se podiam levar Samuel consigo para terminar a escola primária em Londres. Papai concordou prontamente. As escolas ganenses davam excelente instrução, mas fazia parte do legado do colonialismo a mentalidade de que as instituições estrangeiras, principalmente na Europa, eram superiores às do país. Por que papai não quereria que Samuel tivesse o melhor?

Quando falava da facilidade com que tomara a decisão, papai costumava traçar um paralelo entre sua experiência educacional e a oportunidade que sentia oferecerem a Samuel. Quando a educação se tornou disponível no norte, as poucas escolas criadas eram residenciais. Os nortistas se recusavam a mandar os filhos à escola. Temiam nunca mais ver os filhos se os entregassem ao homem branco.

A decisão de mandar papai para a escola fora tomada sob pressão. O pai e o avô tinham as mesmas crenças dos aldeões sobre o perigo de deixar estrangeiros levar seus filhos embora. Num país como Gana, que estava no centro do comércio transatlântico de escravos, esses temores não eram infundados. Ainda assim, papai foi à escola e aquela foi uma oportunidade que alterou o rumo da sua vida.

Talvez o mais importante seja que, para grande alívio do pai e do avô, papai finalmente voltou para casa.

Quando cheguei da Nigéria, era tarde demais para me matricular num programa de pós-graduação: os prazos já estavam todos vencidos. Ofereceram-me emprego de professor de história na Escola Secundária de Tamale.

— Mas por que história? — me perguntou meu amigo Jones quando lhe contei que queria fazer o mestrado. Jones era colega da universidade. Também frequentara a Escola Secundária de Tamale com os meus irmãos. — Por que precisa de dois diplomas em história? Pretende ser professor universitário pelo resto da vida?

Eu não pensara muito sobre o que queria fazer pelo resto da vida, mas ser professor universitário não parecia má ideia.

Eu gostava de ensinar e fora criado acreditando que aquela era uma profissão importante e honrada. Em numerosas ocasiões, papai nos contou que, depois do golpe, se não tivesse sido proibido de assumir cargos públicos, ficaria feliz em voltar à carreira de professor.

Jones insistiu comigo para pensar em outro curso. Também queria se matricular na pós-graduação e estava empolgado com um novo programa oferecido pela Universidade de Gana.

— Chama-se Estudos da Comunicação — disse. — Está se tornando um dos cursos mais populares da universidade.

Eu temia escolher um tema de estudo devido apenas à popularidade. Fizera isso quando me candidatara à graduação. Era grato à universidade por não ter me aceitado em administração de empresas, curso que listara como primeira opção.

— Vai cursar isso porque é popular? — perguntei a Jones. — Ou porque gosta?

— Não — respondeu ele. — Só parece um curso interessante.

Ele começou a me falar das cadeiras oferecidas no curso de Estudos de Comunicação: jornalismo impresso, radiojornalismo e a história da comunicação de massa. Tive de concordar; Jones tinha razão, parecia interessante. Fiquei curioso. Jones disse que ia à universidade buscar os formulários de inscrição. Pedi a ele que buscasse formulários para mim também.

Depois daquela conversa com Jones, comecei a fazer minhas indagações sobre o curso. Ainda era apaixonado por história, mas quanto mais aprendia sobre os Estudos de Comunicação, mais sentia, por razões que não seria capaz de articular na época, que era nessa direção que precisava ir.

Os Thompson disseram a papai que, para levar Samuel para Londres com eles, precisavam ter a guarda legal, e para ter a ordem legal teriam de adotá-lo formalmente. Papai concordou em ceder o pátrio poder. Para ele, aquilo não passava de uma formalidade, um pedaço de papel necessário. Sempre seria o pai de Samuel. Isso ninguém poderia mudar.

Papai pode ter sido um bom empresário, o tipo de pessoa capaz de farejar uma iniciativa bem-sucedida e juntar as peças para que acontecesse, mas era muito melhor como amigo e ser humano. Tomar decisões de boa-fé era o seu calcanhar de Aquiles. Tinha o coração puro e confiava que os outros agiam com o mesmo nível de sinceridade e transparência. Essa tendência a confiar lhe tinha custado a empresa de beneficiamento de arroz e acabaria por fazê-lo perder uma vida inteira com um dos filhos.

Nossa mãe se opunha à ideia de mandar Samuel embora com os Thompson. Ela nunca saíra de Gana. Mal viajara além do norte. Londres, para ela, era como o fim do mundo. Não queria o filho lá, tão longe. Protestou e protestou, mas naquela época as palavras de uma mulher tinham pouco peso quando comparadas às de um homem. Ele era o pai, o chefe da família. Sua decisão foi respeitada.

Sempre que ressaltava o paralelo entre essa oportunidade que os Thompson davam a Samuel e a oportunidade que o comissário de distrito lhe dera, papai nunca mencionou a semelhança mais óbvia. A mãe de papai fora inabalável na sua recusa de deixá-lo ir embora. Nossa mãe não foi diferente.

Não queria participar daquela entrega do filho. Recusou-se a se encontrar com os Thompson para ouvir suas justificativas e promessas. Recusou-se a ir ao tribunal para o processo formal de adoção. O relacionamento dos meus pais já chegara ao fim quando Samuel foi levado para Londres, mas a situação causou uma fissura entre eles que papai nunca foi capaz de remendar.

Depois que papai foi levado para a escola, sua mãe sofreu tamanha angústia que todos acreditaram que isso acabou lhe causando a morte. Ela chorava sem parar. Ficou inconsolável. Esperou e esperou que o filho voltasse. Nossa mãe fez o mesmo. Chorou. Preocupou-se. Esperou. Guardava consigo uma foto de Samuel. Com o passar dos anos, ela olhava a foto e se perguntava onde estaria o filho, como seria e se algum dia voltaria para ela. A dor nunca passou. Era uma dor que se instalara no próprio núcleo do seu ser, uma dor tão generalizada e penetrante, que todos pensamos que poderia matá-la.

Samuel tinha nove anos quando partiu para Londres com os Thompson. Nos primeiros anos, eles mantiveram contato frequente com papai, embora ele não tivesse muita interação direta com Samuel. Aos poucos, a correspondência entre eles minguou até acabar.

Enquanto administrava a beneficiadora de arroz, papai viajava a Londres pelo menos uma vez por ano para uma feira comercial. Sempre que estava lá, entrava em contato com os Thompson. Harold Thompson sempre se mostrou educado e gentil e recebia amistosamente os telefonemas de papai. Dava-lhe informações básicas sobre o progresso de Samuel na escola, os seus interesses e quanto crescera; mas, por uma razão ou por outra, os Thompson nunca conseguiam nem queriam deixar que papai visse Samuel ou tivesse algum contato direto com ele. Havia sempre alguma desculpa. Não fora isso que tinha sido combinado. Samuel não era filho dos Thompson. Ou era? Afinal de contas, fora dada permissão e papéis tinham sido assinados. Havia pouquíssimo que papai pudesse fazer. Aos poucos, ele começou a perceber que perdera o filho.

Preenchi os meus formulários e, na vez seguinte que encontrei Jones em Tamale, os entreguei a ele. Nisso, tinha certeza de que fizera a escolha certa ao estudar comunicação. As observações que rabiscava no meu caderno refletiam isso. Agora, eu estava dominado pela importância da comunicação na sociedade, em termos pessoais e profissionais.

A comunicação é a ponte que une os indivíduos, que mantém os cidadãos informados do trabalho que o governo faz — ou não — em seu nome, que liga as empresas a fregueses e clientes. A comunicação tem um papel fundamental no avanço de todos os aspectos da civilização.

Jones voltou a Acra com os nossos formulários. Devia entregar os meus a William, o amigo com quem eu frequentara a universidade e com quem morara quando cumpria o serviço nacional obrigatório. William foi ao aeroporto se encontrar com Jones e pegar com ele os meus formulários. Enquanto estava lá, encontrou e passou algum tempo com Tom Dakura, guarda alfandegário com quem fizéramos amizade, homem que logo assumiria o papel de anjo da guarda na minha vida. Como planejado, ele os entregou à universidade. De algum modo, com toda a correria que teve nos dias seguintes, Jones perdeu os seus formulários. Quando foi à universidade buscar outros, disseram-lhe que perdera o prazo. Não estavam mais distribuindo formulários nem aceitando inscrições.

Jones ficou irritadíssimo, mas prometeu a si mesmo que tentaria no ano seguinte. Mal sabia que a vida o levaria por uma série de voltas e reviravoltas inesperadas que o poriam num caminho totalmente diferente. Ele nunca mais voltou a tentar.

A universidade aceitou minha inscrição e me convidou para uma entrevista na Escola de Estudos da Comunicação. Fiquei extasiado. Tirei uma licença do emprego na Escola Secundária de Tamale para viajar a Acra para a entrevista.

A vida em Gana ainda era dificílima. Parecia que nem Deus estava ao lado dos ganenses. Houvera uma seca e o país sofria problemas graves de fome, principalmente nas áreas do norte, devido à má colheita. Além disso, as estradas estavam péssimas e os meios de transporte, em mau estado. Era difícil se locomover de uma parte do país a outra, principalmente entre o norte e o sul. Uma viagem que levaria de sete a oito horas costumava levar vinte e quatro, e ao chegar ficava-se coberto da cabeça aos pés por uma fina camada de pó.

Os ônibus da State Transport Corporation (STC), empresa estatal de transportes, eram poucos e muito espaçados. Havia um ônibus por dia que ia de Acra a Tamale e quem o perdesse, azar. Mesmo quando se chegava na hora, o número de pessoas que também estavam lá na rodoviária com esperanças de viajar era assustador. Havia até cem pessoas aguardando para embarcar num ônibus onde cabiam apenas cinquenta.

Era difícil conseguir passagem nos ônibus da STC. A única maneira garantida era conhecer alguém que trabalhasse na empresa ou pagar um bom suborno. Havia outros meios de transporte alternativos, embora nem todos desejáveis.

Havia os ônibus *watonkyine*. Eles eram idênticos aos *moluwe* da Nigéria: cavalos e chassis de caminhões adaptados ao corpo de um ônibus. Eram ônibus velhos aposentados havia muito tempo e cavalos de caminhões já usados e abusados. Os dois já tinham transportado sua cota vitalícia de carga e deviam estar no ferro-velho, não nas ruas. A engenhosidade e o desespero puseram esses veículos de volta na estrada, e eram usados para transportar pessoas. Os passageiros eram amontoados como sardinhas em lata, oito pessoas espremidas uma ao lado da outra em bancos onde não caberiam mais do que cinco.

Esses caminhões transformados em ônibus enguiçavam com frequência na estrada, no meio das viagens. Foi por isso que receberam o nome *watonkyine*, pergunta na língua *akan* que, no caso dos ônibus, era retórica. A tradução seria "comprou sal?" A ideia era que levaria muito tempo para chegar ao destino porque era certo que o ônibus enguiçaria, e quando enguiçasse seria preciso cozinhar alguma coisa para comer; para isso, seria necessário sal.

Depois dos ônibus *watonkyine*, a próxima alternativa para viajar eram os caminhões articulados. Depois de carregados com o que tinham de levar, os motoristas também aceitavam passageiros. Era um modo de ganhar um dinheiro a mais.

Cobravam uma taxa dos passageiros e permitiam que se sentassem na cabine ou em cima da carga.

Outro meio de viajar pelo país era pelo ar, principalmente para quem ia de Tamale a Acra. Nessa época, a Ghana Airways parara de operar voos domésticos, de modo que não havia voos comerciais disponíveis. No entanto, havia um avião da força aérea que fazia voos de rotina entre Tamale e Acra de forma bastante regular.

Sempre que um avião da força aérea ia decolar, o aeroporto ficava lotado. Só cabiam quarenta e quatro passageiros, de modo que, como nos ônibus da STC, a maioria dos que esperavam ficava para trás.

Na véspera da minha entrevista, acordei cedíssimo. Preparei uma bolsa pequena com duas mudas de roupa, produtos de higiene pessoal e a carta que acabara de receber do meu pai, que pretendia ler a caminho de Acra. A hora da chegada foi perfeita e vi isso como bom presságio. Se meu pai estivesse em Gana, teria ligado para ele para pedir algumas palavras de apoio e estímulo antes de ir para a entrevista. Não telefonei porque as linhas não eram confiáveis, mas de qualquer modo ali estavam aquelas palavras, dobradas dentro do aerograma.

Fui para o pátio da STC às quatro da manhã e entrei na fila. Era o quadragésimo, e me senti seguro de que conseguiria comprar a passagem e embarcar no ônibus, que tinha cinquenta lugares. O que eu não percebera era que mais de dois terços das passagens não eram vendidos de acordo com a fila, mas saíam pelos fundos.

Depois que a bilheteria abriu, o lugar lotou. Os que estávamos na fila ficamos lá, esperando a nossa vez. Os outros que tinham chegado foram diretamente para os fundos da bilheteria. Dali a pouco, a bilheteira começou a chamar as pessoas da fila. Fiquei surpreso quando a primeira pessoa da fila pagou a passagem e recebeu a passagem número dez. A segunda pessoa recebeu a passagem número dezesseis. A terceira, a passagem vinte e um. Depois de atendida a décima pessoa da fila, uma mulher anunciou:

— O ônibus está lotado. As passagens acabaram.

Muitas vezes, algumas pessoas que tinham comprado passagem na porta dos fundos ficavam no pátio da STC para revendê-la pelo triplo ou quádruplo do preço. Eu não tinha dinheiro suficiente para comprar a passagem a preço de mercado negro. Saí do pátio da STC e fui rapidamente para a base da força aérea para ver se havia algum avião para Acra naquela manhã. Fiquei contente ao saber que havia, mas dezenas de pessoas já esperavam para embarcar. Dessa vez, decidi, não deixaria minha chance nas mãos do destino. Vi dois soldados que conhecia e de quem fora amigo na juventude. Eram homens bondosos e amistosos, nem um pouco parecidos com os soldados que tinham instaurado o caos em Tamale depois do último golpe.

Abordei os soldados e expliquei a situação. Disse-lhes que precisava chegar a Acra de qualquer jeito para comparecer àquela entrevista de matrícula para o programa de pós-graduação da universidade. Na mesma hora, eles me levaram ao escritório onde se fazia a marcação de lugares no avião da força aérea e disseram ao soldado encarregado o que estava acontecendo. Ele não pareceu nada solidário. Provavelmente passara o dia inteiro escutando as histórias, desculpas e explicações urgentes de todo mundo para justificar a necessidade de ser priorizado.

— O voo está lotado — disse ele. — Não há como arranjar lugar.

Meu estado de espírito começou a murchar. Meu amigo soldado me deu um tapinha no ombro e disse:

— Aguente aí, ainda não acabou. Em Gana, sempre se dá um jeitinho.

Então, os dois soldados deram uma volta pelo aeroporto, tentando usar toda influência que tinham para me pôr no voo. Não tiveram sucesso, mas me estimularam a ficar por ali de qualquer jeito.

— Até a hora de o avião decolar — disseram —, talvez tenhamos conseguido pôr você a bordo. — Rezei para que isso acontecesse.

Quando chegou a hora do embarque, o soldado que estivera no escritório saiu com uma lista. Começou a gritar nomes. Fiquei com inveja de cada sorriso que aparecia no rosto daqueles cujo nome era chamado. Meu nome não estava na lista dos quarenta e quatro chamados. Não havia razão para que estivesse, mas ainda meio que esperava, por algum milagre, escutá-lo.

— Aqueles cujo nome não foi chamado — disse o soldado com firmeza à multidão — não devem se aproximar do avião.

Esse aviso não bastou para deter aqueles de nós cujos nomes não tinham sido chamados. Estávamos desesperados, dispostos a tentar qualquer apelo ou truque de última hora para embarcar. Assim que o soldado que segurava a lista andou na direção do avião, corremos atrás dele. A perseverança deu certo para alguns. Foram instalados no banco sobressalente para tripulantes e em outros assentos de reserva que, normalmente, não eram usados por civis. Quando consegui abrir caminho até a frente, todos esses lugares extras já tinham sido ocupados.

Meu estado de espírito desmoronou totalmente. Como chegaria a Acra? Estava decidido a entrar na Escola de Estudos da Comunicação e não queria deixar passar mais um ano acadêmico. Precisava fazer aquela entrevista. Fiquei observando com grande tristeza o soldado fechar a porta do avião. Continuei a observar o avião taxiar, decolar e subir para o céu.

Havia uma parte minha que se agarrava ao impossível, desejando que os pilotos olhassem para baixo e me vissem, em pé lá embaixo na pista. Desejei que conseguisse lhes explicar telepaticamente minha difícil situação e que eles dessem meia-volta e voltassem só para me buscar. Desejei e observei até que não havia nada a ver além do céu e nada a desejar além de sorte.

Minha próxima opção era pegar um *watonkyine*. Corri para o ponto, que ficava ao lado do posto da GOIL (Ghana Oil Company) no centro de Tamale. Quando cheguei, vi que não parecia promissor. Havia homens deitados nos bancos, cochilando. Minha presença os despertou do sono.

— Aonde você vai? — perguntou um deles. Disse-lhe que precisava chegar a Acra o mais depressa possível.

— Ah... — ele bocejou, alongando os braços. — Você se atrasou. Os *watonkyines* para Acra já foram. — Sabendo com que frequência os *watonkyines* enguiçavam, me perguntei se já teriam chegado a Yapei. Talvez, se eu desse um jeito de percorrer os 26 quilômetros até Yapei, conseguisse pegar um deles. Pelo menos, argumentei, eu não ficaria parado. Estaria avançando na direção geográfica correta.

— Espere — disse o homem quando comecei a ir embora. — Os *watonkyines* de Bolgatanga logo chegam. Se houver espaço, podemos espremer você lá dentro.

Esperei. Levou cerca de uma hora para o próximo *watonkyine* chegar. Quando parou, alguns passageiros cujo destino era Tamale desceram. Ainda não havia espaço para um passageiro a mais. O motorista disse que não era possível. Estavam cheios demais e fora um alívio para todos no ônibus largar aqueles passageiros em Tamale. Ele não podia aceitar mais ninguém. O motorista fechou a porta e foi embora.

O homem no ponto não sabia quando viria outro *watonkyine*.

— Por que não vai ao posto policial? — sugeriu um deles. — Às vezes passam veículos do governo indo para Acra. Dê uma gorjeta ao policial e ele dará um jeito de lhe arranjar uma carona.

Agradeci ao homem o conselho, embora não tivesse certeza de que o aceitaria. Nada parecia estar a meu favor. Eu começava a acreditar que talvez simplesmente não fosse para acontecer. Pensei em voltar ao *campus* de Tamasco e apenas esquecer toda aquela ideia sobre a Escola de Estudos da Comunicação. Por mais frustrado que estivesse, não consegui me forçar a desistir tão facilmente, não sem tentar essa última opção. Decidi ir ao posto policial. Se não conseguisse nada, voltaria para casa, sabendo que, pelo menos, fizera tudo ao meu alcance para chegar à entrevista.

Corri para o posto policial, que ficava nos arredores de Tamale, num lugar chamado Lamashegu. Fui até o policial e expliquei minha situação. Eles ficaram com pena e disseram que me ajudariam, se pudessem.

— Mas você não pode ficar aqui — avisou um deles com firmeza.

—Vá para lá — disse o outro, apontando uma árvore alta à distância. — Chamamos se vier um veículo.

Fui e fiquei junto à árvore. Depois de observar a polícia interagir com os motoristas dos carros que passavam pelo posto, entendi por que não queriam que eu ficasse perto demais. Reconheci todos os gestos do suborno: a amabilidade afetada, a conversa fiada sobre assuntos triviais e o caloroso aperto de mão de despedida usado para passar o dinheiro escondido de uma palma à outra.

Os veículos passavam em ondas, *watonkyines* superlotados, carros particulares e caminhões. Fitei todos os passageiros daqueles veículos, pensando no que não daria para trocar de lugar com eles. Estava em pé junto à árvore havia mais de uma hora quando um dos policiais me chamou.

— Ei, amigo — berrou ele. —Venha, venha. Este veículo vai para Acra.

Era um caminhão de transporte do Ministério da Agricultura carregado de sacos de juta. Cada saco continha cerca de cem quilos de milho. Corri na direção do caminhão, parando automaticamente junto à cabine, no lado do carona. Olhei lá dentro e estava cheia. Ali havia espaço suficiente para três pessoas, mas contei cinco.

— Tudo bem, pode subir — disse o motorista. — Suba lá atrás.

Eu? Subir na parte de trás do caminhão? Eu nunca andara num caminhão aberto, sentado sobre a carga, e logo de milho. Mas que opção tinha? Subi e me juntei aos outros passageiros perdidos que o motorista recolhera ao longo da viagem.

O caminhão estava sobrecarregado. A carga fora empilhada além das laterais da carroceria. Não havia nada para impedir que algum de nós, sentados nos sacos, caíssemos. Era um jogo de equilíbrio, de segurar-se com força no saco e permitir que o corpo cedesse a todas as curvas e todos os solavancos. Ainda bem que o caminhão estava tão pesado com tudo o que levava, que não podia andar a nenhuma velocidade apreciável, apesar das tentativas constantes do motorista para acelerar.

Abri minha bolsa e peguei o aerograma do meu pai, mas percebi que provavelmente aquele não era o melhor lugar para lê-lo e o guardei de volta. Pensei nas ironias da vida. Pensei em Jones e em como se empolgara para se matricular na Escola de Estudos da Comunicação. Lembrei aquela primeira conversa que tivemos sobre isso e como eu relutara em pensar num tema de estudo que não fosse história.

Também pensei na casa de papai em Agric Ridge, em Tamale. Era uma casa bonita e ele se orgulhava muito dela. Na época, ele era um empresário rico. Nossa família tinha seis carros. Nós, garotos, nunca sentíamos falta de nada. Tínhamos vitrolas, bicicletas e dúzias de amigos. Íamos regularmente à discoteca e usávamos a última moda.

Agora papai morava no exílio, em Londres, cidade que me dissera nas cartas ser o contrário de Tamale. Passava o tempo procurando desesperadamente o filho Samuel.

— A vida é como um ciclo — papai costumava nos dizer. — Tudo vai e torna a voltar. Num dia vocês estão por cima, mas no dia seguinte podem estar por baixo.

Percebi, sentado cuidadosamente em cima daqueles sacos de milho, ouvindo o assobio das rodas do caminhão que passavam pela superfície maltratada da estrada, que o que papai dissera era bem verdade.

Já era madrugada quando chegamos a Kintampo, onde avistei um ônibus da STC que se preparava para partir para Kumasi. Embora eu tivesse pagado ao motorista do caminhão a passagem até Acra, pedi que me deixasse descer. Corri para pegar o ônibus. Não havia passagens disponíveis, mas de repente um passageiro decidiu não viajar e me vendeu a dele. Paguei a mais por ela, mas não era tão caro quanto seria se eu comprasse no mercado negro. Embarquei no ônibus e despenquei no meu lugar. A estrada de Kintampo a Kumasi era muito melhor. Era lisa e sólida, e parecia um paraíso comparada à viagem que eu suportara em cima daqueles sacos de milho. Chegamos a Kumasi em pouco tempo.

Quando chegamos, os passageiros já embarcavam nos ônibus para Acra. Como Kumasi e Acra são as maiores cidades de Gana, essa é uma rota bem movimentada. As passagens estavam esgotadas e não havia lugar em nenhum dos ônibus, nem um único assento vago.

Felizmente encontrei um amigo que conhecia um dos motoristas. Esperei de lado enquanto ele ia contar ao motorista a minha situação. Rezei para o motorista achar alguma solução. Chegara até lá contra todas as probabilidades. Isso significava alguma coisa, não é?

Meu amigo me chamou com um gesto. Começou a me apresentar ao motorista, mas assim que vi o rosto do homem, não precisei de apresentação.

— Wofa Leonardo! — disse, empolgado com a coincidência de ver o homem que dirigira o ônibus que me levara de Acra a Lagos.

— Lugar não tem — disse Wofa Leonardo, olhando o corredor do ônibus como se recontasse rapidamente os assentos para se assegurar de que todos estavam realmente ocupados. — Sente aqui — disse ele, apontando a escada junto à porta. Não era um assento, mas também não era um saco de milho. Larguei a bolsa e me sentei de lado no degrau, para ficar de frente para o para-brisa. Quando chegamos a Nkawkaw, a uma hora de Kumasi, um passageiro desceu e Wofa Leonardo me deixou ocupar a poltrona agora vaga.

Chegamos a Acra no meio da manhã. Não havia tempo suficiente antes da entrevista para eu ir à casa onde os meus irmãos moravam para tomar um banho e trocar de roupa, por isso parti na direção da universidade.

Quando cheguei a Achimota, bati à porta de um dos bangalôs e implorei à mulher que atendeu que me arranjasse um balde d'água. Contei-lhe da entrevista, de onde vinha e o que passara para chegar lá a tempo. Só precisava escovar os dentes, lavar o rosto e me limpar um pouco para ficar apresentável. Ela me deixou entrar. Lavei a poeira; passei a camisa e as calças e troquei de roupa. Agradeci à mulher, peguei a bolsa e procurei um táxi para percorrer o resto do caminho até a universidade.

— Seu nome já foi chamado — disse a secretária da Escola de Estudos da Comunicação quando entrei para me apresentar. —Você perdeu a vez.

Dei a ela minha explicação e descrevi cada trecho da minha viagem, para que ela entendesse que minha presença ali só se devia à graça de Deus. A secretária não mostrou nenhuma reação perceptível, nem a favor nem contra minha história. Pediu que me sentasse e aguardasse um instante enquanto ela verificava se os entrevistadores me receberiam. Quando voltou, disse que eles permitiriam que eu fosse entrevistado, mas que iria para o fim da lista. Teria de esperar até que todos os outros fossem entrevistados, só então poderia entrar. Respondi que não me importava, que esperaria.

Sentei-me, sem acreditar que estava lá, na Escola de Estudos da Comunicação. Realmente conseguira. Sentia-me como se tivesse terminado com sucesso uma corrida de obstáculos. Assim que o jorro de adrenalina se desfez e o estresse começou a passar, tirei a carta de papai da bolsa, abri-a e comecei a ler.

Papai agora estava convencido de que os Thompson escondiam deliberadamente de Samuel as suas mensagens. Acreditava que, se soubesse que o pai tentava entrar em contato com ele, Samuel telefonaria. Por que os Thompson não queriam que visse o filho? O que teriam a ganhar ao mantê-los separados? Samuel não era o menininho que partira de Gana. Estava com vinte e poucos anos. Merecia conhecer o pai e saber que a intenção de papai nunca fora que ficasse permanentemente longe de Gana nem da família. Papai dizia que não desistiria; nunca deixaria de tentar até encontrar Samuel.

"Diga à sua mãe", escreveu papai, "que não vai demorar muito. Encontrarei seu irmão. E, se Deus quiser, todos voltaremos juntos de novo para casa."

TOVARISCH

Durante os meus anos de graduação, quando participava de uma célula socialista, eu e os outros integrantes usávamos a palavra *tovarisch* para nos dirigirmos uns aos outros. Em russo, essa palavra significa "camarada". Todos tínhamos opiniões à esquerda do centro e acreditávamos piamente na ideologia socialista. Sentíamos que a maioria dos problemas de Gana e da maioria dos países que passavam por torvelinhos sociais ou políticos nascia da luta de classes, da fricção causada pela tentativa de uma classe subjugar as outras e sufocar seu esforço de resistir à opressão. Na nossa estimativa, a União das Repúblicas Socialistas Soviéticas (URSS) era o melhor modelo do tipo de sociedade que todos os países deveriam visar a tornar-se, que apoiava a igualdade dos cidadãos e lhes assegurava o acesso a serviços e necessidades básicos para uma vida digna e produtiva.

Em 1986, quando embarquei num avião da Aeroflot rumo à União Soviética, não era mais membro ativo de nenhuma célula nem organização socialista, mas ainda alimentava essa crença. Fui um dos cinco ganenses escolhidos para frequentar o Instituto de Ciências Sociais de Moscou para terminar um programa de pós-graduação em psicologia social.

Devido ao apoio emocional e financeiro que recebera da minha madrasta Joyce e do meu amigo Tom Dakura, terminara recentemente a pós-graduação em Estudos da Comunicação. O curso foi revigorante e informativo, tudo o que eu esperava que fosse. Foi o complemento perfeito do meu diploma de História, porque aprendi como se configuram e como se documentam os fatos da nossa memória coletiva. No decorrer do curso de comunicação, estudamos rapidamente a psicologia social e a achei interessante, portanto esperava que fosse o foco central do meu próximo diploma.

Nós cinco, escolhidos para o curso, estávamos apreensivos por voar pela Aeroflot. Ouvíramos boatos de que a empresa não era muito segura e de que os aviões tinham sofrido numerosos acidentes nos últimos anos. Assustados, todos nos sentamos com os cintos de segurança presos o mais apertado possível enquanto esperávamos que o aparelho decolasse.

Sempre fui apaixonado por aviação, mas só fizera voos domésticos. A extensão do voo era preocupante. Tentei acalmar os nervos imaginando-me já em Moscou, onde ficaríamos alojados, andando pela rua e cumprimentando outros socialistas de ideias afins.

Tovarisch, diríamos uns aos outros ao apertar as mãos. É claro que eu não fazia ideia de como eram as ruas de Moscou. Baseava minha imaginação nas ruas ocidentais que vira em filmes e programas de televisão. Tudo o que sabia sobre a Rússia era histórico ou filosófico. Não tinha conhecimento prático nem referências visuais. Os comissários de bordo foram os primeiros russos que vi.

Pojalovat, diziam, sorrindo, a cada um de nós ao entrarmos no avião. Não fazia ideia do que isso significava. A única palavra russa que conhecia era *tovarisch*, e hesitava em dizê-la porque não tinha certeza de que seria a resposta adequada.

Essa seria minha primeira viagem para fora da África. Na verdade, eu nunca viajara para fora da sub-região da África Ocidental. Também nunca ficara longe da família por períodos significativos. O avião pousou em Malta para reabastecer. Ficamos no aeroporto durante a espera de duas horas. Fiquei junto à janela, me esforçando para ver além dos aeroplanos pousados na longa pista, na esperança de captar um vislumbre que fosse da paisagem do país.

Pousamos no Aeroporto Internacional Sheremetievo em Moscou.

— *Pojalovat* — disse a mulher enviada para nos receber e nos escoltar pela alfândega e pela imigração. — Bem-vindos.

Com exceção dos outros quatro estudantes do meu grupo, todo mundo que vimos no aeroporto era branco. Havia dezenas e dezenas de brancos. Eram todos amistosos e receptivos, fazendo cumprimentos que não entendíamos. De várias maneiras e em várias circunstâncias, eu já fora minoria, mas nunca em termos raciais. A princípio, era espantoso não ver ninguém com traços que eu reconhecesse ou parecessem conhecidos.

Na correspondência que a escola nos mandara, tínhamos sido instruídos a levar roupas apropriadas para o frio. Eles nos avisaram que o inverno começara cedo naquele ano e que estava previsto que seria um dos mais rigorosos. Eu pusera na mala alguns suéteres e uma jaqueta que vesti prontamente assim que saímos do avião.

Durante a temporada do harmatão, quando eu e Alfred íamos visitar nossa mãe em Damongo ou nossos avós em Busunu, a temperatura caía até uns vinte ou dezoito graus. Às vezes, tínhamos de acender uma fogueira para nos manter aquecidos. Achei que conhecia a definição de frio. Quando saímos do aeroporto com a nossa acompanhante para entrar na van, descobri o que realmente era o frio. A temperatura tinha apenas um algarismo no lado positivo da escala Celsius. Era um frio de gelar os ossos. O ar gelado entrou pelas minhas roupas e perfurou minha pele. Em minutos, os meus lábios racharam, os olhos lacrimejavam e o nariz escorria. Fiquei me perguntando como se conseguia viver num clima daqueles e se eu conseguiria sobreviver um inverno inteiro.

Nossa acompanhante e o motorista tinham previsto a reação que cinco rapazes africanos que nunca tinham passado por um inverno teriam ao clima da Rússia. Tinham ligado o aquecimento da van, que estava agradável e quente quando entramos. Tudo degelou imediatamente, a não ser os meus dedos, que estavam dormentes. Tentei aquecê-los esfregando as mãos. Estava tão preocupado com isso, que não prestei atenção ao que me cercava quando a van saiu do aeroporto. Na hora em que pensei em olhar pela janela, já percorríamos uma autoestrada. Havia estradas de pista dupla em Gana, mas eu nunca vira uma estrada tão larga quanto aquela em que estávamos. Tinha seis pistas num sentido e seis pistas no sentido oposto.

Quando saímos da estrada, a van passou por uma série de estradinhas sinuosas, todas asfaltadas. Eu e os outros rapazes fitávamos pelas janelas da van, admirando tudo. Os carros na estrada nos eram desconhecidos. Eu nunca ouvira falar de Volga, Tatra nem Lada. Eram utilitários, não tão esguios quanto os carros ocidentais que Gana importava.

Fomos levados a uma mansão a cerca de uma hora de carro de Moscou. Era uma estrutura grandiosa e impressionante. Disseram que ficaríamos algum tempo ali enquanto a escola se preparava para nos receber. Quando chegamos, estava escuro. Havia neve fresca no chão e, no instante em que saí da van, me abaixei e peguei um punhado do pó branco. Ouvira falar de neve. Lera sobre a neve. Vira-a em filmes e na televisão, mas nunca a vira na vida real. Olhei a massa na minha mão. O reflexo das luzes da vila nos flocos os deixava parecidos com um aglomerado de cristais frágeis.

Naquela primeira noite, nos serviram um jantar de carne, batatas e legumes. Disseram que podíamos assistir à TV, e nos instalamos no sofá e ligamos o aparelho. Todos os canais eram transmitidos em russo. Observamos as imagens e tentamos adivinhar o roteiro dos programas. Quando nos cansamos disso, subimos a escada para os quartos e fomos dormir.

Na manhã seguinte, um membro da equipe da escola foi à vila e nos deu orientações. Recebemos literatura com informações sobre a história da União Soviética, a história da Rússia e a história de Moscou. Também nos deram uma cartilha de russo que continha todas as perguntas, respostas e expressões que teríamos de saber para nos virar antes que mergulhássemos inteiramente no idioma. Notei que *tovarisch* não estava entre as palavras citadas na cartilha.

Uma equipe médica veio nos examinar. Fizeram um exame físico de rotina em cada um de nós e tiraram amostras de sangue. Disseram que fariam exames de malária, febre tifoide, febre amarela e HIV-Aids, doença ainda relativamente nova com um estigma pesado.

Quando nos informaram que ficaríamos na vila enquanto a escola preparava tudo para nós, pensamos que seria por um ou dois dias. Pouco sabíamos que ficaríamos sequestrados naquela casa durante duas semanas inteiras. Enquanto esperávamos para começar o curso, a diretoria aguardava o resultado dos exames médicos, especificamente o teste de HIV-Aids, antes de permitir que nos misturássemos à população geral.

Havia outro grupo de estudantes ganenses numa casa não muito longe da nossa. Nós os tínhamos visto no aeroporto de Acra e até voado para a Rússia no mesmo avião que eles. Também tinham ido à Rússia para frequentar o Instituto de Ciências Sociais, mas estavam matriculados em outro curso e os nossos grupos ficaram separados. Soubemos que um dos rapazes do outro grupo fora mandado de volta a Gana porque o exame de HIV dera positivo.

Durante nossa estada na vila, os rapazes do meu grupo aproveitaram a oportunidade para se conhecer. Cada um de nós era de uma região diferente de Gana. Nii era da região de Grande Acra. Osei, da região Brong-Ahafo. Longi da região Oeste Superior. Mensah, da região Leste, e eu da região Norte.

Jogamos pingue-pongue e bilhar e aprendemos a esquiar. Como não conseguíamos entender nada na TV, passávamos a noite praticando as palavras russas da nossa cartilha.

Kak tibiá zavut? Como você se chama?

Miniá zavut John. Eu me chamo John.

Kak dilá? Como vai?

Spassiba, rarachó. A u vas? Bem, obrigado. E você, como vai?

Ia iz Gana. Sou de Gana.

A frase que mais usamos nos primeiros meses da nossa estada foi *Ia ne ponimaiu.* Não compreendo.

Depois que todos nós do meu grupo recebemos aprovação médica, fomos tirados da mansão e levados para a escola. Nas duas semanas em que já estávamos na União Soviética, não tinham nos permitido que saíssemos do terreno da casa. Estávamos todos empolgados porque finalmente poderíamos ver Moscou, e que visão foi aquela! Ficamos espantados com os bondes e com o modo como usavam as ruas. Chegavam a parar nos sinais de trânsito, como os carros. Eu lera diligentemente a literatura que tínhamos recebido sobre o Estado e a cidade, mas nada naquelas páginas me preparou para a beleza e a complexidade da arquitetura.

Passar por Moscou era como entrar nos livros de história que lera nos anos de graduação. Os prédios pareciam antigos, como se fossem remanescentes de civilizações há muito desaparecidas. Podia-se perceber a influência de outras culturas nas colunas, nos arcos, nas cúpulas e nas empenas.

Fiquei especialmente empolgado com as igrejas ortodoxas russas, todas construídas num estilo clássico, com uma cruz fixada no alto da cúpula. Mais tarde, aprendi que, como o socialismo desestimulava a religião organizada, aquelas igrejas não tinham congregações ativas fazendo cultos. Estavam todas vazias, mas o Estado as mantinha como museus e organizava passeios para moradores e visitantes para exibir a história e a cultura russas.

Havia uma pequena praça diante do Instituto de Ciências Sociais que era serena e bem cuidada, com vários bancos espalhados por toda parte. As árvores da praça tinham troncos elevados e os galhos se abriam tão alto, que quem ficasse em pé num banco e erguesse os braços mal conseguiria tocar uma folha com a ponta dos dedos. Em Gana, os únicos lugares em que se encontravam árvores assim eram as florestas. As árvores das aldeias e áreas urbanas tinham galhos baixos o suficiente para subir neles sem nenhuma ajuda.

O prédio da escola era imenso. Ocupava um quarteirão inteiro da cidade e tinha vários andares de altura. Era de formato retangular, com um pátio no meio. Uma das alas da estrutura servia de dormitório. As salas de aula ficavam em outra ala. Em outra ainda, ficava a administração e o refeitório. Também havia instalações recreativas: um ginásio, mesa de pingue-pongue e quadras de basquete e *badminton*. O prédio tinha uma agência dos correios, uma pequena mercearia, um café, um cabeleireiro, uma barbearia e uma loja de roupas. Era espantoso: uma cidade dentro da cidade, com tudo o que se poderia precisar.

Depois de passar duas semanas fechados naquela mansão, estávamos ansiosos para começar as aulas e interagir com outros alunos. Designaram uma intérprete para nós, uma moça bonita chamada Natália, que falava bem inglês e nos ajudava a entender a língua e a cultura.

O dia acadêmico começava às nove da manhã, logo depois do desjejum, e ia até as duas da tarde. A primeira aula do dia era de filosofia. O professor era o sr. Gudoshnik, um homem de sessenta e poucos anos que usava suéteres de lã amassados, tinha a cabeça cheia de cabelo branco, crespo e despenteado e lembrava Albert Einstein.

— *Dobroie utra* — disse ele naquele primeiro dia. Bom-dia. Ele nos disse estar contente de nos receber no seu curso de filosofia, mas que, infelizmente, não tinha certeza do que nos ensinaria.

—Temos um currículo — assegurou o sr. Gudoshnik —, no qual há vários tópicos, mas nesse momento estamos questionando toda a base da nossa filosofia. — A turma inteira ficou em silêncio. Pedi a Natália que repetisse o que acabara de traduzir, porque eu estava certo de que escutara mal. Quando ela o fez, fiquei desapontado. Tinha previsto explicações profundas e conversas sobre materialismo dialético, anarquismo e o tipo de existencialismo de Berdiaiev. Se o sr. Gudoshnik não ia nos ensinar essas escolas de pensamento, então o que nos ensinaria?

— Acho que o que teremos de fazer neste curso é aprender uns com os outros — continuou Gudoshnik, como se lesse minha mente. — Qual de vocês já estudou filosofia? — Assim que a tradução saiu da boca de Natália, levantei a mão. Eu estudara aspectos de filosofia no curso de graduação em história e lera muita filosofia por conta própria, principalmente quando tinha o privilégio de fazer empréstimos na biblioteca pessoal do sr. Wentum.

O sr. Gudoshnik me pediu que falasse um pouco sobre a filosofia que estudara. Fiz um breve resumo. Ele pareceu surpreso com o tanto que eu lera de filósofos russos. Puxou uma folha de papel e começou a ler, item a item, qual fora antes o currículo das suas aulas. Sugeriu que, em vez de nos ensinar aqueles tópicos e as diversas escolas de pensamento como pilares inatacáveis, queria simplesmente apresentá-los para que os discutíssemos num contexto moderno e de maneira questionadora. Aquela aula e os eventos que ocorriam na União Soviética puseram em xeque a minha visão idealizada do socialismo.

Em 1985, ano anterior àquele em que viajei para estudar no Instituto de Ciências Sociais na Rússia, Mikhail Gorbatchev chegou ao poder como secretário-geral do Partido Comunista da União Soviética. A União Soviética que o sr. Gorbatchev herdara estava à beira do colapso econômico. O consumo de bebidas alcoólicas era desenfreado e afetava diretamente a produtividade da força de trabalho. A produção agrícola e industrial estava em declínio. A União Soviética estava no meio de um conflito no Afeganistão que, no mundo ocidental, era considerado a sua versão da guerra do Vietnã.

O sr. Gorbatchev estabeleceu como prioridade imediata a renovação do crescimento econômico. Ele reduziu o número de lojas que vendiam bebidas e as tornou menos acessíveis proibindo a venda depois das duas da tarde. Essas ações tiveram impacto perceptível na produtividade. O moral geral dos trabalhadores começou a melhorar. Essa melhora foi praticamente encoberta no início de 1986, quando houve o vazamento nuclear na Ucrânia, na usina atômica de Tchernobil. O acidente foi o pior desse tipo já havido na história e os danos foram generalizados. As explosões e incêndios poluíram com material radiativo o ar de quase toda a União Soviética e de partes da Europa.

O cômputo geral de mortes causadas pelo acidente de Tchernobil ficou na casa das centenas de milhares. Houve quem morresse como resultado direto das explosões e incêndios e quem morresse em consequência de cânceres atribuídos à exposição a substâncias radiativas que vazaram para o meio ambiente. Centenas de milhares de pessoas tiveram de ser removidas e reinstaladas. A limpeza impôs um tremendo fardo financeiro sobre a economia já debilitada da União Soviética. Foi uma situação desastrosa.

Havia muito tempo o governo soviético era acusado pela comunidade internacional de ser demasiadamente sigiloso. Ele se recusava a revelar até as informações mais rudimentares sobre tudo, de desastres aéreos ao programa espacial. O acidente de Tchernobil trouxe essas acusações para a frente do palco. O Kremlin, sede do governo, demorou vários dias para admitir o que acontecera em Tchernobil, e o sr. Gorbatchev levou semanas para fazer um pronunciamento público. Os meios de comunicação ocidentais chamaram isso de encobrimento. Para refutar esse ponto de vista, o sr. Gorbatchev deu o passo sem precedentes de permitir o acesso da comunidade internacional a todas as informações relativas ao acidente nuclear e a todas as autoridades encarregadas da usina e da iniciativa de limpeza.

O acidente da usina nuclear de Tchernobil expôs várias fraquezas e ineficiências do governo soviético e abriu caminho para a introdução pelo sr. Gorbatchev da política da *perestroica*, ou reestruturação, como a palavra é oficialmente definida. Foi uma política controvertida que enfrentou um volume enorme de críticas e resistência, mas o sr. Gorbatchev persistiu. Como parte dessa reestruturação, os três principais ramos da autoridade estatal — o Gosplan, o Gossnab e o Gosbank — foram reformados. Gosplan era o comitê estatal de planejamento; Gossnab, o comitê estatal de fornecimento técnico-material; e Gosbank, o banco estatal.

Uma das coisas que eu queria deixar para trás em Gana era a prática da fila. Tínhamos de fazer fila para tudo, do transporte ao rolo de papel higiênico. Fiquei chocado ao descobrir que a fila também fazia parte da vida cotidiana da Rússia. Lá, havia escassez perpétua de mercadorias. Era comum ver longas filas na frente das lojas do governo. Tínhamos de fazer fila para comprar carne no açougue. Tínhamos de fazer fila para comprar pão na padaria. Tínhamos de fazer fila até para comprar bebidas alcoólicas.

Comecei a explorar Moscou e usava frequentemente o sistema de transporte público para ir a outras partes da cidade. O metrô de Moscou foi projetado como uma bússola. Havia linhas que corriam do norte para o sul e outras que corriam de leste para oeste, de nordeste para sudoeste e de noroeste para sudeste. Havia outra linha que seguia um traçado circular e cruzava todas as outras. Os trens eram pintados de vermelho e branco e eram pontuais, sempre. As estações eram limpas e espaçosas, e cada uma delas tinha arquitetura e obras de arte inigualáveis.

Longi e eu fizemos amizade com uma moça chamada Maria. Ela era russa de origem alemã e uma das metas da sua vida era viajar até a Alemanha. Os cidadãos soviéticos não tinham permissão de sair da URSS sem a concordância do governo. Essa era uma questão delicada para Maria, que não gostava de ter os seus movimentos monitorados nem restringidos pelo governo.

Maria terminara o curso politécnico, mas ainda não começara a trabalhar. Esperava que o governo lhe desse um cargo. Era outra coisa de que não gostava.

— Por que têm de ditar onde devo trabalhar? — perguntava.

Ela sentia que todo o sistema socialista estava errado. Achava que limitava a capacidade de desenvolver o potencial das pessoas. Maria e eu tínhamos longas discussões sobre os pontos positivos e negativos do socialismo. Tínhamos opiniões divergentes sobre o assunto, mas eu respeitava o ponto de vista dela e levava a sério suas queixas, porque enquanto eu apenas lera e falara sobre o socialismo, ela vivera aquela realidade a vida inteira.

Não era só Maria que exprimia amargura com o sistema. Muitos jovens que conheci também achavam que estava podre. Diziam que quem estava no alto, na liderança, gozava de todos os privilégios e que o povo comum sofria. Estavam frustrados e achavam que algo tinha de acabar cedendo. Não podiam continuar daquele jeito. O modo como falavam da União Soviética deixava-a mais parecida com uma sociedade à beira da revolução do que com uma sociedade criada em consequência de uma revolução.

Nos fins de semana, Maria ia buscar a mim e Longi e andávamos com ela até a estação de metrô Aeroport, descendo a rua da escola, e embarcávamos num trem até onde ela queria nos levar naquele dia. Ela nos mostrou alguns pontos turísticos de Moscou; visitamos vários museus; fomos até ao Kremlin. Ela nos levou para visitar amigos e parentes. Foi assim que Longi e eu aprendemos a tomar vodca ao estilo russo.

Serviam-se bebidas alcoólicas na maioria dos jantares, comemorações e outras reuniões sociais, e a vodca era a preferida. Normalmente, era servida em copinhos. O anfitrião ou anfitriã enchia o copo e a única vez em que se devia beber era depois que alguém fazia um brinde. Quanto mais se brindava, mais se bebia. Brindávamos a quase tudo, da *perestroica* ao traseiro da bábushca, de modo que bebíamos e bebíamos até ficarmos totalmente bêbados.

Certo fim de semana, Maria nos levou ao Museu Pushkin de Belas Artes. O nome era de Aleksandr Pushkin, poeta de origem negra considerado o pai da língua russa. Ao contrário do Museu Nacional Pushkin de São Petersburgo, que, infelizmente, nunca tive oportunidade de visitar, este era cheio de obras de arte europeias e, fora o nome, não continha nada que fosse dedicado à memória da vida ou da obra de Pushkin. Eu lera sobre o poeta antes de viajar à Rússia e achei que o seu histórico racial era inigualável, mas morando em Moscou notei que havia um bom número de negros lá. Muitos eram estudantes, mas alguns eram nativos da Rússia e tinham históricos familiares que lembravam o de Pushkin.

Havia notícias ocasionais sobre estudantes africanos importunados ou surrados por russos racistas. Os russos que conheci e com quem interagi nunca exprimiram nenhuma hostilidade e, nos dois anos que passei lá, só tive um encontro que poderia ser classificado de racista.

Maria, Longi e eu estávamos na praça na frente da escola. Estávamos envolvidos numa das nossas conversas de sempre sobre política quando três rapazes por volta dos vinte anos vieram andando. Olharam-nos na praça, conversando. Cada um deles fez uma observação em russo dirigida a Maria. Meu conhecimento da língua se expandira além das frases que estavam na cartilha que tínhamos recebido, mas eu não tinha fluência suficiente para traduzir o que os rapazes disseram.

A raiva está no tom de voz, não só nas palavras, e quando Maria respondeu a eles eu soube que ela estava furiosa. Os garotos já tinham passado por nós quando ela disse o que tinha a dizer, mas as palavras dela os fizeram parar de repente e dar meia-volta. Entraram na praça e começaram a andar na direção de Maria, como se desta vez fossem lhe dirigir mais do que palavras. Rapidamente, Longi e eu nos levantamos, seguramos Maria e a puxamos conosco para fora da praça. Ela tentou se soltar de nós. Parecia decidida a enfrentar os rapazes, mas não a soltamos. Um deles tinha um canivete, que puxou quando se aproximou de nós. Maria deve ter visto a arma também, porque parou de resistir à nossa tentativa de lhe puxar o braço e se juntou voluntariamente a mim e a Longi enquanto corríamos para o prédio da escola.

— O que eles lhe disseram? — perguntei depois que entramos.

A princípio, ela não quis dizer.

— Maria, o que eles disseram? — insistiu Longi.

Ela nos contou que a tinham chamado de meretriz e dito que esperavam que estivesse gostando de fazer sexo com os seus macacos pretos. Longi e eu nos espantamos. Macacos? Nem ele nem eu perguntamos a Maria o que ela lhes dissera à guisa de resposta.

A política da *perestroica*, de Mikhail Gorbatchev, incluía a tentativa de infundir no socialismo elementos de democracia, principalmente nos sistemas econômico e governamental. A palavra cunhada para esse processo foi *democratizatsia*. Só havia um partido político na União Soviética, o Partido Comunista. Embora isso fosse continuar, Gorbatchev propôs que a União começasse a realizar eleições com vários candidatos. Também propôs a nomeação de pessoas de fora do partido para cargos do governo. Argumentou-se que isso reduziria a corrupção no Partido Comunista e os abusos de poder que ocorriam no Comitê Central.

Anteriormente, não havia consequências para as empresas estatais que não funcionassem com eficácia. A *perestroica* mudou isso. O sr. Gorbatchev retirou os subsídios do governo e anunciou que essas empresas agora teriam de se autofinanciar, e, para isso, precisariam assegurar a geração de lucro. Caso não conseguissem, seriam declaradas falidas e forçadas a fechar.

Antes da *perestroica*, as matérias-primas utilizadas pelas empresas estatais eram distribuídas por meio de cupons. Era um sistema parecido com o que houvera em Gana e criara a cultura do *kalabule*. Com a *perestroica*, as empresas passariam a funcionar num mercado aberto. Usariam a renda do lucro para comprar os próprios bens de produção.

Desde a década de 1930, o Gosbank era a única instituição financeira da União Soviética. A política da *perestroica* acabou com esse monopólio e permitiu a criação de novos bancos, que também funcionariam na base de lucros e prejuízos. Se as empresas não conseguissem financiar com os lucros toda a compra de bens de produção, poderiam pedir empréstimo aos bancos.

Essas foram mudanças radicais no sistema sob o qual a União Soviética funcionava desde a sua fundação. Alguns afirmaram que levavam a União para o capitalismo, que era a antítese do socialismo. Outros argumentaram que as mudanças eram necessárias. Discutimos e debatemos os diversos lados desses argumentos na aula do sr. Gudoshnik. Eu me sentia estimulado pelas conversas que tínhamos naquela aula e com a distância que havia entre a União Soviética que eu idealizara e a União Soviética que encontrara.

Foi uma época interessante e perfeita para eu estar em Moscou. Se não estivesse morando e frequentando a escola na União Soviética, era bem possível que ficasse desiludido com a *perestroica*, com a *democratizatsia* e com as mudanças que vieram como resultado. Por estar lá, vi em primeira mão que, em termos práticos, o socialismo pelo qual a União Soviética era governada não garantia automaticamente que a vida do povo fosse digna ou produtiva. Esse entendimento ajustado do socialismo começou a me afastar da devoção a qualquer ideologia ou arquétipo. Isso, juntamente com as discussões nas aulas do sr. Gudoshnik, me estimulou a usar minha capacidade própria de avaliação e a formular minha postura política.

Muitos políticos e historiadores usam o colapso da União Soviética como marco do fim da guerra fria. Acredito que, na época em que o sr. Gorbatchev e o presidente norte-americano Ronald Reagan se reuniram em Reikjavik para as conversações sobre a redução de armamentos e depois assinaram o Tratado de Forças Nucleares de Alcance Intermediário, em Genebra, no ano seguinte, a guerra fria efetivamente chegava ao fim.

Em 1988, quando me formei no Instituto de Ciências Sociais, o sr. Gorbatchev dava mais um passo para transformar a União Soviética com a política da *glasnost*, que promovia a transparência, abolia a censura e oferecia aos cidadãos a liberdade de informação a respeito das atividades do governo.

Assim como a União Soviética mudara de forma significativa durante os dois anos que passei lá, também mudei. Não acreditava mais em coisas absolutas. Desde o começo, os países mais novos, como Gana, emularam ou imitaram de certa forma os modelos políticos das duas superpotências, Estados Unidos e União Soviética. Agora eu percebia que nem eles tinham respostas. Para usar uma frase do preâmbulo da Constituição dos Estados Unidos, ainda tentavam "formar uma união mais perfeita". Gana não era diferente e, para mim ou para qualquer um, esperar que atingisse aquela perfeição depois de apenas 31 anos de independência era lhe negar o direito de crescer e aprender nos seus próprios termos, com base no seu potencial e nas suas necessidades. O dr. Kwame Nkrumah disse: "A melhor maneira de se tornar um estado soberano e independente é ser um estado soberano e independente".

Já havia mudanças positivas em Gana. Nas cartas que me escreviam, meus irmãos me diziam que Gana melhorara, que muitas dificuldades que enfrentáramos tinham se tornado coisa do passado. Recentemente, Gana entrara num programa de recuperação econômica do Fundo Monetário Internacional e do Banco Mundial. Havia comida disponível. A produção agrícola voltara a aumentar. Havia provisões nas feiras e nas lojas. Ninguém precisava armazenar nem comparar mercadorias essenciais no mercado negro.

A ilegalidade que existiu depois do último golpe fora interrompida. O país continuava sob domínio militar, mas começara a agitação para que voltasse a ser uma democracia multipartidária. Nesse estágio, eram apenas uns resmungos fracos, mas com o tempo o volume aumentaria. Naquela época, bastava que os cidadãos começassem a sentir que a situação realmente melhorava. O país se aproximava cada vez mais de se tornar uma Gana mais perfeita.

CODA: RETORNO DA ESPERANÇA... *ANAA?*

Em Acra, o ar pode ser úmido e espesso. Quando meu voo da Aeroflot pousou no Aeroporto Internacional de Kotoka e saí do ar condicionado da cabine para a escada portátil, quase consegui ver o vapor d'água. Quando lá entramos, o salão de desembarque estava limpo e arrumado. O que notei na mesma hora foi que o número de soldados estacionados no aeroporto era muito menor do que antes de eu partir para a União Soviética. A presença dos poucos soldados que lá estavam não era ameaçadora; na verdade, mal era perceptível.

Meus irmãos me buscaram no aeroporto e fomos para casa. Agora eles moravam numa casa no bairro Tesano, em Acra. Enquanto íamos para lá, vi alguns carros blindados em pontos estratégicos, mas vi também que os motoristas e passageiros dos automóveis pareciam passar por eles sem a cautela e o medo que antes era onipresente sempre que encontrávamos um veículo militar.

Às vezes é difícil perceber quanto e com que rapidez um lugar muda enquanto ainda estamos nele. Como ficara dois anos fora, era como se visse Acra com novos olhos. Havia obras em andamento em quase todas as regiões da cidade por onde passamos. A maioria das ruas fora consertada ou sofria consertos. O clima geral nas ruas parecia mais leve. Todos andavam com uma tranquilidade e autocontrole que havia anos eu não via.

No dia seguinte à minha chegada, acordei pensando não no meu futuro, mas no meu passado. Eu era muito novo quando ocorreu o primeiro golpe de Estado, tinha apenas sete anos. Ainda havia muito daquela época que não entendia e sobre o que nunca me permitira pensar.

Depois de tomar o café da manhã com meus irmãos, entrei num táxi e pedi ao motorista que me levasse a Kanda, que era o bairro onde morávamos na época do golpe. Eu sabia exatamente onde ficava a casa. Diversas pessoas a tinham apontado várias vezes em várias épocas durante minha juventude. Eu sempre desviava os olhos, como se bastasse vê-la para me transportar de volta ao dia em que a tia do meu dormitório me levou lá para procurar meu pai.

Lembro-me de cada minuto daquele dia e de como cada um deles passou devagar. Quando eu e a tia do meu dormitório chegamos à casa e demos de cara com um pelotão de soldados, o tempo pareceu parar completamente. Durante anos, acreditei que uma parte minha, o menininho que não sabia onde estava o pai nem se voltaria a vê-lo, ficou presa naquela época e naquele lugar.

A experiência e a educação me armaram com contexto, raciocínio e palavras, todas as ferramentas de que precisava para finalmente examinar e avaliar os acontecimentos e emoções daquele dia. Eu voltara a Gana com uma sensação renovada de empolgação e expectativa. Havia coisas maravilhosas no horizonte, para mim e para o país. Dava para sentir, mas para me beneficiar inteiramente delas eu sabia que tinha de voltar ao meu começo.

Quando chegamos à casa em Kanda, mal consegui me forçar a sair do táxi. Disse ao motorista que não demoraria e lhe pedi que me esperasse. Era uma rua tranquila, não o tipo de lugar onde se imaginasse um tanque militar ou um soldado armado, mas com os olhos da mente eu via ambos situados bem na frente da nossa antiga casa.

As lembranças dos nossos anos naquela casa ainda eram claras. Recordei que eu e meus irmãos éramos inseparáveis e que nosso pai nos mimava. À noite, quando chegava, disputávamos sua atenção enquanto ele descalçava os sapatos, falava com minha madrasta e tentava descansar de um longo dia de trabalho.

Enquanto eu estava ali, fitando a casa e pensando naqueles anos, um grupo de meninos saiu da casa ao lado e começou a jogar futebol. Eram meninos pequenos; o mais velho não podia ter mais do que seis anos. Eles me trouxeram à mente os meus irmãos e eu e as nossas brincadeiras ao ar livre, no quintal. Isso foi antes que me mandassem para o internato, quando as tardes e fins de semana eram consumidos no futebol e em conversa fiada. Observei alguns instantes os meninos chutarem a bola, pensando que aquela cena poderia muito bem ter saído do meu passado. Com que facilidade aqueles menininhos que moravam naquela casa adormecida naquela rua confortável poderiam ser nós, os meus irmãos e eu, antes que nossa vida fosse interrompida.

Uma calma estranha caiu sobre mim quando voltei ao táxi. Eu alimentara esperanças de que, de certo modo, a visita à casa em Kanda me libertaria das garras daquele golpe e do que acontecera em seguida, mas percebi que estava errado ao acreditar que alguma parte da minha vida ficara refém daquele fato. Quando estudei história na graduação, passei a entender que tudo existe como continuação de alguma coisa. Aquele primeiro golpe de Estado era parte indelével da minha história, ligado a tudo o que acontecera antes e a tudo que acontecera depois. Tentar apagá-lo da minha vida se pareceria com puxar o fio solto de uma peça de roupa intrincada e entretecida; a peça inteira se desmancharia.

Meu pai queria desesperadamente voltar a Gana. Estava cansado de morar em Londres. Não que detestasse a vida lá. Ele criara para si uma situação confortável, embasada em pessoas de quem gostava. Vários irmãos meus tinham se mudado para Londres, inclusive meu irmão caçula Eben, que nascera lá e tinha passaporte britânico. Junto com Eben, Ibrahim, Howa e Inusah, todos parte da ninhada mais jovem dos Mahama, também estavam em Londres com papai.

Refugiar-se num país não é a mesma coisa que mudar-se para lá por vontade própria. Talvez, se tivesse optado por emigrar para o Reino Unido, papai se sentisse feliz de chamá-lo de lar. Durante anos, ocupara-se com a busca de Samuel, o filho levado para Londres quase duas décadas antes. Isso definira os seus dias, dera um propósito à sua presença na cidade. Ele ainda não conseguira entrar em contato com Samuel e, embora não tivesse desistido, não sabia mais o que fazer. O fardo da perda se tornara pesado demais para carregar. Ele queria voltar para casa.

Com a bênção de papai, escrevi em seu nome uma carta ao governo requisitando um salvo-conduto. Esse documento costumava ser emitido para quem tivera de buscar asilo ou refúgio em outros lugares por temer pela sua segurança no país natal. Em muitos casos, o salvo-conduto é concedido por um governo que assumiu o poder depois de outro mais repressor ou ditatorial. O caso de papai era único porque o governo ao qual pedia o salvo-conduto era o mesmo do qual fugira. O que mudara tinham sido as circunstâncias sob as quais esse governo agora funcionava. Não eram mais um novo governo; não havia ameaça de represália por membros ou afiliados do antigo governo do qual tinham tomado o poder. O país avançava rumo à estabilidade social e econômica.

Na carta que escrevi, expliquei que papai estava no exílio havia oito anos. Tinha idade avançada e não pretendia participar da política quando do seu retorno. Só queria ficar junto da família. Não queria passar o resto dos seus anos num país estrangeiro. Mandei a carta e esperamos para ver qual seria a resposta.

Minha visita à casa de Kanda deu origem a fortes saudades. Ela me deixara muito próximo de Dramani, um nome e um menino de muito tempo atrás que pensei ter sido desalojado, suplantado por outra identidade. De repente, senti muita vontade de reatar relações com ele, de viajar no tempo pelos meus anos em Acra.

Fui ao Achimota, o internato onde recebera a educação primária. Embora fique a poucos quilômetros do *campus* da Universidade de Gana, depois de terminar o primário nunca voltara lá, a não ser pela parada que fizera certa vez na área residencial do mesmo nome, a caminho da entrevista para o curso de pós-graduação na Escola de Estudos da Comunicação, para pedir ajuda a estranhos.

Enquanto andava em torno do *campus* do Achimota, quase me vi entrando e saindo dos vários prédios. Lembrei-me da solidão dos dois primeiros anos, como me senti desatrelado, como um balão que alguém soltasse, me afastando das mãos que antes me seguravam. A dor daquela separação me ensinou independência e autoconfiança. Aprendi a me defender, a manter minha posição.

Foi no Achimota que me apaixonei por história e literatura. Foi no Achimota que desenvolvi a consciência do que era política e da força com que ela conseguia alterar o caminho de um indivíduo. De tijolo em tijolo, de lição em lição, os alicerces foram lançados. As sementes da vida que eu estava destinado a ter já estavam sendo semeadas.

Do Achimota, fui à casa de Ringway Estates para onde minha família se mudara quando meu pai saiu da prisão. Ela fica no alto de um morro que, na minha juventude, parecia tão íngreme quanto uma montanha. Achei divertido ver que, agora, não era nem um morro tão grande assim. Era só uma ladeira.

Eu e meus irmãos tínhamos uma bicicleta que passou um tempo quebrada. Não me lembro exatamente qual era o problema, mas um dos meninos mais velhos da vizinhança tinha uma chave de boca e conseguiu consertá-la. Andávamos nela, mas a bicicleta não tinha freio. Alguém teve a ideia de descer a ladeira com ela. Era exatamente o tipo de emoção para a qual vivem os meninos pequenos.

No pé do morro havia um cruzamento movimentado. Pouco antes do cruzamento, à direita, havia uma estreita rua lateral. No lado esquerdo, uma fila de sebes que contornava o quintal das últimas três casas da nossa rua. Quem estava na vez de andar de bicicleta subia andando até o alto do morro, bem diante da nossa casa. O resto do grupo esperava no pé do morro, na esquina da rua lateral. Descíamos de bicicleta morro abaixo e fazíamos uma curva acentuada para a direita para entrar na ruazinha, que era plana, e ficávamos montados até que a bicicleta se desacelerasse o suficiente para pormos o pé no chão e parar. O próximo da fila pegava a bicicleta, subia o morro andando e descia de novo.

Quando chegou minha vez, comecei a pedalar assim que cheguei ao alto e me sentei no selim. Pedalei com força e rapidez demais. A bicicleta voava. Meus irmãos e os amigos em pé na esquina notaram a velocidade com que eu descia na direção deles.

— Dramani — gritou Alfred —, mais devagar!

— Não dá! — gritei de volta. O que começara como emoção agora virara medo. — Não dá!

Vi a rua lateral à minha direita, mas tive medo de fazer a curva acentuada porque sabia que cairia e não queria me machucar.

— Pare, Dramani! — berrou Peter quando me aproximei da esquina onde eles estavam. — Pare!

— Não sei parar! — respondi. À minha frente, estava o cruzamento. De ambos os lados da rua, havia automóveis, *trotros* e caminhões articulados passando a toda velocidade. Não havia como eu chegar ao outro lado sem ser atingido por algum deles. Nisso todos os meninos gritavam, me dizendo o que fazer.

—Vire, Dramani! Vire, vire, vire!

Eu sabia que teria de tomar uma decisão depressa, senão morreria. Quando cheguei à última casa da esquerda, virei o guidom e fechei os olhos. A bicicleta entrou pela sebe. Voei do selim de cabeça e também caí na sebe. Os raminhos e as bordas afiadas das folhas esfolaram toda a pele exposta do meu corpo. A maioria dos ferimentos foi superficial; só alguns cortes chegaram a sangrar. Mas a bicicleta ficou arruinada. A roda da frente estava retorcida, com alguns raios quebrados. A resistência e a determinação das crianças sendo o que são, em poucos dias eu já perguntava quando arranjaríamos outra bicicleta para descer a ladeira de novo.

Anaa é uma palavra do idioma *akan* que significa "Ou não é?" Também pode ser traduzida como "Ou?" É usada depois de uma declaração afirmativa e, com frequência, mas nem sempre, de forma retórica. É um convite à dúvida a uma opinião contraditória. *Vai chover hoje... anaa?*

Acho que depois de cada decisão que tomamos há um "*Anaa?*" sussurrado. Há sempre uma sombra de dúvida, a questão de se aquilo que dissemos com tanta confiança, seja a nós, seja aos outros, está mesmo certo. Às vezes, as respostas a essa questão nos levam a formular novas opiniões, a tomar decisões alternativas.

A certeza do meu pai de que já era hora de voltar a Gana foi seguida por *"Anaa?"*. Uns poucos meses depois de eu enviar a carta ao governo, recebemos a resposta. Eles lhe concediam o salvo-conduto. Na carta, havia a garantia de que, se voltasse a Gana, meu pai não seria preso, molestado, importunado nem atrapalhado por nenhuma autoridade pública. Em seguida, havia a solicitação de que, ao chegar, ele se apresentasse a um órgão específico do governo para notificá-lo formalmente da sua presença.

Foi essa solicitação que deixou papai nervoso e lhe alimentou as dúvidas. No passado, quando obedecera à solicitação de se apresentar num lugar ou outro, ostensivamente para a "própria segurança", fora preso. Ele partira de Gana para evitar outra solicitação dessas, e logo descobrimos que fora o rumo certo a tomar. Todos os colegas dele que obedeceram àquela solicitação foram presos. Nenhuma garantia faria papai confiar num governo militar a ponto de entrar numa delegacia ou órgão público e se entregar à sua mercê. No final, papai optou por permanecer em Londres até que Gana fizesse a transição de volta ao governo constitucional.

Em 1992, Gana adotou uma nova constituição e entrou numa época de democracia e governo constitucional. Foi nessa época que papai começou a fazer planos concretos de voltar.

Sempre me perguntava como seria a volta de papai, como ele se sentiria ao voltar a um país que fora forçado a abandonar às pressas, com apenas uma mala feita rapidamente e um rádio portátil. Muito embora ele entendesse todas as circunstâncias do exílio, papai achara que seria de curto prazo, no máximo alguns anos. Passaram-se treze anos antes que, finalmente, ele voltasse a pôr os pés em solo ganense.

Papai levou ainda mais tempo para encontrar Samuel. Em 1996, relutantes, os Thompson disseram a Samuel que o pai biológico procurava por ele. Suspeito que a razão de finalmente assim agirem era saberem que papai lutava contra um câncer de próstata e reconhecerem a importância de permitir que Samuel, na época homem feito e pai de família, voltasse a entrar em contato com o pai antes que fosse tarde demais.

A ironia da situação toda foi que, durante o tempo em que papai esteve em Londres procurando Samuel, os dois moravam a apenas quinze quilômetros de distância um do outro. Samuel morava em West Norwood e papai, em Hackney, do outro lado do Tâmisa. Qual a probabilidade de que tenham se cruzado numerosas vezes na mesma rua movimentada ou no metrô, sentados em vagões separados do mesmo trem?

Em 1997, mamãe foi a Londres; encontrei-me com ela lá para que nós dois pudéssemos nos reunir a Samuel. Foi a primeira vez que ela saiu de Gana. Quando entrou na sala, Samuel trazia um enorme buquê de flores. Mamãe não deu a mínima para elas. Ela só queria segurar o filho, envolver seu rosto com as mãos e fitar os olhos dele, e foi exatamente o que fez. Depois, puxou-o para um abraço forte, como se quisesse compensar todos os anos em que ele estivera fora de alcance, e os dois começaram a chorar. Ficaram assim por uma eternidade, presos nos braços um do outro, chorando. A cena toda parecia surreal, como algo saído de um filme, mas quanto mais eu observava, mais verdadeiras e tangíveis ficavam as emoções deles, e não pude evitar de ser vencido pela realidade do momento. Também comecei a chorar.

Logo, Samuel conheceu quase todos os irmãos Mahama e começou a nos visitar em Gana, recuperando o lugar que lhe cabia no país e na nossa vida. Várias vezes, todos nós tentamos convencer Samuel a voltar para Gana e fazer do país o seu lar permanente. Ele passa bastante tempo em Gana, mas depois de morar em Londres a maior parte da vida, a repatriação o deixa inseguro. Entendo sua hesitação.

Quando voltei a Gana depois do período que passei na União Soviética, apesar da minha convicção de que o país seguia na direção certa, minha cabeça estava cheia de sussurros de "*Anaa?*". Houve épocas em que me perguntei se progredíamos ou regredíamos. Ao observar outros países da sub-região da África Ocidental sucumbirem a ditaduras, torvelinho político e guerra civil, temi às vezes que Gana os seguisse. Ainda bem que não, e nunca seguirá.

Todas as decisões que tomei na vida foram regularmente eivadas de dúvidas. Pode ser um desafio manter aquele sentimento de esperança ou a crença de que tudo dará certo. Repetidas vezes, me senti como aquele menino Dramani na bicicleta veloz morro abaixo, sem freios e sem saber para onde virar. O que aprendi com Dramani e com as suas experiências — as minhas experiências — foi que a possibilidade de perigo se esconde à beira de todas as decisões da vida. E também o potencial da viagem mais extasiante da vida... *Anaa?*

AGRADECIMENTOS

Sem a ajuda, o estímulo e a boa vontade de vários indivíduos, este livro nunca seria terminado. É um privilégio meu ser capaz de agradecer as suas contribuições e exprimir minha gratidão.

Obrigado a: Cindy Spiegel, minha nova amiga, por me assegurar que havia algo que valia a pena naquelas páginas iniciais que leu e por acreditar no projeto o bastante para me ajudar a encontrar a pessoa perfeita para representá-lo.

Emma Sweeney, minha agente, por se arriscar com um autor novo e improvável e por tratar a mim e ao projeto com tanto cuidado e dedicação.

Catherine E. McKinley, que renovou minha fé naquele velho ditado sobre a gentileza de estranhos quando, depois de ouvir falar da proposta e ler algumas histórias, se ofereceu para repassar as páginas à sua editora, que, segundo ela, poderia gostar do trabalho.

Nancy Miller, que agora, ainda bem, também é minha editora. Nancy, além de gostar do trabalho, investiu profundamente no seu sucesso, tanto que, ao lado das outras pessoas maravilhosas da Bloomsbury, lhe ofereceu um lar.

Ao lendário escritor queniano Ng̃ug̃ıwa Thiong'o e ao vencedor do Prêmio Commonwealth, nascido na Serra Leoa,

Aminatta Forna, por abençoar esta minha primeira obra literária concedendo-lhe elogios prévios, e só posso torcer que eu e o livro estejamos à altura.

Andrew Solomon, vencedor do Prêmio Nacional do Livro dos Estados Unidos, por também oferecer um bondoso elogio prévio. Andrew também foi bastante generoso com seus contatos e outras indicações literárias desse tipo. Sempre me lembrarei do jantar fantástico que Andrew me ofereceu na sua casa em Manhattan e que pôs tudo em andamento.

Meus irmãos, com quem me diverti tanto e fiz tantas travessuras e que são companheiros de viagem relativamente bons na jornada desta vida. Sou grato a eles por me ensinar como ser mais alto, mais forte e mais unido do que nunca durante os anos mais difíceis. Gostaria especialmente de agradecer aos meus irmãos Alfred e Peter por me permitir ligar para eles e fazer perguntas, por preencher algumas lacunas da minha memória e por dar certos esclarecimentos. Mais do que tudo, gostaria que soubessem como fiquei comovido por alterarem várias vezes os seus planos e sacrificarem o seu tempo para atender às exigências do cronograma cansativo de escrever este que agora chamam de "nosso livro".

Meu irmão Samuel Mahama, levado da família para o Reino Unido com nove anos, que só voltou para nós dali a umas três décadas. Ele tem sido um grande apoio o tempo todo. A presença e o estímulo de Samuel durante esses meses de recontagem do nosso começo, não só como Mahamas mas como ganenses, servem para lembrar que o círculo não se romperá. Onde quer que estejamos, ainda somos um só: passado, presente, futuro. Obrigado por isso.

Minha esposa, Lordina, por entender como este livro é importante para mim.

Aos meus filhos e à próxima geração de Mahamas. Espero que, além de gostarem deste livro, ele contribua para o seu conhecimento e compreensão da família da qual descendem.

Tio Saaka Adams, o Woribili Wura, que prestou informações inestimáveis sobre os meus avôs e avós, bisavôs e bisavós, assim como sobre os primeiros anos de vida do meu pai. Ele recebeu com bom humor telefonemas e mais telefonemas meus, sempre ansioso para ajudar. As suas descrições do impacto que a vida sob o governo colonial causou às aldeias do norte foram utilíssimas.

Shafik Mahama, Lewis Mahama e Korama Danquah, que se mostraram assistentes de pesquisa diligentes em temas ligados à publicação. Foram meticulosos e agradáveis. Este livro se beneficiou, e tenho certeza de que continuará a se beneficiar, do seu esforçado trabalho. Muito obrigado, rapazes.

Ayitey "Iron Boy", Osman Abdul-Razak, inspetor James Mahama, Pak-Wo Shum e Kwesi Amoafo-Yeboah pelo apoio inabalável, sem o qual eu não conseguiria terminar este livro.

Joe Mara, William Ntow Boahene, Sulley Gariba, George Abradu-Otoo (Bobby Moore), meus amigos do secundário e da universidade, a quem liguei para me ajudarem a exercitar a memória e obter a força e os conhecimentos necessários para recordar e contar as narrativas das nossas peripécias juvenis.

Tom Dakura, também conhecido como Tom-Tom, cujo apoio no decorrer dos anos foi inestimável.

Esses têm sido os melhores e mais dedicados amigos que eu poderia desejar. Sinto-me abençoado por tê-los na minha vida.

Houve muitos indivíduos, numerosos demais para mencionar nestas páginas, cujo auxílio, dia após dia, tornou este livro possível. A eles, gostaria de agradecer por tudo.

Finalmente, mas não menos importante, gostaria de exprimir minha gratidão à amiga Meri Nana-Ama Danquah, pessoa afável e maravilhosa abençoada com energia e entusiasmo sem limites. Ela foi absolutamente inspiradora, apoiadora e fundamental na montagem deste livro. Colaborar com ela foi um privilégio meu.

A crença de Nana-Ama em mim como escritor me fez avançar e me manteve concentrado em épocas nas quais a situação parecia péssima. Passei a perceber que não basta simplesmente querer escrever um livro; não basta simplesmente estar decidido a escrever um livro; é preciso deixar uma parte nossa, uma pequena parte da nossa própria alma nas páginas, e, sem dúvida, ela conseguiu me ajudar a fazer isso.

Agradeço a Nana-Ama por me dar a clareza e a direção que às vezes foram necessárias para manter tudo nos trilhos. Agradeço-lhe especialmente por me aproximar mais dos meus irmãos durante o processo, reacendendo aquela espontaneidade e aquele riso despreocupado de que gozávamos tão facilmente na infância e na adolescência.

Nana-Ama foi conselheira e crítica ao mesmo tempo, enquanto demonstrava um volume de paciência digno de uma santa, ao lado da quantidade suficiente de coação. Ela tem um talento especial cuja contribuição me possibilitou terminar este livro.

SOBRE O AUTOR

John Dramani Mahama é escritor, historiador, jornalista, ex-parlamentar e ministro de Estado e atual vice-presidente da República de Gana. Este é o seu primeiro livro. Ele mora em Acra com a família e trabalha no segundo livro.

UMA NOTA SOBRE A VINHETA

O símbolo *adincra* chamado *dwennimmen*, ou chifres de carneiro, significa a união de força e humildade. Embora lute ferozmente contra qualquer adversário, o carneiro também tem a sabedoria, quando derrotado, de como e quando se submeter, mesmo que seja à morte. O símbolo enfatiza que até os fortes têm de saber quando serem humildes.

Impressão e acabamento:

tel.: 25226368